성경과 제국 시리즈를 간행하며

기독교계 안팎에서 "신은 죽었다", "성경은 죽었다", "기독교는 죽었다"는 주장이 대두되었다. 포스트모던 시대를 맞이하여 세상은 급변하는데 기독교는 달라지지 않는다는 것을 빗대어 하는 비평으로 들린다. 사실, 이러한 비평은 매우 심각하고 치명적인 지적들이다. 신학자 존 쉘비 스퐁은 『기독교, 변하지 않으면 죽는다』는 책을 출간한 적이 있다. 철학자 슬라보예 지젝은 '기독교는 무신론이다'라고까지 말했다. 사태는 그만큼 엄중하다. 하지만 한국교계의 주류는 변화에 그리 큰 관심을 가지고 있지 않다. 아직까지는 한국 교회의 정사와 권세는 건재하다고 믿기 때문일 것이다. 그러나 한국 교회가 이대로 가다가는 자동 소멸할 것이라는 걱정도 허투루 다룰 전망은 아니다. 한국 교회에 종교개혁이 절실한 사정은 부지기수이다.

2017년 10월이 종교개혁 500주년이다. 종교개혁을 우려먹는 일도 반 천년에 이르렀다. 이제 500년 동안 종교개혁을 기념해온 일을 그치고 종교개혁을 비판해야 할 때이다. 종교개혁에 관한 낡은 이야기를 기계적으로 반복하는 일은 삼가야 할 시점에 도달했다. 종교개혁은 근대의 역사적 사건이었고 지금은 탈근대 사회, 포스트휴먼 시대이기에 종교개혁은 그 현재적 의미를 우리 시대에 다시 고쳐 쓰지 않는 이상 기념할 가치가 더는 없을 것이다. 뿐만 아니라 지금은 생태적 혁명도 동시에 이루어가야 하는 시대이다.

현대 기독교는 이집트 제국을 위시한 로마 제국의 예속과 억압과 불의에 대해 반역하고 저항할 수 있는 본원적 야성의 신앙을 회복하지 않으면 현대의 콘스탄티누스주의와 미국 패권의 새로운 세계 제국의 질서에 굴복하고 말 것이다. 팍스 아메리카나의 제국적 질서가 전지구화하는 현대 세계 상황에서 기독교는 저항과 반역의 기독교를 복직하게 하는 과업에 복무해야 하는 사명과 소명을 가지고 있다.

이러한 기독교는 성경 즉 텍스트와 상황 즉 콘텍스트를 분리하지 않는다. 하나님이 남긴 텍스트는 항상 세계 제국의 지배와 질서를 근원적 실재로 보고 이 콘텍스트와 관련해서 역사한다. 텍스트는 항상 세계 제국의 지배와 질서를 실재계로 파악하고 이와 대결 의식을 벌이는 가운데서 그 생명력을 발휘한다. 따라서 하나님은 성경의 문자 속에서 갇혀 있는 분이 아니다.

이러한 시각에서 성경과 제국 시리즈가 기획되었다. 이 시리즈는 일반학계의 제국 연구와 성경학계의 수용과 적용의 최근 성과를 널리 공유하는 목적에서 간행된다. 그러나 그 근본 취지는 한국 사회에 기독교의 혁명적 성격의 회복을 촉진하고 자본주의 제국의 현실을 콘텍스트로 하는 성경 연구의 변혁과 성경 읽기의 혁신을 꾀하고자 하는 것이다.

성경과 제국 시리즈 편집위원회
김근주 류의근 배덕만 이국운 장윤재 가나다순

정치사회적 관점으로 마가복음 읽기

오늘, 마가복음을 살다

체드 마이어스 외 지음

임진아 옮김

정치사회적 관점으로 마가복음 읽기
오늘, 마가복음을 살다

지은이	체드 마이어스, 마리 데니스, 조셉 냉글, 신시아 모에-로베다, 스튜어트 테일러
옮긴이	임진아
초판1쇄	2018년 2월 7일
펴낸이	배용하
편집	배용하
등록	제364-2008-000013호
펴낸곳	도서출판 대장간 www.daejanggan.org
등록한곳	충남 논산시 매죽헌로 1176번길 8-54, 101호
대표전화	전화 : 041-742-1424 전송 : 0303-0959-1424
분류	기독교	성경	제국	신약
ISBN	978-89-7071-436-3 03230
SET	978-89-7071-411-0 94230
CIP제어번호	2018003511

이 책은 저작권법은 ORBIS BOOKS와 독점계약한 대장간에 있습니다.
기록된 형태의 허락 없이는 무단 전재와 복제를 금합니다.

 값 20,000원

일러두기

* 본문에 나오는 장절의 표기는 마가복음의 본문이며, 몇 장 참고라는 것은 이 책의 장을 뜻합니다.(예: 3:1-6; 3장 참고 = 마가복음 3장 1~6절; 이 책의 3장 참고)

* 이 책에 인용한 성구는 저자의 표현을 그대로 번역하였습니다.

추천의 글

류의근 〈교수 / 신라대학교 철학〉

이 책은 정치·사회·경제적 관점에서 풀어내는 마가의 제자도 이야기이다. 예수쟁이들은 이 책을 통해서 예수의 복음이 오늘의 세상에 명하는 바가 무엇인지를 배우게 될 것이다. 그래서 이 책의 제목은 "예수, 오늘의 세상에 명하다"로 번역할 수 있다. 예수가 명한 바는 너무 많아서 예수쟁이들은 어느 하나도 옹골차게 준행하는 것이 결코 쉽지 않다. 더욱이 이 책에서 예수가 명하는 바는 매우 살벌하다. 그러니 어지간한 신앙 윤리와 양심의 소유자한 자가 아니면 읽지 않기를 바란다. 특히 보수신학과 설교에 물들어 사회 체제의 모순과 불의에 대해 치열하게 싸운 예수의 사역과 마음을 올바르게 배운 적이 없는 신자들은 더욱 읽지 않기 바란다. 그러나 배울 마음이 있고 예수 복음의 참된 정신과 성경에 대한 눈이 열리기를 원하는 자에게는 이 책을 추천한다. 그리고 그리스도인의 사회적 책임에 민감하고 정치·사회·역사적 현실에서 하나님의 현존과 임재를 사모하는 자들은 반드시 이 책을 읽기를 당부한다. 특히 소위 정통 신학과 설교에 의문을 품고 있는 신자에게는 강력하게 추천한다. 그런 신자는 이 책을 정성을 다해 여러 차례 읽기 바란다. 절대로 쉬운 책이 아니다. 그러나 알고 나면 매우 쉬운 책이 될 수 있다. 그리고 이 책을 사랑하게 될 것이다. 그리고 당신의 신앙과 양심의 길과 방향은 전복될 것이다.

부디 바라는 것은 이 책을 비판하지 말라는 것이다. 그동안 교회에서, 신학교에서, 목회자에게서 배워왔던 모든 지식과 실존적 종교적 체험을 판단 중지하고 삭제한 후에 백지 상태에서 이 책이 분석하고 해석하는 본문 성구의 의미와 함축과 통찰들을 공부하기 바란다. 만일에 이 저자의 마가복음 해석이 '한' 해석이 아니라 '그' 해석이라면 다른 해석은 폐기하는 것이 좋겠다는 것이 나의 전언이다. 마가는 행동하는 신앙을 강조했다. 이 책은 그 기조와 정신에 극히 충실하다. 이 책은 마가가 마가복음을 썼을 때 전하고자 했던 핵심을 가장 철저하고 급진적으로 이해하고 서술하고 해석한다.

따라서 이 책은 한국 사회 그리고 한국 교회의 현재 정신적 상황과 풍토에 기독교적으로 대항할 수 있는 가장 유효하고 시의적절한 책이다. 한국 사회는 지금 사회 지도층 인사들, 엘리트들의 도덕적 상태가 얼마나 해이하고 썩어 있는지를 각종 언론 신문 방송을 통해서 실시간으로 접하고 있다. 또한, 한국 교회 역시 일반 사회에서 이미 공신력을 상실한지 오래이다. 한국 교회의 지도층이 얼마나 도덕적으로 부패하고 무디어져 있는지는 더 이상 췌언을 요하지 않는다.

이러한 상황에서 이 책이 가르치는 마가복음의 제자도 이야기는 한국의 기독교 신자들로 하여금 한국 사회와 교회에 대해 급진적인 신앙 윤리와 양심을 고무하고 이를 행동으로 옮길 수 있게 하는 자극과 도전을 도처에 풍부하게 소유하고 있다. 그러기 위해서 독자들은 이 책을 쉽게 읽어서는 안 된다. 이 책은 그 내용과 구성이 지극히 조직적으로 직조되어 있고 그 논리가 매우 치밀하며 빈틈을 허락하지 않는다. 이 책은 차분하게 끈기 있게 정독하고 묵상하며 적용하는 실천적 자세를 요구한다. 교회는 남녀노소할 것 없이 25장으로 구분되어 있는 이 책을 격주로 읽고 토론하고 적용하고 내면화하는 제자도 학습반을 개설해서 가르쳐야 한다. 예수의 복음을 소비하고 자위하는 것에 중독되어 있는 제자도 훈련은 중지하고 이 책이 요구하는 제자도 훈련으로 대체해야 한다. 위로와 안락을 공급하는 교회의 설교와 운영에 맛들인 나긋나긋한 신앙과 경건으로는 이 책을 소화할 수 없고 감당할 수 없다. 이 책은 한국 기독교 신앙의 근본 양태에 대해서 근본적인 물음을 제기한다. 이 책은 한국 중산층의 기독 신자들 대부분이 소유하는 안락한 예수 신앙에 대해 예수가 제자들에 던진 물음 즉 "나를 누구라고 생각하느냐, 나를 따라오려거든 자신을 부인하라"는 근본 물음을 던진다.

이 책을 읽고도 자신의 신앙에 반성이 없고 껍데기 신앙을 가지고 살았다는 회한이 없다면 이 책을 오해하는 것이다. 그래서 내가 비판하지 말라고 한 것이다. 비판의 대상이 되지 않는 글이 어디 있겠냐마는 그럼에도 불구하고 내가 그렇게 말한 이유는 한국 기독교 신자의 신앙 체질이 바뀌기 위해서는 이 책 앞에 겸손히 서고 이 책에 순종해야 한다는 것 때문이다. 이 책은 그러한 역할을 할 수 있고 그러한 능력을 보여준다.

한국 기독 신자들은 성경을 단편적으로 이해하는 수준에 그치고 마는데 이 책을 처음부터 끝까지 읽고 공부해서 성경 66권 중 단 한권 곧 마가복음에 대해서만이라도 그 전체에 대한 근본적인 이해와 안목을 가지는 자부심을 형성할 수 있기를 권유하는 바이다. 바꾸어 말하면 당신은 다른 성경에 대해서는 몰라도 마가복음에 대해서만큼은 전문가일 수 있다. 당신은 그러고 싶지 않은가? 하나님이 당신에게 그러한 거룩한 욕구를 허락하는 은혜를 베풀어 주시기를 기도한다.

한국 기독교인들이 이 책의 주해와 신학을 이해하고 수긍하고 이 책이 지시하는 대로 문맥 속의 말씀과 세계 속의 말씀 그리고 그리스도의 제자도를 성육신하는 삶을 살 때 누더기가 되어 있는 한국 사회와 교회는 그만큼 세상의 빛과 소금으로 맑고 밝아질 것이며 예수가 지상에서 추구했던 하나님나라와 통치도 초대교회에 강림한 성령처럼 한반도 땅에 불처럼, 강물처럼, 파도처럼, 폭풍처럼 임할 것이다. 이것이 성경과 제국 시리즈 1권 『출애굽과 혁명』, 이어서 2권 『오늘, 마가복음을 살다』를 출간한 취지이다.

추천의 글

장윤재 〈교수 / 이화여대 기독교학과〉

체드 마이어스의 책이 우리말로 번역되어 나왔다니 반가움이 앞선다. 그의 저서 중 첫 번째 한글 번역일 것이다.

네 복음서 중에서 가장 먼저 쓰였지만 두 번째로 밀려있는 마가복음은 그 순서 때문에 제 대접을 받지 못한 것 같다. "아브라함과 다윗의 자손 예수 그리스도의 계보"로부터 시작하는 마태의 집필 전략이 너무도 탁월했기 때문일까. 하지만 마가는 아브라함보다 훨씬 더 오래된 '계보'로 거슬러 올라간다. "하나님의 아들 예수 그리스도의 복음의 시작은 이러하다."[1:1] 마가의 첫 구절을 들은 유대인이라면 마가가 창세기의 첫 구절을 상기시키고 있음을 아무도 놓치지 않았을 것이다. 마가복음은 하나님의 새 창조에 관한 이야기다. 우리의 실패를 딛고 다시 시작하는 하나님의 새 창조에 대한 복음이다.

마이어스가 우리에게 주는 가장 탁월한 성찰은 마가복음의 문학적 구조가 '뫼비우스의 띠'처럼 되어 있다는 해명일 것이다. '해피앤딩'으로 끝나는 다른 복음서들과는 달리 마가복음의 끝은 참담하기까지 하다. "그들은 무서워서, 아무에게도 아무 말도 못하였다."[16:8] 누군가 후대에 16장 9절 이하로 밝게 끝나는 새 결말을 창작해 넣었어야 할 정도로 마가복음은 황망하기만 하다. 여기서 '그들'은 부활절 새벽에 예수님의 시신에 향료를 발라드리러 무덤으로 올라갔던 세 여인이다. 빈 무덤에서 마주친 웬 흰 옷을 입은 젊은 남자가 예수께서는 살아나셨으며 먼저 갈릴리로 가셨으니 거기서 그를 다시 볼 수 있을 거라고 전하라 했지만 이들은 넋을 잃고 벌벌 떨며 무덤에서 뛰쳐나와 도망쳐 버린 것이다. 그리고 "아무에게도 아무 말도 못하였다." 어떻게 이럴 수가 있는가!

그래서 독자는 처음부터 다시 읽어볼 수밖에 없다. 무엇이 어디서부터 잘못되었는지 처음부터 다시 복음서의 이야기를 따라갈 수밖에 없다. 하지만 결말은 언제나 같은 곳에 다다른다. "그들은 무서워서, 아무에게도 아무 말도 못하였다." 도대체 무엇이 잘못 되었는가? 예수의 제자가 된다는 것이 이렇게도 어려운 일인가? 우리는 그 때마다 다시 모든 것을 새로 창조하시는 '하나님의 아들 예수그리스도의 복음'으로 돌아간다. 우리는 늘 실패하지만 하나님은 언제나 새로 창조하신다. 예수의 제자라는 새로운 삶을 창조하신다. 마가복음 안에는 이렇게 제자의 길을 가는 영원한 '뫼비우스의 띠'가 숨겨져 있다.

오늘날 한국교회의 문제는 제자로의 부르심과 현실 사이의 적당한 타협을 오히려 세련된 신앙이라 여기는 것이다. 제자의 삶에 대한 치열한 고민이 없기 때문이다. 인간의 한계에 대한 깊은 성찰이 없기 때문이다. "가서 네게 있는 것을 다 팔아 가난한 자들에게 주고 와서 나를 따라라"는 마가복음 10장의 예수의 초대는 그 때나 지금이나 그리고 어쩌면 앞으로도 영원히 불가능한 명제다. 심지어 마태조차 이 구절 앞에 "네가 완전한 사람이 되려고 하면"이라는 조건절을 붙이고 "네게 있는 것을 다 팔아"에서 '다'를 빼버릴 정도로 이 부르심은 따르기 어려운 초대였다. 하지만 우리는 우리가 따를 수 없는 복음을 요리조리 능숙하게 해명하여 빠져나가려 해서는 안 된다. 그것이 신앙의 삶에서 가장 위험한 순간이다. 그저 그렇게 하지 못하는 우리의 부끄러운 모습을 그대로 하나님 앞에 정직하게 서야 한다. 신앙은 하늘과의 그런 정직한 대면이다. 마가는 우리를 그런 신앙의 신비로 인도한다. 이 책은 우리를 그런 마가의 복음으로 안내한다.

역자의 글

영롱한 별이 빛을 발하는 밤하늘 아래 목자들이 양 떼를 지키는 한가로운 풍경 속에 잔잔한 음악이 흐른다. 금세 우리는 예수께서 이 땅에 오신 날을 떠올린다. 예수께서 발을 디딘 그 땅은 그저 평화롭고 아름답기만 한 세상이었을까? 그렇다면 예수께서 걸으신 길은 비단 카펫이 깔린 탄탄대로였을 것이다. 하지만 우리는 그 길에 배어난 눈물과 핏방울의 고통을 익히 들어 알고 있다. 그렇다면 그 길은 왜 그런 고난의 길이어야만 했는가? 이 질문에 주류 기독 신학은 그동안 인간의 죄성이라는 두리뭉실한 언어로 표현해 왔다. 틀린 말은 아니겠으나, 실체를 알기 어려운 어렴풋한 언어는 알 수 없는 죄책감을 조성하고 십자가와 부활의 의미를 지극히 개인 영성 차원에서 되새기도록 부추겼다. 예수가 걸어온 길에 대한 모호한 해석은 예수 따름이 과연 무엇에서 돌이켜서 무엇을 지향하는가 하는 것, 곧 믿음 이후의 실천에 관한 뚜렷한 방향성을 제시하지 못한다.

체드 마이어스를 비롯한 이 책의 저자들은 그 모호함의 원인을 복음서의 저자에게 돌리지 않는다. 마가가 예수께서 오신 세상의 정치, 경제, 사회, 문화의 현실을 구체적으로 기록하며, 예수께서 걸으신 그 길의 실체가 무엇인지 충분히 설명했다고 믿기 때문이다. 마가는 로마 황제가 지배하는 제국의 압제, 예루살렘 성전을 중심으로 이뤄지는 정치, 경제, 종교 권력의 횡포, 변방으로 밀려난 가난하고 병든 자의 고달픈 삶의 현실을 복음서에 담았다. 그리고 선포했다. "하나님의 아들 예수 그리스도의 복음의 시작이다!" 그 현실을 찢고 들어오는 유일한 희망을 선포했다. 로마 황제의 승전보를 알릴 때 썼던 "복음"이라는 단어를 차용해, 이제 그 승리의 주인공이 로마 황제가 아닌 예수 그리스도라고 선포한 것이다. 마가는 예수가 가져오는 하나님나라는 기존 사회 질서를 흔들고, 권력 관계를 뒤엎고, 경제의 희년을 선포하는 나라임을 예수의 삶과 가르침을 통해 구체적으로 묘사한다. 이는 예수의 길이 가시밭길일 수밖에 없는 이유에 대한 설명이기도 하다.

체드 마이어스는 성서학자, 활동가, 교육자, 작가로 40년 이상 정의와 평화 운동 및 급진적 제자 운동을 위해 일했다. 체드는 1988년에 『강한 자를 결박하기: 마가의 예수 이야기 정치적으로 읽기*Binding the Strong Man: A Political Reading of Mark's Story of Jesus*; Orbis, 1988』를 출간했다. 이 책은 기존 주석과 달리 정치사회적 관점에서 마가복음을 상세히 분석했다. 이후, 대중이 쉽게 다가갈 수 있는 책을 출판해달라는 요구가 있었고, 1996년 『오늘, 마가복음을 살다: 정치사회학적 관적으로 마가복음 읽기』가 세상에 나왔다. 체드는 이 책에서 『강한 자를 결박하기』의 내용을 요약할 뿐 아니라, 몇몇 활동가와 논의하여 마가복음의 통찰을 실생활에 적용하도록 돕는 글을 실었다. 이 책의 다섯 저자가 서문에서 밝히고 있듯이 이들은 중산층 유럽계 미국인이라는 배경에 있지만, 세상의 가난한 이들과 연대하고 정의와 평화 운동에 참여하고자 자신이 가진 특권을 버리기로했다. 그리고 미국의 특권 계층을 향해 "회개하고 오늘날 세상을 지배하는 악의 세력이 무엇인지 똑똑히 바라보고 가난하고 소외된 이들과 함께 하는 제자의 삶을 살아내라"는 마가복음의 메시지를 선포한다.

복음서의 저자 마가는 베드로의 제자이자 통역관으로 알려져 있다. 예수의 행적을 실제 눈으로 보지는 못했지만, 전해 들은 이야기를 바탕으로 다양한 문학 기법을 이용해 당시 현실에 맞게 예수가 선포한 하나님나라를 구현했다. 마가와 같은 시공간에 살던 독자라면 마가복음에 담긴 사회 정치적 함의가 더욱 피부에 와닿았을 것이다. 그리고 "눈이 열린" 마가복음의 독자라면 제자 됨의 의미가 단순히 영적인 변화만이 아닌 사회, 경제, 정치의 지배 문화를 탈피하여 민족, 인종, 성별, 계층 간의 경계를 뛰어넘는 포용과 평등을 실천하는 삶의 변화임을 깨달았을 것이다. 마가가 예수 복음을 1세기 로마제국판으로 번역했다면, 이 책의 저자들은 복음을 20세기 미국판으로 번역한 셈이다. 워싱턴 디씨, 로스앤젤레스, 권력의 화려함 뒤에 가려진 뒷골목에서 소외되고 굶주린 이웃의 눈물을 바라보고, 중남미에서 자행된 다국적 기업의 경제적 횡포를 목격한 저자들은 복음이 가져와야 할 해방이 무엇이며 복음으로 해방된 제자가 살아야 할 삶의 뚜렷한 방향성을 깨달았다.

그런 의미에서 『오늘, 마가복음을 살다』의 한국어판 출간은 색다른 견해를 가진 하나의 마가복음 주석 소개가 아니다. 마가가 번역했고, 체드가 번역했던 예수 복음을 21세기 한국 사회에 맞게 번역하라는 한국 독자를 향한 초청장이다. 예수께서 흙먼지 날리는 갈릴리 동네를 거닐며 사람들과 이야기를 나눴듯이, 한국 땅에 발을 디디고 오늘을 살아가는 예수의 제자들이 함께 모여 토론하고 그 길을 모색할 때만 복음의 번역은 가능할 것이다. 눈을 열고 세상을 보고, 억압의 실체를 폭로하며, 연약한 자와 연대하고 하나님나라를 일구는 길은 실로 십자가의 길이 아닐 수 없다. 하지만 그 길을 가지 않고서는 복음서의 마지막 장에 다다를 수 없다. 그 길을 온전히 걸어갈 때만 부활의 예수를 만난 게 된다. 이 책의 독자들이 그 길을 향한 초대에 기쁨으로 응하길 바란다.

성서를 공부하고 가르치는 역자에게 체드 마이어스의 강의와 저서는 복음과 오늘의 삶 사이를 오가는 창문 하나를 열어주었다. 물론 성서와 세상을 연결하는 그의 새로운 관점을 온전히 소화하기가 쉽지는 않았다. 이 과정에서 이방인이라는 신분으로 변방에 놓였던 삶의 여정과, 정의와 평화를 실천해온 메노나이트 공동체에서 배운 신앙이 큰 도움이 되었다. 어려운 해석을 붙들고 함께 고민해준 남편 파블로와 번역하는 과정에서 잦은 질문에도 친절하게 답해준 저자에게 감사의 말을 남긴다. 번역상 문제가 있다면 전적으로 역자의 책임임을 밝히며 독자의 양해를 구한다. 이 책을 통해 한국 기독교인을 복음을 살아내는 제자로 풀무질하고 망치질하려는 대장간의 노고가 헛되지 않기를 간절히 바란다.

토론토에서

임진아

서문

이야기의 흐름

세상에는 두 종류의 이야기와 두 종류의 독자가 있다. 어떤 이야기는 단지 관중을 즐겁게 하거나 머리를 식혀주는 이야기다. 그런 이야기는 독자를 수동적인 관중이라고 가정한다. 오늘날 북미 문화권에는 그런 종류의 이야기와 독자가 흔하다. 영화, 정치 연설, 여섯 시 뉴스, 모두 "공연"과 관중 사이의 필수적인 거리를 유지한다. 다른 이야기는 관중을 변화시키려고 한다. 관중spectators에게 "관객-배우spect-actors"가 되라고 초대한다. 연극 연출가 아우구스토 보알Augusto Boal이 만든 관객-배우라는 용어는 이야기에 사로잡혀 이야기의 일부가 되고 싶어 하는 사람을 일컫는다. 관객-배우는 이야기가 그들의 삶의 대본에 도전하고, 이야기가 "그들을 읽을 수 있도록" 마음의 문을 연다.

기원후 1세기 급진적 기독교 제자도 선언인 마가복음이 그러한 이야기다. 마가복음은 독자에게 "들을 귀를 가지고"4:9 "보고" "따라오라"고 손짓한다.10:51f 이 책은 복음을 성찰하는 과정으로 독자를 초대한다. 우리는 이 과정이 변화의 여정이 되리라 믿는다. 우리는 이 책의 저자로서 마가가 쓴 예수 이야기가 관중을 관객-배우로 변화시킬 능력이 있다고 믿는다.

배경

체드 마이어스의 『강한 자를 결박하기: 마가의 예수 이야기 정치적으로 읽기*Binding the Strong Man: A Political Reading of Mark's Story of Jesus*』Orbis, 1988를 약 10년 전에 출판한 이후로, 일반 독자들도 쉽게 읽을 수 있는 대중적인 주석을 출판하라는 요청을 많이 받았다. 이 책은 그런 요청에 부응하고, 마가복음의 주제와 오늘날 세상 속에서 제자로 살아가는데 도전이 되는 과제를 구체적으로 연결하고자 쓰였다. 간소화와 적용이라는 두 가지 과업을 위해, 체드는 대중 교육과 기독교 운동 모두에 헌신한 동료들에게 도움을 요청했다.

1991년에 체드는 가톨릭 전국 평화 정의 운동 팍스 크리스티Pax Christi가 출판한 소책자, 『미국인의 여정, 1492-1992: 회심으로의 부르심*The American Journey, 1492-1992: A Call to Conversion*』에 실을 콜럼버스 500주년에 대한 자료를 위해 스튜어트 테일러Stuart Taylor, 신시아 모에-로베다Cindy Moe-Lobeda, 마리 데니스Marie Dennis와 함께 작업했다. 그 후, 체드가 『누가 그 돌을 굴려주리오?*Who Will Roll Away the Stone?: Discipleship Queries for First World Christians*』Orbis, 1994이라는 책을 작업할 동안, 스튜어트, 신시아, 마리, 조셉 냉글Joe Nangle은 『성 프란시스와 하나님의 어리석음*St. Francis and the Foolishness of God*』Orbis, 1993을 저술했다. 이 기간에 우리 다섯 명은 본서 작업을 시작하게 되었다. 우리는 시간, 거리, 다양한 문체를 조율하는데 어려움을 겪었고, 책을 완성할 수 있도록 「소저너스Sojourners」의 편집장 카렌 라테아Karen Lattea에게 전문적인 편집을 부탁했다.

우리 모임은 로마 가톨릭, 루터교, 장로교, 감리교, "자유 에큐메니컬free ecumenical"이라는 교회 전통의 스펙트럼을 대표한다. 우리는 로스앤젤레스, 투싼Tucson, 워싱턴 디씨에 거주하며 일한다. 우리 모임은 남성, 여성, 평신도, 목회자로 이루어져 있다. 우리는 모두 비평적 신학 사고의 작업에 신중하게 접근하지만, 전문 신학자는 아니다. 우리는 중산층 유럽계 미국인이라는 배경을 갖고 있다. 그러나 미국과 해외의 가난한 이들과 연대하는 정의와 평화 과업에 참여하기 위해 지배 문화의 특권을 버리기로 했다.

우리 각자의 삶의 이야기는 역사의 수면 아래에 있는 사람들, 가난한 이들을 위협하는 끊임없는 전쟁 속에 사는 사람들과 살고 일하면서 영향을 받았다. 이러한 형제자매들과 교제하는 일은 특권자와 억압자 모두의 세상에 매인, 분열된 인간이 되는 일이다. 우리는 이러한 갈등을 선물로 여긴다. 우리의 첫 번째 책무가 지배 문화권의 교회를 제자도로 부르는 것이기 때문에, 유럽계 미국 기독교인을 이 책의 1차적 독자로 생각한다. 물론, 마가복음과 오늘날 교회 회복 문제에 관심 있는 모든 독자를 환영한다.

이 책의 저술 과정은 쉽지 않았다. 말씀을 놓고 함께 씨름했고, 웃었고, 울었고, 서로에게 도전했다. 서로 해석의 차이가 있을 때는 치열하고 고통스러웠다. 하지만 서로의 통찰을 통해 성장했다. 우리는 서로를 깊이 존중하고, 서로의 존재 속에서 기쁨과 활기를 찾으며 연합했다. 또한, 예수를 따르라는 부르심이 복음을 실천하면서 불의에 저항하고 더 정의롭고 자비로운 사회 질서를 세우라고 요청한다는 확신을 공유하며 연합했다. 우리는 복음서를 다시 함께 읽으면서, 공동체 안에서 말씀을 가장 깊이 고찰할 수 있다는 점을 더욱 확신하게 되었다. 독자들도 다른 사람들과 함께 이 과정에 참여할 수 있기를 바란다.

독서 과정의 목표

마가의 이야기는 우리 각자 삶의 이야기와 우리가 살아가는 광범위한 집단 역사와 만날 때만 변화의 능력을 가진다. 우리는 각 이야기가 서로에게 영향을 미친다고 생각하기 때문에, 이 세 가지 이야기 사이를 계속 옮겨 다닐 수 있는 과정을 고안했다.

마가복음 전체를 읽기로 다짐하고 우리는 말씀을 25개의 본문으로 나누고, 복음서의 다섯 가지 주요 서사 구분에 맞게 다섯 부로 엮었다. 이 책에서 장마다 소개되는 본문은 모임이나 개별 연구를 위해 알맞은 분량이라고 생각한다. 예를 들어서, 한 달에 두 번 만나는 모임은 일 년 안에 전체 일정을 마칠 수 있다. 각 장은 두 부분으로 구성되어있다.

문맥 속 말씀은 마가의 이야기에서 제기되는 모든 핵심 주제를 간략하게 살피는 주석을 제공한다.

세상 속 말씀은 주석에서 한 가지 주제를 뽑아서 우리의 현대 상황에 비추어 고찰한다.

성서를 기도하는 마음으로 받아들이는 것이 필요하고 적절하다고 보았으므로 다섯 부는 모두 묵상으로 시작한다. 각 부는 독자들이 "관객-연기 spect-acting"로 나아가는 실천방법을 제안하는 우리가 걷는 제자의 길이라는 장으로 끝맺는다.

우리가 고안한 과정의 네 가지 측면은 해방 신학자들이 "해석학적 순환 hermeneutic circle" 이라고 일컫는 과정의 필수 단계를 나타낸다.

1. 우리가 가진 관심사를 바탕으로 말씀에 대한 1차적 이해
2. 사회-역사적 맥락과 서사 맥락의 관점에서 말씀을 비평적으로 연구
3. 독자의 사회-역사적 맥락과 삶의 맥락 성찰
4. 변화된 방식으로 세상에 참여

이 과정을 통해서 우리가 사는 세상의 이야기와 성경의 이야기가 지속적으로 나란히 놓인다. 『강한 자를 결박하기』의 방향성에 맞춰, 이 책에서도 세상 속에 놓인 제자도의 사회적, 경제적, 정치적 차원을 강조한다. 그렇다고 해서, 기독교 실천의 내적이고 영적인 여정이 덜 중요하다는 뜻은 아니다. 우리 신앙의 공적 차원과 사적 차원이 분리될 수 있다는 뜻도 아니다. 오늘날 북미 기독교인들은 기도의 중요성에 대해서 별로 논쟁하지 않지만, 사회, 경제, 정치 정의의 공공 이슈에 참여하는 방법에 대한 합의를 제대로 이루지 못했다.

여행 지도

복음서, 삶의 이야기, 역사라는 세 가지 영역을 여행할 길을 찾으려면, 기본 "지도"가 한다. 이러한 지도가 부록에 담겨있다. 책을 읽기 전에 먼저 부록을 보기를 권한다.

부록 1은 이야기를 해석할 수 있는 우리의 타고난 능력을 이용해 마가복음 서사를 분석하는 도구를 제공한다. 마가복음 각 본문을 읽을 때마다 되도록 주석을 보기 전에 스스로 분석하는 연습을 할 수 있고, 또 해야 한다. 당신과 당신이 속한 모임이 주석을 보기 전에 마가복음 본문을 주의 깊게 읽으리라고 믿는다. 이 책의 목표는 단순히 당신이 마가 이야기에 참여할 수 있도록 돕는 것이다!

부록 2는 당신의 가족 체계를 그림으로써, 당신만의 삶의 이야기를 성찰하는 과정으로 인도할 것이다. 이것은 분명히 개별적인 훈련이다. 가계도를 그리고 비판적으로 성찰하는 일은 성별, 인종, 계급 정체성의 문제에 대한 의식을 일깨울 뿐 아니라, 우리 가족에 영향을 미치고 그 결과 우리 세계관에 영향을 끼친 더 넓은 역사적 사건을 떠올리도록 도와준다.

부록 3은 사회 분석 도구를 사용해 당신이 처한 상황을 지도로 그려볼 수 있게 한다. 당신이 사는 동네, 일터, 주, 혹은 국가에 권력이 어떻게 분배되어 있는가? 당신의 사회적 위치에 대해 얼마나 알고 있는가? 이 작업은 같은 상황을 공유하고 있는 모임 안에서 할 때 가장 효과적이다.

부록 4는 우리 기독교인이 예배를 통해 정기적으로 성경 이야기를 나누고 기념한다는 점을 중요하게 생각한다. 부록에는 크고 작은 예배에서 쓸 수 있는 몇몇 장chapter의 보조 자료가 담겨있다. 이러한 예시는 이 책의 내용을 예배 상황에 어떻게 적용할 수 있을지 생각하도록 도와줄 것이다.

또한, 책을 읽는 여정을 따라 제자 일기를 쓰기를 권한다. 일기장에 당신의 "내적" 지형inner geography을 기록하거나, 생각과 질문을 적거나, 메모하거나, 당신의 "지도"를 그려본다. 일기장은 당신의 제자도 여정의 과정을 통합하고, 당신의 헌신을 분명하게 표현하는 장이 될 것이다.

우리가 말씀과 세상에 대해 명확한 견해를 가졌다는 점이 곧 드러날 것이다. 하지만, 용어와 구조에 있어서 가능한 한 쉽게 접근할 수 있도록 저술하려 노력했다. 포괄적인 용어를 사용하고, 가능한한 전문 신학, 정치 용어를 쓰지 않으려 했다. 우리는 복음서의 치유 이야기가 오늘날 온전하고 독립된 삶을 살고자 씨름하는 신체장애인을 간과하고 사용되었다는 점을 알고 있다. 치유 이야기는 우리 모두에게 해당하는 더 깊은 문제를 상징한다고 생각하지만, 마가복음에서 "시각 장애"와 "청각 장애"는 신체 장애가 아닌, 영적 장애를 일컫는다. 이 책은 각주를 사용하거나 본문에 자료 인용을 거의 표시하지 않았고, 끝에 독자들이 참고할 수 있는 간략한 참고 문헌 목록이 있다. 혹시라도 복잡한 내용이 있다면 독자들의 양해를 구한다.

위대한 예언자 이사야는 언젠가 하나님께서 "이 산에서 모든 민족의 얼굴을 가린 가리개와 열방 위에 덮인 덮개를 제하실 것이다"라고 약속했다.사25:7 마가복음에서 그 날은 나사렛 예수와 함께 밝아왔다. 마가복음의 예수는 당시 유대 지배 계층과 로마 제국 체제를 모두 거부하며 밑바닥부터 완전히 전복하는 사회 재건을 구상했다. 그의 포용과 평등의 실천은 정치적, 개인적 지배의 모든 형태를 도전했다. 그는 자신의 제자들에게 비폭력을 받아들이고 그 결과를 감내하라고 명하면서, 결과뿐 아니라 수단의 혁명을 요구했다. 무엇보다, 그는 열방 위에 덮인 "덮개"를 제거할 수 있는 유일한 능력으로서, 생명을 빼앗지 않고 생명을 주는 십자가의 역설을 보여주었다.

마가는 기원후 66-70년의 로마-유대 전쟁이 낳은 압박과 고난 가운데 복음서를 저술함으로써, 급진적 제자도 선언을 발표했다. 이 이야기는 오늘날 여전히 독자들에게 "회개하고"1:15, "똑똑히 보고"8:25, 말씀을 전파하고 귀신을 쫓아내며3:14f, 민족 간의 분열이라는 폭풍에 맞서 노를 젓고6:48, 배고픈 자에게 먹을 것을 주고6:37, 자기 십자가를 지고 예수를 따르라고8:34 초대한다. 우리가 사는 세상에서 "모든 민족을 가린 가리개"는 올가미가 되었고, 치명적인 지배 논리는 역사를 막다른 길로 내몰고 있다. 마가의 이야기는 우리가 "이 산에 진실을 말하고"11:23, 예수의 자비와 정의의 방법으로 세상을 살도록 격려할 것이다.

1부. 변화를 위한 해방의 장

생각 열기

과테말라 라비날에 있는 빈민 공동묘지는 한눈에 봐도 충격적이다. 마을 가장자리에 있는 공동묘지는 주변의 다른 평범한 공동묘지와는 확연히 구분된다. 어린아이만한 크기의 수많은 흙더미가 이곳이 가난한 세상, 가난한 마을, 가장 가난한 사람의 마지막 안식처임을 알려준다. 막대기로 만든 십자가 몇 개, 꽃송이, 겨우 살아남은 관목, 돌멩이 한두 개가 사랑하는 사람을 아직 잊지 않았다고 말해준다.

그 반대쪽 끝에는 커다란 기념비와 9미터 가량의 흙더미가 있다. 이 무덤은 1982년 리오네그로 마을 근처에서 학살당한 어린이 101명과 여성 76명의 무덤이다. 기념비에는 사람들의 이름과 한 해 동안 같은 동네에서 세 번이나 일어난 학살에 대한 간략한 설명이 쓰여있다. 인구의 70퍼센트가 원주민인 과테말라는 권력과 부를 가진 소수의 지주와 사업가, 미국의 지원을 은밀하게 받고 있는 막강한 군대의 오랜 통치를 받았다. 이들은 1980년대에 자신들의 경제, 정치, 문화적 통치를 유지하려고 400개가 넘는 마야족 마을을 잔인하게 멸절했다.

리오네그로의 과부들과 살아남은 몇몇 남자들과 끔찍한 어린 시절을 기억하는 젊은 사람들은 팔 일에 한 번씩 죽은 사람을 기리는 기도회를 갖는다. 가까이에 함께 묻힌 리오네그로의 모든 성인을 위한 호칭기도litany of the saints를 그저 낭독하는 것만으로도 큰 위로가 된다. 리오네그로의 남겨진 공동체는 진실을 기록한 기념비를 세우기로 결정하면서 십 년간의 침묵을 깨고 죽은 이들의 목숨을 돌려달라고 요구했다.

"광야에 특사가 이를 것이다."[1:3] 라비날 공동묘지의 장면은 "광야"라는 단어에 새로운 의미를 더해준다. 광야는 삶과 죽음 사이, 희망과 절망 사이, 영과 육 사이의 냉혹한 공간이자, 철저히 배제된 장소이다. 하나님을 만나는 곳이다. 정치, 경제, 사회, 문화적 권력의 중심에서 벗어난 라비날은 이 시대의 변두리이자, 회개와 예언의 말씀이 필요한 광야다.

1장 • 제자도를 향한 첫 번째 부르심

마가복음 1:1-20

문맥 속 말씀

전도자 마가는 예수의 이야기가 매우 특별하기 때문에 새로운 문학 장르를 개발해야겠다고 생각했다. 그래서 마가복음 서문1:1, 1:15의 처음과 끝에 나오는 단어인 "복음"이라는 장르를 만들었다. 이 장르는 행위 중심의 영웅 서사지만 로마의 위인전과는 다르게 엘리트 계층 출신이 아닌 평범한 사람이 주인공인 이야기이다. 예수는 치료자이자 귀신을 내쫓는 사람으로 묘사된다. 그러나 마가의 이야기는 당시에 인기 있었던 일반적인 마법사 이야기와는 달리 기적을 강조하지 않는다. 그 대신 예수가 어떻게 사람들을 격려하는지 강조한다. "네 믿음이 너를 구원하였다." 5:34, 10:52

마가는 당대의 여러 가지 서술 방식을 사용해서 작품을 저술했다. 구약 성서, 묵시 문학, 교훈적인 랍비 이야기, 지혜서, 심지어 그리스–로마의 비극까지 사용했다. 하지만, 마가의 "복음"은 고대 문학 속에서 새로운 목소리를 들려준다. 마가복음은 이야기 형식이기 때문에 우리가 일상에서 이야기를 해석할 때 사용하는 타고난 기술native skills을 갖고 접근할 수 있으며, 또 그렇게 해야 한다. 이런 기술을 마가복음 서문에 적용하는 연습이 부록 1에 담겨있다.

본문 읽기: 마가복음 1장 1-3절

이 이야기의 제목은 "하나님의 아들 예수 그리스도의 복음의 시작" 1:1이다. 고대 작가들은 종종 잘 알려진 권위자를 글의 서두에 언급해서 신뢰감을 주었다. 영화가 시작할 때 나오는 크레딧 같은 것이다. 마가복음의 제목은 당시 독자라면 알만한 두 가지 용어를 사용했다.

복음gospel은 로마의 정치 선전과 관련된 용어였다. 저 멀리 로마 제국Pax Romana의 최전방에서 들려오는 군대의 승전 소식이나 새로운 황제의 즉위 소식은 "기쁜 소식"으로 제국 전역에 크게 알려졌다. 황제는 동전에 새겨지거나 황제 숭배 의례를 통해 "신성한 사람"으로 칭송되었다. 이와 대조적으로, 마가는 유대인 "그리스도," 나사렛 예수에 관한 제국과 상관없는 "기쁜 소식"을 단호하게 전한다. 이러한 수사법과 대중매체를 통해서 지중해 세계 사람들의 마음과 생각을 사로잡으려고 시도했다.

또한, 마가복음의 제목은 창세기 1장 1절을 암시하는데, 이 세상 속에서 창조 활동을 하시는 하나님의 위대한 이야기를 다시금 새롭게 하고자 하는 마가의 바람이 담겨있다. 마가는 창조의 이야기가 전해지고 그 이야기를 살아내는 사람이 있는 곳 어디에서나 창조는 계속된다고 주장하고 있는 듯하다. 이 점은 1장 2절에 두드러지게 나타난다. 이 구절에는 마가복음에서 가장 중요하고 권위 있는 구약 성서의 구절이 방백으로 인용된다. "길"이 다시 열릴 것이라는 "이사야"의 약속은 이스라엘의 근간을 이루는 이야기인 애굽으로부터의 해방의 여정을 상기시킨다. "이제 내가 너희 앞에 한 천사를 보내어 길에서 너희를 지켜 주며, 내가 예비하여 둔 곳으로 너희를 데려가겠다."출23:20 마가의 이야기 속에서 길이라는 단어는 제자도와 같은 의미로 사용된다. 머지않아 이스라엘 백성이 광야에서 천사들을 따라갔던 것처럼 우리 또한 예수를 따르는 길로 초대받을 것이다.

이 약속은 극적인 긴장감을 자아낸다. 무슨 일이 곧 벌어질 것이다. 그렇지만 무슨 일이, 어디에서 벌어진다는 말인가? 사실 이 인용문에는 두 개의 예언서 본문이 결합되어 있다. 마가복음 1장 2절은 "성전에" 갑자기 임하실 하나님에 대해 말라기가 경고하는 부분을 재구성했다.말3:1 이 신탁은 사람을 억압하는 이들을 향한 심판에 대한 경고이다. 특히 성전을 가리키는데, 성전은 공동체에서 생산된 농산물의 잉여 분이 재분배되는 중앙 창고의 역할을 했다. "도둑질"의 수단으로 활용된 것이다.말3:8-10 마가의 이야기 속에서 이 경고는 예수가 나중에 성전을 방문할 때 다시 나온다.11:17; 16장 참고

마가복음 1장 3절은 이제 광야에 등장할 특사에 대해 알려주는 이사야 40장 3절을 인용한다. 정확하게 그곳에서 세례 요한이 등장한다.1:4 마가는 말라기와 이사야를 연결하는 능숙한 편집을 통해 마가복음의 주제를 소개한다. 이 주제는 전형적으로 대조되는 두 개의 상징적 공간 사이의 긴장이다. 성전과 광야, 곧 중심과 변두리 사이의 긴장인 것이다.

본문 읽기: 마가복음 1장 4-8절

회개를 선포하는 세례 요한의 모습과 함께 장면이 시작된다.1:4-6 요한의 복장은 상징적이다. 왕들을 비판했던 위대한 예언자 엘리야를 연상시키는데, 요한 또한 그러할 것이다.왕하1:1-17 참고 하지만, 엘리야의 이야기는 "종결"되지 않았다. 왜냐하면 그는 요단강에서 하늘로 사라졌기 때문이다.왕하2:6-14 참고 이러한 "행방불명" 상태는 엘리야의 존재가 역사 속에 불현듯 다시 나타날 것을 의미했다. 그리고 지금 여기 요단강에 요한이 엘리야처럼 나타났다! 말라기 또한 하나님이 "주의 크고 두려운 날이 이르기 전에" 사람들을 돌아서게 할 엘리야를 보낸다고 약속했다.말4:5f 그리고 지금 요한은 사람들에게 "회개"하라고 권면하고 있다. 회개한다는 것은 "돌아선다"는 의미다! 독자의 기대감은 한층 고조된다. 하지만, 우리는 당황스럽기

만 하다. 도대체 이 말은 시작을 선포하는 것인가 종말을 선포하는 것인가?

1장 5절에서 마가는 "온 유대 지방 사람들과 온 예루살렘 주민들이" 광야에 있는 요한에게 나아왔다고 기록한다. 이 부분에서 중심과 변두리 사이의 긴장감이 분명하게 나타난다. 유대 성전-국가 신화 The national myth of the Judean Temple-state에서, 예루살렘은 세상의 중심이자 언젠가 모든 민족이 굴복하러 오게 될 장소이다. 시2:6, 14:7, 48, 69:35f, 87, 102:15-22; 사4:5f, 18:7, 60:10-14 참고 하지만, 마가는 방향을 뒤집는다. 구원이 중심이 아닌 변두리에서 일어나고 있다. 이것이 바로 모든 사람이 돌아서야 하는 이유다!

요한은 곧바로 복음의 주인공을 소개한다. "더 능력이 있는 이"가 성령으로 세례를 줄 것이다. 이 부분은 독자의 기대감을 더욱 고조시킨다. 하지만, 예수의 무대 등장은 처음부터 별로 특별하지가 않다. 그는 팔레스타인 북부 지방의 잘 알려지지 않은 마을인 "갈릴리의 나사렛"에서 온다. 서문에 나오는 변두리 지역을 더욱 강조하면서 말이다. 하지만, 이 외딴 장소에서 온 출신이 의심스러운 무명의 인물에게 하나님의 음성이 찾아온다.

본문 읽기: 마가복음 1장 9-13절

예수의 세례를 묘사하는 부분에서 갑자기 극적인 이미지가 이야기 속에 끼어든다. 예수가 요단강 물에서 일어서자 "하늘이 갈라지는" 1:10 환상이 나타났다. 이 부분은 또 다른 선지서의 본문을 암시한다. "주님께서 하늘을 가르시고 내려오셔서 주님의 대적들에게 주님의 이름을 알게 하시고, 놀라운 일을 하셨을 때에, 이방 나라들이 주님 앞에서 떨게 하여 주십시오" 사 64:1-3

"내 사랑하는 아들"이라고 예수를 부르는 신비로운 음성은 예수를 시편 2장 7절에 나오는 메시아적 통치자로 지명하고 있는 것일까? 아니면 비둘기의 강림은 이사야서의 "내가 그에게 나의 영을 주었으니, 그가 뭇 민족에게 공의를 베풀 것이다"에 나오는 고난받는 종을 가리키는 것일까?

하늘에서 들려오는 소리는 마가가 사용하는 묵시 문학의 상징 중 첫 번째 사례이다. 묵시는 마가가 살던 시대에 정치적 반대 의견을 드러낼 때 자주 사용되는 표현 방식으로, "세상의 종말," 곧 권세자들이 다스리는 세상을 그려냈다. 예수는 세례를 받은 후 성령에 이끌려 더욱 외진 광야로 향한다. 그리고 그곳에서 "이 세상의 통치자"와 씨름한다.1:12f 이 싸움은 선천사들과 예수과 악사탄과 들짐승 사이의 묵시적 전쟁을 상징한다. 마가는 마가보다 2세기 전에 그리스 제국주의에 저항하라고 촉구했던 유대의 묵시 전통인 다니엘서를 여러 번 암시적으로 인용하는데, 이 부분이 그 첫 번째이다. 다니엘서는 포악한 통치자들을 "짐승들"로 묘사하고, "왕국의 군주들"과 싸우는 천사들에 대해 언급한다.단7:1-7, 10, 12:1

그런데 이 기묘한 시험 이야기 속에 또 다른 의미가 담겨있는 것은 아닐까? 혹시 예수가 깊은 광야로 향했던 여정을 "비전 퀘스트vision quest"의 한 종류로 해석할 수가 있을까? 오늘날에도 원주민들 사이에서 비전 퀘스트는 세상 밖으로의 외적 모험이자 자기 직면과 정화의 내적 통과의례이며, 자기 민족의 정체성과 운명을 발견하는 "영적" 여행이다. 예수는 어떻게든 이스라엘의 과거를 다시 체험하고 내면화하려 했던 것일까? "사십 일" 1:13은 분명히 이스라엘이 광야에서 "시험받은" 사십 년을 생각나게 한다.

이스라엘의 정체성은 그들이 바로 왕에게서 탈출할 때 시작되었다. "나의 백성 이스라엘 자손을 이집트에서 이끌어 내게 하겠다."출3:10 비슷하게도, 예수의 정체성은 그가 세례 받을 때 확인되었다. "너는 내 사랑하는 아들이다. 내가 너를 좋아한다."막1:11 이제 예수는 그의 선조들처럼 이 소명이 무엇을 의미하는지를 발견하고자 광야에서 씨름해야만 한다. 예수는 자기 민족의 "근원지"인 출애굽 광야에서 그들이 어디로 잘못 갔는지를 깨닫길 바라면서, 그들의 발자취를 다시 밟는다. 그리고 그들을 우상과 불의로 유혹했던 세력들을 마주한다. 새로운 미래를 열려면 반드시 과거에 직면해야 하기 때문이다. 예수는 자기 민족이 겪었던 문제의 근본 원인을 밝혀내려고 철저한 조사에 착수했다.

본문 읽기: 마가복음 1장 14-15절

예수는 "요한이 잡힌 뒤에" 1:14 설교를 시작한다. 이 구절은 마가가 후에 다시 언급하게 될 정치적 음모에 관한 내용이다. 6:14-30; 8장 참고 예수는 요한이 도전적으로 제시한 "회개하여라. 복음을 믿어라"라는 메시지를 계속 이어간다. 하지만, 깜짝 놀랄만한 무언가를 덧붙인다. "하나님나라kingdom of God"가 임했다고 외친다. 1:16; 이 책에서는 비교적 덜 가부장적인 표현인 "하나님의 통치 sovereignty of God"라는 말을 쓰도록 하겠다 이 구절에 대해서는 수 세기 동안 신학자들 사이에서 많은 말이 오고 갔지만, 이 구절의 정확한 배경이 되는 초기 이스라엘의 반왕정 전통anti-kingship traditions을 언급하는 사람은 별로 없었다.

시내산 언약은 분권화된 형태의 자치 self-governance제도를 구상했다. 야훼YHWH가 이스라엘을 다스리는 왕이었기 때문에 왕정 정치가 금지된 것이다. 예를 들어서, 가나안 도시 국가의 왕들을 격파한 후에 수12 참고, 승전 장군인 기드온은 자신을 왕으로 삼으려는 사람들의 제안을 거절했다. "나는 여러분을 다스리지 않을 것입니다… 주님께서 여러분을 다스리실 것입니다."삿8:22f 그 대신 "사사들"이 지파 연맹tribal confederacy을 관리했다.

사무엘상 8장은 이 시스템이 내부의 부정부패와 외부의 군사적 위협으로 무너지는 모습을 보여준다. 이스라엘 사람들은 자치 제도self-determination의 환상이 깨지자 사사 사무엘에게 가서 "모든 이방 나라들처럼, 우리에게 왕을 세워 주셔서, 왕이 우리를 다스리게 하여 주십시오."라고 요구한다. 삼상8:5 그러자 하나님은 사무엘에게 "그들이 너를 버린 것이 아니라, 나를 버

려서 자기들의 왕이 되지 못하게 한 것이다.” 라고 말한다.삼상8:7

그 후 하나님은 사무엘에게 ”왕의 제도”에 관해서 경고하라고 지시한다. 그 제도에는 강제 징병제, 군국주의, 노동력 및 자원 징발, 엘리트 계층을 위한 경제체제, 세금이 포함된다.삼상 8:11-17 이 암울한 경고는 이렇게 끝이 난다. “마침내 당신들까지 왕의 종이 될 것입니다.” 이 이야기의 교훈은 다음과 같다. 중앙집권적 군주제를 선택하는 것은 종에서 해방된 사람들이 바로 왕이 통치하는 사회를 다시 만드는 꼴이다.

예수는 하나님의 주권을 다시 언급하면서, 군주제를 하나님의 축복이라고 여기는 사람들과 군주제를 퇴보라고 생각하는 사람들 사이에 벌어지는 성서 전통의 논쟁에서 한 쪽 편에 선다. 예수는 자유로운 이스라엘의 근본인 “지파 제도confederate”의 갱신을 추구한 것이다.4장 참고

하지만, 예수가 다른 장소천국나 다른 시간사후에서만 이루어질 수 있는 유토피아적인 꿈을 말하고 있는 것은 아니다. 복음은 내세의 종교가 아니다. “때가 찼다. 하나님나라가 가까이 왔다.”막1:15

본문 읽기: 마가복음 1장 16-20절

마가복음의 서문에는 예언과 예언의 성취가 빠르게 진행되면서 사건들이 전개된다. “이사야”는 요한에 대해 알리고, 요한은 “더 능력이 있는 이”에 대해서 말하고, 더 능력 있는 이는 하나님의 통치에 대해 전한다. 무언가 중대한 일이 벌어질 것만 같다. 그러나 마가복음의 다음 장면에서 예수는 그저 평범한 일꾼들과 대화를 나눌 뿐이다.1:16ff 마가의 이야기 전개 방식 중 이처럼 김빠지는 장면들은 우리의 기대를 뒤엎는다. 그리고 새로운 가능성을 향해 눈을 돌리게 만든다. 어부를 부르는 장면 속에서 하나님의 통치가 이뤄진다. 왜냐하면 마가는 하나님의 통치와 제자도를 향한 모험을 같은 것으로 생각하기 때문이다.

예수를 따르라는 세 번의 초대는 마가복음의 중심 "줄거리"를 이룬다. 그 가운데 첫 번째 장면이다. 나머지 두 장면은 복음서의 중간8:34ff; 11장 참고과 끝16:6f; 25장 참고에 나온다. 1장 16절에서 예수는 당시 랍비들이 학생을 모집하는 방식과는 정반대로 제자들을 선택한다. 예수는 가업으로 고기 잡이를 하는 그들을 일터에서 만난다. 그리고 새로운 소명을 위해 그 일을 버리라고 말한다.

예수의 초청을 바꿔 말하면 다음과 같다. "나를 따라오너라. 큰 물고기 낚는 법을 보여주겠다."1:17 구약 성서에서 "물고기 같은 사람들"이라는 은유는 예언자들이 변절한 이스라엘과 부자와 권력자를 비판할 때 쓰는 표현이다.

> "내가 많은 어부를 보내서, 이 백성을 고기 잡듯 잡아 내겠다. 나 주의 말이다…"렘16:16
>
> "너희에게 때가 온다. 사람들이 너희를 갈고리로 꿰어 끌고 갈 날…"암4:2
>
> "나 주 하나님이 말한다. 이집트 왕 바로야, 내가 너를 치겠다… 내가 갈고리로 네 아가미를 꿰고, 네 강의 물고기들이 네 비늘에 달라붙게 해서…"겔29:3f

다시 말하자면, 예수는 세상의 권력과 명예 구조를 뒤집는 일에 일꾼들을 불러 모은 것이다!

"그들은 곧 그물을 버리고 예수를 따라갔다."1:18,20 고대 사회에서 일을 그만두라는 말은 경제적인 안정을 포기하는 것 이상을 요구하는 말이다. 대가족을 이루는 사회 제도를 균열시킨다는 뜻이다. 하지만, 그 이상의 의미가 더 있다. "버려두고"라는 동사는 마가복음의 다른 부분에서 빛을 탕감하다는 뜻을 내포한다! 나중에 나올 이야기에서 더 자세히 다룰 것이다. 10:28-; 14장 참고 "버림"이라는 단어는 제자 공동체가 사회적, 경제적 재분배를 실천한다는 것을 암시한다. 제자도로의 부르심은 마음으로 동의하는 것 이상을 요구한다. 그것은 "늘 하던 일"을 단호히 끊어내라는 요청이다.

세상 속 말씀

세상이 이처럼 나누어진 때가 없었다. 사람이나 국가 간의 빈부격차는 어마어마하다. 인종, 민족 간의 분리, 여자와 남자 사이의 구분, 권력자들과 소외된 사람들 간의 간극은 계속 벌어지고 있다. 그 예로 1994년 7월에 발간된 「포브스 *Forbes*」 잡지는 358명의 십만 장자들이 세계 인구 45퍼센트의 전체 수입보다 더 많은 개인 자산을 축적했다고 보고했다!

세상의 수많은 사람에게 광야 생활은 익숙한 일상이다. 그들의 현실은 현대 서구 세계가 "행복한 삶"이라고 규정한 모든 것에서 소외되어있다. 이러한 광야는 우연히 생겨나지 않았다. 권력과 명성의 중심에 서있는 극소수 사람의 이익을 위해 수많은 사람과 지역 사회의 목숨과 자원을 착취하면서 쌓아 올린 시스템의 결과다. 천연자원을 고갈시키고 오염시키는 삶의 방식이 낳은 결과다. 또한, 드넓은 경작지에서 소수의 사람만을 위한 이익이 생산되는 동안, 불모지에서는 생계를 잇고자 가파른 산등성이를 벗겨먹는 가난한 농부들의 강제 노동이 낳은 결과다. 광야는 전쟁과 탐욕과 불의의 잔류물이다.

도시형 광야는 리마나 멕시코 시티, 혹은 워싱턴 디씨나 로스앤젤레스 한 가운데에 있는 가난한 지역처럼 도시 주변에 형성된 빈곤 지대다. 이러한 지역에는 경제적, 사회적 안전망을 조금이라도 찾고자 변두리에서 모여든 사람들이 살고 있다. 하지만, 그들은 정반대의 현실을 마주한다. 광야는 전 세계 2천 300만의 난민과 수많은 어린이가 거주하는 곳이다. 남반구에 가장 흔하게 있지만, 산업화된 북반구의 부유한 나라에서도 증가하고 있는 실정이다. 책임 없는 자유를 기반으로 한 경제 세계화는 광야의 확산을 가속화하고 있다. 그것이 이 시스템이 살아남는 방식이다. 자연환경과 타인의 인생을 담보로 누군가는 성공한다. 누군가는 굶주리고 다른 이는 배를 두드리며, 누군가는 권력을 잃고 또 누군가는 권력을 얻는 방식이다.

라비날의 빈민 공동묘지와 같은 현대 광야에서의 삶은 치열하고, 삭막하고, 불안하며, 안락한 순간이 없다. 생존이 보장되지 않으며, 무덤가의 풀조차 시들어버린다. 하지만 더 깊은 관심을 갖고 바라본다면 이 광야도 활력의 장소가 될 수 있다.

사회의 변두리에 서면 자기 자신과 진실을 마주할 수밖에 없다. 스스로 누구인지, 삶이 어디에 있는지, 운명이 무엇인지를 아주 명확하게 아는 사람들이 이 땅의 라비날 바깥에서 나타나고 있다. 이들은 명예와 지배의 중심에 진실을 선포하기로 작정한 사람들이다. 이들은 죽음을 직면하고 삶을 찾았다. 이들은 인간성이 말살된 존재의 십자가 위에서 부활을 끌어안았다.

광야에 있는 사람들이 희망을 찾으려면, 첫 번째로 그들이 처한 상황이 신의 뜻이 아니라 사회, 정치적 영향을 받았다는 것을 이해해야 한다. 그러한 지역에 있는 여러 신앙 공동체들은 사람들이 사회의 실상을 이해할 수 있도록 중심/변방 분석center/margins exercises이라는 사회 분석 기법을 사용한다. 이 기법은 지역 사회에서 전 세계에 이르기까지 다양한 상황에 적용될 수 있다. 이 분석은 사회의 실상을 원형으로 보여주는데, 원의 중심은 지배 그룹과 기관이 권력과 기회를 장악하고 있는 장소다. 원의 둘레나 가장자리는 지배당하고 억압당하는 사람과 그룹이 차지한다.

예를 들어서, 마가가 살던 당시에는 예루살렘 성전이 원의 중심을 차지하고, 광야는 가장자리에 놓였을 것이다. 오늘날에는 북대서양, 일본, 환태평양 지역의 산업화되고, "개발된" 사회가 주로 중심을 차지하고, 미국이 그 중앙에 위치할 것이다. 남반구의 가난한 나라들은 가장자리에 놓일 것이다. "제 1"세계와 "제 3"세계는 오늘날의 세계 권력 분배를 지칭하는 말로 사용되어왔다.

하지만, 사실상 "제1"세계와 "제3"세계 안에서도 중심과 변두리가 나눠질 수 있다. 예를 들어 뉴욕, 런던, 도쿄에 빈곤이 만연하지만, 상파울루, 벵갈루루, 나이로비에는 엄청난 부가 존재한다.

변두리는 권리가 박탈된 장소로서 주로 정치적으로 부정적인 뜻을 갖고 있지만, 마가는 신학적으로 긍정적인 가치가 있는 장소로 묘사한다. 그곳은 하나님의 통치가 선포되고, 해방의 이야기가 새롭게 되며, 하나님이 역사에 개입하는 장소이다.

오늘날의 제자들에게는 고민할 거리가 많다. 광야와 변두리를 향해서 우리는 어떤 도전을 받고 있는 것일까? 그것은 우리 삶 속에서 구체적으로 무엇을 의미할까?

예수는 새로운 장소와 새로운 소명으로 첫 번째 제자들을 초대했다. 기존의 불평등한 질서를 뒤집으러 가는 "길 위로" 부른 것이다. 수 세기에 걸쳐 이 초대는 계속 반복되었다. 제자도를 향한 여정이 우리를 향해 손짓하고 있다. 하지만 이 여정은 공동체와 하나님의 통치에 헌신할 때 고귀한 빛을 발하게 될 일상의 삶과 일터 위에 놓여있다.

2장•치료자 예수

마가복음 1:21–2:12

문맥 속 말씀

마가복음의 첫 번째 단락은 갈릴리 해변에서 시작하여1:16 같은 장소에서 끝난다.4:36 마가는 이 단락에서 가버나움에 속한 갈릴리 도시 안팎에서 펼쳐지는 예수의 공적 사역을 묘사하고 있다. 여기서 등장하는 일련의 이야기는 예수 사역의 세 가지 주요 특징을 보여준다. 그 특징은 소외된 사람들의 치료와 귀신 축출, 하나님의 통치에 대한 선포와 제자로의 부름, 그 결과 나타나는 권력자들과의 대결이다.

본문 읽기: 마가복음 1장 21–28절

예수는 첫 번째 공적 사역으로 가버나움 회당에서 귀신을 쫓아낸다. 이 사건과 함께 갈등이 시작된다. 이 장면은 처음으로 나오는 "기적 이야기"다. 이런 이야기를 "믿을" 수 있는지 없는지에 관한 근대의 논쟁은 부적절할 뿐 아니라 이야기가 하고 있는 역할을 설명하지 못한다. 고대 사회에서 물리적 혹은 영적 세계를 신비롭게 조작할 수 있을 거라고는 아무도 생각하지 못했다.

"기적"은 행위에 있는 것이 아니라 그 행위가 상징하는 바에 있다. 마가는 우리가 예수를 단지 인기 있는 마법사로 여기지 못하도록 많은 노력을 기울인다. 예수도 계속해서 사람들이 그의 치료 행위나 귀신을 쫓는 일에만 집착하지 못하게끔 한다.1:44, 3:12, 5:18f, 5:43, 7:36 참고 또한, 실제로 제자들독자들에게 그가 하는 행동에 담긴 더 깊은 의미를 바라보라고 권면한다.8:17-21

1장 21절 이하에 나오는 배경의 중요성을 주목할 필요가 있다. 예수는 광야 변두리에서 나와서 지방에 있는 유대 사회 질서의 중심으로 들어왔다. 안식일의 회당이라는 거룩한 시간과 공간으로 들어온 것이다. 여기에서 마가는 특정한 형식을 통해서 본문을 이해할 수 있도록 돕고 있다. 즉, 군중의 반응을 앞뒤에 배치하면서 귀신 쫓는 사건을 "구성"한 것이다.

> 사람들은 그의 가르침에 놀랐다. 예수께서 율법학자들과는 달리 권위 있게 가르치셨기 때문이다.1:22
> 사람들이 모두 놀라서 "이게 어찌된 일이냐? 권위 있는 새로운 가르침이다! 그가 악한 귀신들에게 명하시니, 그들도 복종하는구나!" 하면서 서로 물었다.1:27

이 두 구절을 통해 알 수 있듯이 갈등의 핵심은 예수와 율법학자들의 권위를 둘러싼 대결이다. 이 대결은 이야기 전체의 핵심이 될 것이다.

두 구절 사이에 예수의 존재를 "거부하는" "악한 귀신"이 끼어있다. "왜 우리를 간섭하려 하십니까?"1:23f; 사11:12; 왕상17:18 참고 그러나 귀신의 반항은 금세 두려움으로 변한다. "우리를 없애려고 오셨습니까?"

귀신은 누구를 대표해서 "우리"라고 말하는 것일까? 마가가 사용한 구성 방식은 귀신의 목소리가 율법학자들의 목소리를 대변하고 있음을 보여준다. 율법학자들의 공간에 예수가 침입했기 때문이다. 안식일의 회당은 율법학자들의 영역이다. 그곳에서 율법학자들은 토라를 가르치는 권위를 행사한다. 이 "귀신"은 사람들의 마음과 생각을 지배하고 있는 율법학자의 권력을 의인화한 것이다. 예수는 이 귀신의 영향력을 깨뜨린 후에만 대중을 위한 자비로운 사역을 자유롭게 시작할 수 있다.[1:29ff]

귀신 쫓는 사건을 단순히 "간질환자를 고친 사건"으로 해석하는 것은 심오한 정치적 함의를 놓치는 일이다. 그리스 문학에서는 주로 기존 질서를 유지하려는 사람들이 기적을 행한다. 하지만, 복음서에서 치유는 권력 질서에 도전한다. 예수는 사람들을 소외시키는 근본 원인을 찾고 있다. 따라서 마가복음에서 사회적 억압이라는 더 큰 문제를 제기하지 않는 치유와 귀신 축출은 없다.

본문 읽기 : 마가복음 1장 29-39절

예수는 회당에서 물러나 집으로 간다. 마가는 집을 안전한 장소로[5:38, 7:17, 7:24, 9:33, 10:10, 14:3], 회당과 성전을 정치적 갈등이 있는 장소로 대조시킨다. 분명 초대 교회가 겪었던 상황이 반영되었을 것이다. 베드로의 장모 이야기는 기적이 사회적, 상징적 의미가 없는 "단순한 치료 행위"인가?[1:30f] 라는 질문에 대답을 줄 수 있는 가장 적절한 예시다.

겉으로 보기에는 "별일 아닌" 치료행위 속에 더 깊은 의미가 담겨있다는 데에는 두 가지 이유가 있다. 첫째, 예수는 집이라는 사적 공간에서 치료를 한다. 그리고 해가 진 후, 곧 안식일이 끝난 후에만 공적 사역을 시작한다.[1:32] 이런 그의 행동은 안식일에 공개적으로 치료 행위를 하는 것이 논란거리가 될 수 있음을 시사한다. 결국 나중에 이야기가 절정으로 치닫는 부분으로 가면 이는 사실로 드러난다. 예수가 안식일에 회당에 가서 한 남자를 고치고, 결국 엄청난 결과가 뒤따르게 된다.[3:1-6; 3장 참고]

둘째, 베드로의 장모는 마가복음에 나오는 첫 번째 여성이다. 예수에게 감동받은 "그 여자는 그들의 시중을 들었다."[1:31]고 나온다. 대부분의 주석가들은 가부장적 신학에 물이 들어서 이 구절을 예수에게 식사를 대접했다는 뜻으로 생각한다. 하지만, 헬라어 동사 "시중들다"집사라는 단어의 어원는 마가복음에서 두 번 더 나온다. 한 번은 10장 45절에서 나온다. "인자는 섬김을 받으러 온 것이 아니라 섬기러 왔다." 문맥상 식사 준비를 했다고 보기는 어렵다! 15장 참고

또 한 번은 이야기의 끝부분에 나온다. 마가는 어떤 여자들에 대해서 다음과 같이 묘사한다. "이들은 예수가 갈릴리에 계실 때에, 예수를 따라다니며 섬기던 여자들이었다. 그 밖에도 예수와 함께 예루살렘에 올라온 여자들이 많이 있었다."15:41 이 구절은 제자도가 무엇인지를 요약하고 있다. 처음갈릴리부터 끝예루살렘까지 이 여자들은 남자들과 다르게10:32-45 참고 참된 제자로서 섬김을 실천했다.

다시 말해서, 마가복음의 시작과 끝에는 사회에서 무시당했던 여성들이 참된 제자로 나타난다. 이런 "별일 아닌" 치료 행위를 통해서, 마가는 가부장적 신학과 여성 폄하가 뒤엎어질 것이라고 경고하고 있는 것이다.

1장 32-39절에 요약되어 있듯이, 치료자 예수에게 도움이 필요한 사람들이 쉴 새 없이 찾아온다. 마가복음에서 예수는 특별히 "군중" 38번 언급됨을 주목하는데, 예수가 권리를 박탈당한 사람들에게 확실히 편향되어 있음을 보여준다. 이는 마가가 살던 당시의 사회 실상을 정확하게 반영하는 것이다. 로마-유대 전쟁이 일어나기 10년 전이었던 당시의 경제적, 정치적 상황에서 팔레스타인 사람들은 재산의 상당 부분을 빼앗긴 상태였다. 가난한 사람들은 빈곤의 악순환 속에서 질병과 장애를 떨쳐낼 수가 없었다. 지금도 마찬가지다.

하지만, 예수도 사색할 공간이 필요했다. 그래서 1장 35절에서 그는 광야로 물러난다.6:31 참고 이렇게 함으로써 사역과 묵상의 서사적 리듬을 만든다. 기도는 예수 사역의 필수 요소로서 인간의 삶을 해방시키는 그의 사명

앞에 항상 놓여있다. "가까운 여러 고을로 가자. 거기에서도 내가 말씀을 선포해야 하겠다. 나는 이 일을 하러 왔다."1:38

배경: 정결과 빚

이제 지역 권력자들의 적대감을 불러일으켰던 몇 가지 치료 사역에 대해서 살펴보고자 한다.1:45-2:12 그들의 적개심은 고대사회의 치료자나 마법사들을 못마땅히 여기는 정도가 아니었다. 고대 그리스 사회에서 치료 행위는 마법사들이 흔히 하는 일이었다.

예수의 치료 사역이 일으킨 논란의 본질을 이해하려면 우리는 먼저 성경 이야기를 읽는 일이 타문화를 경험하는 일임을 인식해야 한다. 오늘날의 세계관은 복음서의 치유 이야기가 질병을 "초자연적"으로 치료하는 것과 연관이 있다고 생각한다. 하지만, 고대 지중해 세계에서 질병은 주로 "사회적으로 부정한 상태"로 인식되었다. 공동체의 온전함을 위협하는 비정상이거나 결함이 있는 상태였다.

후기 제2성전 시대 유대교 문화 체계는 불결함이나 죄를 구분하는 데에 관심이 많았지만, 증상을 과학적으로 진단하는 데에는 관심이 없었다. 따라서 격리되거나 "흠이 있는" 사람을 "재사회화"하는 것이 치료의 관건이었다. 예를 들어서, 성경 저자들이 "나병"이라고 부른 질병은 우리가 알고 있는 한센병으로 볼 수가 없다. 모든 종류의 피부 질환으로 봐야 한다. 몸의 "경계"에 나타나는 이상이 공동체body politic 경계의 취약성을 반영한다고 여겼다. 제사장들이 행한 예식은 이러한 연약함을 "덮어주는" 상징적인 정결 예식이었지, 치료 행위가 아니었다.

인간 사회는 공동체Body politics 안에 있는 구성원bodies들을 규제하고 사회화하는 "지도map"를 통해서 질서를 정립한다. 부르스 말리나Bruce Malina 와 리차드 로어바우Richard Rohrbaugh는 『공관복음서에 대한 사회 과학적 주석

Social-Science Commentary on the Synoptic Gospels』에서 이 지도를 이렇게 설명한다. "자신과 타인, 자연, 시간 공간을 구분하는 선을 긋는다. 무엇이든 지배적인 의미 체계에 의해 부적절하다고 판결이 나면, 그것은 문제가 있고, 비정상적이며, 무가치한 것으로 취급된다… 정결적합과 부정부적합의 제도는 사람, 집단, 사물, 시간, 공간에 따라 정해진다." 그러므로, 고대 히브리인의 가부장제는 월경 중인 여자를 "부정"하다고 여겼고 격리시켰다. 이와 비슷하게, 근대 미국의 인종차별은 피부가 검은 사람을 "열등"하다고 생각해서 격리시켰다. 이런 제도는 권력과 특권 체제의 결과이지 논리적인 결과가 아니다.

제2성전기 유대 국가의 사회 지도social maps는 서로를 강화시키는 두 가지 법으로 구성되었다. 바로 정결과 빚이다. 정결법은 제사장에 의해서 정해졌다. 제사장은 집단과 계층 간의 경계를 유지하고자, 무엇이 깨끗하고 무엇이 더러운지를 정했다. 예를 들어서, 음식 규정과 남성 할례는 유대인이 아닌 사람과 유대인을 구별시켰다. 누군가가 정결한지는 출생예를 들어 출신 종족, 몸남성이나 여성, 장애 혹은 "건강함", 행동종교적 의무 사항에 의해서 결정되었다.

빚debt과 죄는 실제로 서로 바꿔 쓸 수 있는 말이었다. 율법학자들의 관할 아래 '빚/죄에 관한 법debt'은 개인적, 사회적 책임, 범죄 행위, 경제적 상태를 규정했다. 이러한 규칙은예컨대 십계명 작위죄소를 훔치거나 간음함와 태만죄십일조를 안 내거나 안식일을 어김를 구분했다. 중요한 점은 이러한 체계 안에 "신성한" 것과 "세속적"인 것의 구분이 없었다는 점이다. 우리에게 종교 문서인 토라는 기본적인 법률로 사용되었다.

이처럼 고대 "보건" 제도와 "형사사법"제도가 우리 시대의 제도와는 사회문화적으로 다르다는 점을 이해할 때, 우리는 그 제도 안에서 권력이 어떻게 분배되었는지를 물을 수 있다. 누가 정결법이나 빚/죄에 관한 법을 해석했는가판단할 수 있는 권력? 어떤 사람의 상태를 변화시킬 수 있는 사람이 누구였는가회복시킬 수 있는 권력? 부정하거나 빚진 사람을 "치료"하는 대가가 무엇이었나?

이런 점을 주목할 때, 우리는 왜 예수의 행동이 반발을 일으켰는지 알 수 있다. 예수가 성경에 관한 논쟁을 할 때, 그는 사회를 비평하고 있었다. 예수가 성전 숭배Temple cult를 비판할 때, 그는 정치권력층을 뒤엎고, 성전-국가Temple-state에 사회적 지위와 민족 정체성이 달려있는 자들을 위협하고 있었다. 예수가 제사장들이나 서기관들과 충돌할 때, 그는 기존 체제 유지를 위해 대변하는 고위 관리자들과 대결하고 있었다.

본문 읽기 : 마가복음 1장 40-45절

고대 이스라엘에서 나병 환자는 부정하다는 이유로 사회에서 격리된 전형적인 사람들이다. 나병과 관련된 레위기의 광범위한 규례는레위기 13-14 다음의 두 가지 조항을 중심으로 이루어져 있다.

1) 부정함은 전염될 수 있다.
2) 반드시 제사장이 정결 예식을 행해야 한다.

본문은 이 두 가지 원칙에 대해 이의를 제기한다. 본문은 마가가 반복적으로 사용하는 헬라어 동사 "깨끗하다고 선언하다"를 중심으로 이루어져 있다. 이 이야기는 나병환자가 감히 예수에게 제사장적 권한이 있고 그를 깨끗하게 할 수 있다고 생각하면서 시작된다.[1:40] 아마도 이 때문에 "예수의 마음이 심히 동하게" 되었을 것이다![1:41]

하지만, 예수는 예식을 행하지 않고, 단지 나병환자에게 손을 대고 그가 깨끗하다고 선언했다. 정결법에 의하면, 예수는 부정해져야만 한다. 하지만, 마가복음은 예수의 선언에 효과가 있었다고 말한다.[1:42] 예수가 기꺼이 나병환자와 사회적 접촉을 하려 하자, 정결법이 무너진 것이다.[14:3 참고] 하지만, 예수가 "단단히 이르고" 그를 제사장에게 보낸 것처럼, 그 후에 일어날 여파가 이야기의 핵심이다.[1:43]

이 사람의 임무는 그를 계속해서 소외시키는 제도에 대항하는 것이다.[1:44] 그는 모세의 예식을 따르라는 지시를 받는다. 곧 "그들에게 불리한 증언을 하라"는 것이다. 이 표현은 마가복음에서 대적자에게 맞설 때 쓰는 용어다.[6:11, 13:9 참고] 제사장은 나병을 깨끗하다고 선언한 예수의 권위를 인정하고 싶지 않았을 것이다! 하지만, 나병환자는 임무 수행에 실패했다. 그는 이 사실을 사람들에게 알렸고, 예수는 숨어 다녀야만 했다.[1:45] 이 사건은 예수의 사역이 어떤 분위기에서 이뤄지는지를 보여준다. 예수의 치유는 이를 해석하는 사람이 지배 사회의 질서에 얼마나 충성하는가에 따라서 해방으로 해석될 수도 있고, 무질서한 저항으로 해석될 수도 있다.

본문 읽기 : 마가복음 2장 1-12절

예수는 서둘러 가버나움으로 돌아온다. 하지만, 병든 사람들, 의심 많은 사람들 모두 예수를 금세 찾아 쫓아갔다.[2:1f] 이 본문에서 마가는 율법학자의 "생각reasoning"과 예수의 "가르침teaching"을 서로 상반되는 것으로 여긴다.

2:2 예수께서 그들에게 말씀을 전하셨다 teaching…

2:6 율법학자들이 마음속으로 생각하기를 reasoning…

2:7 율법학자: "이 사람이 어찌하여 이런 말을 한단teach 말이냐?"

2:8 예수: "어찌하여 너희는 마음속에 그런 생각을 품고reason 있느냐?"

여기서 문제를 더 깊이 살펴보면 빚/죄debt에 관한 법과 관련있다. 그 법에서, 신체장애인은 그들이 가진 "결함" 때문에 공동체에서 열등한 지위를 갖게 되었다. 예수는 단순히 환자의 몸을 "고치기"보다는, 환자를 죄debt에서 해방시킴으로써 공동체body politic 전체를 도전하기로 선택했다.2:5, 7 율법학자들은 오직 하나님 한 분만이 죄를 사할 수 있다며 반대했다. 하나님의 주권을 옹호했던 것이 아니다. 그들이 갖고 있는 사회적 권력을 지키려는 것이었다. 그들이 토라를 해석하는 자들로서 죄를 어떻게 정의할지를 결정했었기 때문이다. 하지만, 앞서 나온 본문에서 예수는 인간의 생명을 해방시키고자 공적 권위를 일방적으로 무시했었다.

이 이야기 속에는 마가복음에서 핵심적인 역할을 하게 될 두 개의 구약성서 본문이 암시되어있다. 본문에서 예수는 자신의 행동을 "인자"의 이름으로 정당화하는데2:10, 마가복음에서 처음 등장하는 페르소나persona다. 인자라는 페르소나는 "진정한 정의"에 관한 다니엘의 묵시적 환상에 등장한다. 이에 대해서 나중에 살펴보도록 하겠다.11장 참고 한편, 죄 사함에 대한 예수의 이해는 희년에 빚을 탕감해주는 레위기의 비전을 언급하는 여러 본문 중에서 처음으로 등장한 본문이다.3장 참고

이 이야기는 서로를 포용하는 공동체 속에서 재구성된 예배가 어떻게 실제로 실천되는 가를 보여준다. 예수가 "말씀을 전하고 있는" 2:2 가정집에 많은 무리가 모여있다.가정 교회다! 주류 사회에서 소외된 한 사람을 받아들이고자 사람들은 지붕을 뜯었다.2:4 "인자"가 죄를 사하자, 소외되었던 사람의 지위가 "공동체body" 안에서 회복된다.2:13a 그리고 모인 사람들은 하나님께 영광을 돌린다.2:12b

세상 속 말씀

예수는 당시에 있었던 정결과 빚의 제도를 가차 없이 비판했다. 왜냐하

면 이 제도는 사람들을 화합하고 회복하기보다는, 서로를 나누고 배제시켰기 때문이다. 공적으로 귀신을 쫓는 일은 이러한 제도에 대한 저항을 상징했다.

현대 사회 공적 담론에서 귀신들림은 거의 받아들여지지 않는다. 악은 진지한 문제로 취급되지 않는다. 하지만, 우리는 매일 심각한 선악의 싸움이 거대한 규모로 진행되는 세상에 살고 있다. 어떤 상황들은 이러한 사실을 적나라하게 드러낸다. 어떤 악령들은 꽤 쉽게 눈에 띈다. 악령들은 우리의 이야기 속에서도 여전히 활동하고 있다. 그들은 다른 사람을 대하는 우리의 자세뿐 아니라, 우리의 도덕적, 윤리적 분별력과 우리의 "마음의 습관들"을 형성한다.

인종차별주의와 빈곤을 예로 들어보자. 오늘날 미국 대부분의 도심 지역을 보면 악령을 쫓아내야 한다고 느껴진다. 국방색의 군대National Guard는 장갑차에서 조명탄을 쏘며 폭력을 진압하고 있다. 동네 구석구석에서 생존의 수단으로 마약 거래와 폭력이 성행하고 있다. 가족과 공동체가 떠나간 빈 자리를 조직 폭력배가 채우고 있다. 일찌감치 어른이 된 아이들은 갈 곳이 없어 밤낮없이 몰려다닌다. 위험한 청소년기에 접어드는 아이들은 자전거나 운동화나 음식을 구하려고 골목 주변에서 마약 거래 심부름을 한다. 마땅히 놀 곳이 없는 꼬마들은 "바로" 옆 동네나 외곽에 있는 부유한 동네의 잔디와 골프장, 정원과 나무를 뾰족한 철책 사이로 바라본다. 재정난과 인력난을 겪고 있는 학교들은 심각할 정도로 위험하다.

이러한 지역은 매우 불균형적으로 아프리카계 미국인, 남미인, 다른 소수자들이 살고 있는 빈곤지역이다. 그들의 선택이 아닌, 그들을 끊임없이 배제시키는 제도가 작동한 결과다. 피부색에 따라 기회가 주어지는 문화적 악이 그들을 게토로 몰아넣었다. 미국에 뿌리를 내린 인종차별주의는 가장 악랄한 모습으로 표출되어왔다. 개인에 대한 편견이 사회적 인종차별주의로 변한 것이다.

이처럼 악령들은 우리의 개인적인 삶과 가정의 삶을 위협한다. 하지만, 그들은 사회적 구조와 제도 속에서도 능숙하게 활동한다. 제도에 빌붙어 살며 개인과 가정을 위협하는 악한 영향력을 증대시킨다. 예를 들어서 편견은 인종차별주의가 된다. 인종차별주의는 배제와 빈곤을 낳는다.

실제로 이러한 악령들이 세상을 배회하고 있다. 인종차별주의와 빈곤의 발자국이 선명하게 남아있다. 가난한 나라에 살고 있는 10억 이상의 사람들이 기본적인 의료와 교육을 받지 못하고, 안전하게 마실 물과 충분한 영양을 공급받지 못한다. 3분의 1의 사람들이 빈곤 속에 살고 있다. 1994년 말에 난민의 수가 1100만 명을 넘었다. 심지어 부유한 나라에서도 수백만의 사람들이 범죄, 마약, 오염, 실업, 노숙에 노출된 위험한 삶을 살고 있다. U.N. development Program figures

가난한 사람들은 하나의 계층을 형성한다. 동시에 그들은 고통당하는 개인들이다. 질병에 걸릴 위험은 점점 높아지고, 서비스와 정보에 접근하기는 어렵고, 마음대로 할 수 있는 자원도 부족하고, 사회적 경제적으로 권력이 더 많은 계층에게 복종해야 하고, 갑작스러운 불행에 극도로 취약한 상태이며, 변화하는 환경 속에서 불안해한다. 가난한 사람들은 일자리가 아예 없거나, 충분하지 않거나, 임금을 제대로 못 받는 사람들이다. 유색인들이 그 대부분을 차지하고 있다.

현대 사회의 "정결과 빚에 관한 법"은 특정한 상황을 만들어낸다. 그런 상황들은 사람들의 무지나 자연재해의 산물이 아니다. 심각하게 제도화된 악이다. 가난한 사람들은 가난하게 된다. 왜냐하면 국가 제도와 글로벌 시스템이 그들을 착취하고 소외시키기 때문이다. 가난한 이들이 생존을 위한 수단을 얻을 수가 없고, 그런 수단을 가진 사람들에게 의존해야 하기 때문이다. 땅과 다른 자원들이 불공평하게 소유되고 분배되기 때문이다. 퇴보

하는 세법, 배제 구역제, 불합리한 이민법, 부적절하거나 사람을 조종하는 교육 시스템, 갖기 힘든 의료 보험, 과도한 국방비, 받기 힘든 대출, 고리대금업 때문이다.

전 세계에서 가난한 사람들은 계속 가난하게 살아간다. 엄청나게 많은 빚, 수출 상품의 가격 폭락이나 변동, 도피 자본의 증가, 식민주의와 신식민주의의 경제적 유산, 마음껏 간섭하고 조종하는 초국가 기업과 은행의 활동, 가난한 나라의 지출을 통해 부유한 나라에 이익을 주는 2차 세계대전 이후에 수립된 세계 경제 체제에 의해서 말이다.

가난한 사람들이 그 자체로 완벽한 것은 아니다. 하나님의 모든 자녀들처럼 가난한 사람들과 그들이 속한 공동체는 그들만의 죄와 실패에 대해 책임을 져야 한다. 하지만, 그들의 가난을 영속화하는 악은 우리 모두가 책임져야 한다. 그런 악이야말로 내쫓아야 하는 악령인 것이다.

3장 • 희년!

마가복음 2:13-3:6

문맥 속 말씀

예수는 제사장이 관리하는 정결 제도와 율법학자들이 관리하는 빚에 관한 제도를 비판한 뒤, 바리새인들에게 맞선다. 마가가 살던 당시 바리새파 운동은 사회적 힘과 영향력을 빠르게 확장하고 있는 회복 운동이었다. 유대 종교 지도자들은 군중이 정결법과 빚에 관한 법을 모두 지키라고 기대하지 않았다. 그러한 경건은 교육받은 사람이나 풍족한 사람의 몫이었다. 하지만, 바리새인들은 모든 사람이 일상생활에서 율법을 적용할 수 있는 방법을 찾아갔다.

바리새인은 제사장과는 달리 성전 중심의 의무보다는 농촌 생활에 관련된 농사일과 가사일에 더 중점을 두었다. 또한, 율법학자들과 다르게 시내산에서 모세가 받은 "구전"이 토라와 함께 비슷한 권위를 갖고 있다고 주장했다. 수백 년에 걸쳐서 전수된 이러한 가르침은 기원후 200년쯤에 랍비들이 미쉬나the Mishnah 유대교 구전 율법에 성문화하기 시작했다. 기원후 70년 예루살렘 성전이 파괴된 이후, 바리새파는 유대교 내의 주류 세력으로 부상했다. 그러면서 회당을 중심으로 하는 신앙생활의 기초를 놓았다.

마가가 살던 시대에 바리새인들은 예수 운동에 대해 불만을 품은 진짜 경쟁상대였다. 다음에 나오는 세 본문 속에 이 내용이 반영되어있다. 예수는 제자들의 행동을 옹호하면서 바리새인들이 중요하게 여기는 문제에 대해 지적한다. 그것은 식탁 교제의 제한 범위, 공적 경건, 안식일 준수다.

본문 읽기 : 마가복음 2장 13-22절

이야기가 진행되면서 마가는 레위를 부르러 바닷가로 간 예수에 대해 묘사한다.[2:13f] 레위는 로마 제국과 계약을 맺은 외국인 "세금 징수원"이 제국에 낼 세금과 수수료를 걷으려고 고용한 지역 유대인이었을 것이다. "강직한" 유대인들은 적어도 다음의 세 가지 이유로 현지인 세리들을 경멸했다.

1) 그들이 하는 일은 이방인들과 긴밀하게 연락하며 협력하는 일이었다.
2) 그들은 부도덕한 관료로 악명이 높았다.
3) 그들은 억압적인 식민 통치의 대리인이었다.

세리의 존재는 국가가 얼마나 로마의 정치 경제 시스템에 "예속"되어있는가를 보여주었다. 예수는 다시 한번 현장에서 일하고 있는 사람을 만나서 이 모든 벽을 뛰어넘으라고 부른다. 그리고 바로 다음 장면에는 레위가 어떻게 제자도를 실천하는지가 묘사된다.[2:15] 레위의 집에서 "죄인들"빚 진 자들이 세리들빚 독촉하는 사람들과 함께 식사를 하는 모습을 보게 된다. 정말로 특이한 식탁의 교제다! 빚을 탕감해주는 희년만이 이처럼 "적대적인 계층" 사이에 갑자기 생겨난 공동체를 설명할 수 있다.뒤에 나오는 배경 설명 참고

지중해 문화에서 음식을 함께 먹는 것은 사회적 교류의 핵심이었다. 그래서 바리새인들은 식탁의 교제에 관련된 식단, 의례, 법률적 문제에 무척 관심이 많았다. 이런 이유로 바리새인들이 반대를 표하는 것이다.[2:16] 예수의 결론적인 한 마디[2:17]는 "병든 사람"을 "죄인"과 동일시하고 있다. 그리고 이 본문을 빚에 관한 법에 대해서 비판했던 이전 본문과 연결하고 있다.

현 체제가 "건강"하다고 생각하는 사람들은 그 체제에서 유익을 얻고 있기 때문에 예수의 "복음"에 응하지 않았을 것이다. 하지만, 사회적으로 소외되고 빚진 자들은 복음에 응할 것이다. 바리새인과 충돌하는 이 간략한 장면은 나중에 나오는 이야기에서 계속되는 식사 논쟁으로 이어진다. 그 논쟁에서 예수는 배타적인 식사 관행을 거부할 뿐만 아니라, 바리새인의 근본적인 권위 전체를 거부한다. 7:1-23; 9장 참고

다음으로 예수는 제자들이 공식 금식일을 지키지 않는 이유를 설명한다. 마가 공동체는 바리새인들의 엄격한 실천에 감동을 받은 듯하다. 하지만, 예수는 경건 너머에 있는 실제 문제를 집어냈다. 다른 사람들이 정말로 배고파하는 동안에 누군가는 금식할 여유가 있는 사회 문제를 말이다. 희소성의 경제학과는 대조적으로, 예수는 하나님의 통치를 잔치에 비유한다. 2:20 그리고 예수는 유명한 포도주 부대 이야기를 통해 제자도 운동의 새 "포도주"는 허울뿐인 경건의 "낡은" 형태에 맞지 않는다고 주장한다. 2:22

배경: 희년과 음식의 정치학

앞에 나온 이야기들과 뒤에 나올 이야기 2:23ff를 제대로 이해하려면, 성경적, 역사적 배경지식이 필요하다. 토라에 나오는 안식일 규례는 사람들에게 땅과 "신성한 은혜의 경제"에 의존해야 함을 가르치고자 했다. 땅은 하나님의 소유이고 그 소산물은 "공짜"이기 때문에 사람들은 그 소산물을 소유하고 비축하기보다는 공평하게 배분해야만 했다.

"안식"이라는 단어는 광야의 만나 이야기에 처음 등장한다. 출16:15-26 이 이야기는 하나님의 신실한 사랑에 대한 가르침 이상의 이야기다. 곧, 경제 조직의 목적은 소수의 과잉 축적이 아니라 모든 사람에게 충분한 양을 보장하는 것임을 상기시키는 전형적인 이야기다. 규정된 안식제도는 생산력을 통제하려는 인간의 시도를 정기적으로 무산시켰다. 땅과 노동자 모두를 위

한 일출31:12-17; 신15:1-7 이었으며, 창조 질서를 따르는 일이었다. 창2:2

안식 주기는 매 49년 째인 "희년"에 끝나도록 되어있었다. 레25장 참고 인간 사회에는 소수가 권력과 부를 장악하고 가난한 사람들을 밑바닥에 두는 위계질서가 불가피하게 나타난다. 희년은 이를 막으려는 이스라엘의 대비책이었다. Ringe, 1985 성경에 나오는 이스라엘혹은 오늘날 제3세계 국가의 일부과 같은 농경 사회에서, 빈곤의 악순환은 가계 빚을 갚으려고 땅을 팔면서 시작된다. 그리고 땅이 없는 소작인들이 노동력 말고는 팔 것이 없는 상태, 곧 노예가 되는 것으로 끝이 난다.

희년은 이러한 불평등의 해체와 부의 재분배를 목표로 한다.

공동체 구성원의 빚을 탕감해준다. 레25:35-42; 신15:1-11
저당 잡히거나 몰수당한 땅을 원래 주인에게 돌려준다. 레25:13, 25-28
노예를 해방한다. 레25:47-55; 신15:12-18

공동체의 재산을 이렇게 일방적으로 재조정하는 이유는 이스라엘에게 땅이 하나님 소유임을 기억나게 하려 함이다. 레25:23 또한, 이스라엘은 다시는 노예 제도로 돌아가서는 안될 출애굽 백성임을 기억나게 하려 함이었다. 레25:42 이스라엘이 이 경제 규칙을 어느 정도까지 지켰는지는 학자들 간에 논란이 있다. 그리고 자본주의라는 종교 안에서는 아주 회의적인 문제다. 하지만, 희년은 토라의 중심에 남아있다. 그리고 마가복음의 예수는 하나님의 통치에 담긴 옛 꿈을 실천하는 것으로 이 전통을 회복하려 한다. 바로 "지금, 여기에서."

본문 읽기 : 마가복음 2장 23-28절

음식 논쟁의 세 번째 사건을 다룰 차례다. 첫 번째는 제자들이 누구와 함께 먹었는가 2:15f, 두 번째는 언제 먹으면 안 되는가 2:18f에 관한 이야기였고, 이제 언제 어디에서 먹어야 하는가 2:23ff에 관한 이야기다. 이번 논란의 배경은 오늘날 우리가 경제 영역이라고 부르는 것이다. 전통적인 농경 사회에서, 식탁은 "소비의 주된 장소이자, "생산"의 장이었다. 왜 이런 문제가 특별히 바리새인들과의 관계 속에서 벌어졌는지를 파악하려면, 마가가 살던 당시 경제 정의에 관한 문제의 배경을 살펴볼 필요가 있다.

갈릴리의 소작인들은 농산물을 심고, 거두고, 판매하는 일을 감독하는 바리새인 지배층에 분개했다. 여러 가난한 소작인들은 십일조를 내거나, 안식년에 휴경하거나, 무엇을 심고 먹으면 안 되는지에 관한 율법을 따를 여력이 없었다. 그들의 관점에서 볼 때, 바리새인들이 만든 안식 규례는 바리새인들의 이익을 위해서 경제를 통제하는 방식이었다. 따라서 마가복음의 밀밭 사건은 예수가 긍정적으로 바라보는 안식 재분배의 희년 윤리와 바리새인이 독점하려는 안식 규제의 윤리를 대조한다.

제자들이 길을 내면서 밀 이삭을 벗기자, 바리새인들이 비난하기 시작한다. 추수에 관한 안식 규정 때문이었다.2:23f 예수는 다윗에 관한 성경 이야기를 바탕으로 제자들의 행동을 정당화한다.2:25; 삼상 21:1-6 참고 게릴라 군사 작전을 하던 다윗은 병사들을 위해서 진설병을 달라고 명했다. "필요"했기 때문에 성결법holiness codes을 위반한 것이다.11:2f 참고 예수는 이 이야기에 무언가를 덧붙인다. 다윗과 그의 병사들이 굶주렸다는 점이다.

이 이야기는 율법의 규제에도 불구하고 배고픈 사람에게는 음식 먹을 권리가 있다는 희년의 개념을 뒷받침한다. 그리고 적어도 두 가지 레위기 원칙을 반영한다.

너희 동족 가운데, 아주 가난해서, 도저히 자기 힘만으로는 살아갈 수 없는 사람이 너희 곁에 살면, 너희는 그를 돌보아 주어야 한다… . 너희는 그런 사람에게, 이자를 받을 목적으로 돈을 꾸어 주거나, 이익을 볼 셈으로 먹거리를 꾸어 주어서는 안 된다. 레25:35, 37

너희가 밭에서 난 곡식을 거두어들일 때에는… 떨어진 이삭을 줍지 말아라. 그 이삭은 가난한 사람들과 나그네 신세인 외국 사람들이 줍게 남겨 두어야 한다. 레23:22

마가복음에서 "빵" 2:26은 만나와 희년 전통 속에 있었던 공동체의 나눔에 대한 상징으로 나온다. 6:33-44; 8장 참고 그렇다면, 밀밭에서의 행동은 그야말로 "음식은 사람을 위한 것이지 이익을 위한 것이 아니다"라는 시민 불복종 행동인 것이다. 혹은 예수가 말했듯이, "안식일이 사람을 위하여 생긴 것이지, 사람이 안식일을 위하여 생긴 것이 아니다."2:27; 마12:7 참고

음식과 관련한 일련의 이야기들은 팔레스타인의 식량 정치에 대한 강력한 저항으로 볼 수 있다. 레위의 이야기에서 빚진 자와 빚을 거두는 자가 함께 식탁의 교제를 나누었다. 금식 논쟁에서 예수는 의례적 경건을 잔치 비유로 대체한다. 가난한 사람에게 필요한 것은 풍요로움을 함께 나누는 것이지 종교적 금욕이 아니기 때문이다. 그리고 밀밭 사건에서는 희년 윤리의 구체적인 본보기를 보여준다. 결국 이렇게 결론이 난다. "인자는 또한 안식일에도 주인이다."2:28 2장 10절의 내용을 내포하고 있는 이 구절은 중풍병자 이야기에서 시작된 일련의 사건들을 통해 예수가 빚에 관한 법을 희년의 관점에서 급진적으로 재해석하고 있음을 보여준다.

본문 읽기 : 마가복음 3장 1-6절

1장 21절에서 시작된 예수의 가버나움 사역은 처음 시작했던 장소인 안식일의 회당에서 끝이 난다. 2장 24절에 나오는 바리새인들의 항의는 앞으로 안식일을 위반하면 제재를 가하겠다는 법적 경고다. 지금까지 사역에서

논란이 된 두 가지 쟁점공적 치유와 안식일 의무; 1:30-34 참고이 이제 하나로 합쳐
진다. 회당에서 펼쳐지는 이 드라마는 결국 정치극이다. 왜냐하면 예수가
율법을 어기기 전, 언뜻 듣기에 수사적인 질문으로 군중을 비판하기 때문이
다. "안식일에 선한 일을 하는 것이 옳으냐? 악한 일을 하는 것이 옳으냐?"
3:4 그리고 비꼬듯이 이렇게 덧붙인다. "목숨을 구하는 것이 옳으냐? 죽이
는 것이 옳으냐?" 마치 자신의 치유 사역과 권력자들의 국가 안전에 대한
염려를 대조하듯이 말이다.

하지만, 이것은 수사적인 질문이 아니다. 이것은 모세가 약속의 땅 경계
에서 이스라엘 사람들에게 남긴 위대한 마지막 설교를 재구성한 것이다.

> 보십시오. 내가 오늘 생명과 번영, 죽음과 파멸을 당신들 앞에 내놓았습
> 니다. 당신들이 하나님의 명령을 지키면… 당신들이 살 것이요… 그러나
> 당신들이 마음을 돌려서 순종하지 않으면… 당신들은 반드시 망하고 맙
> 니다. 신30:15-18

신명기에 기록된 이 특별한 순간은 사람들로 하여금 "하늘과 땅", 역사
와 운명, 조상과 후손 사이에 서있게 한다.30:19f 그리고 삶과 죽음 사이
에 놓인 전형적인 선택의 순간으로 독자들을 초대한다.

또한, 회당에서 벌어진 대결은 재판의 한 장면과도 같다. 대중의 주목 속
에서, 권력자들은 용의자가 "선을 넘기만을" 기다리며 잡을 태세를 하고 있
었다. 하지만, 신명기의 마지막 설교를 이야기하면서, 예수는 갑자기 피고
인에서 검사로 변한다. 전형적인 시민 불복종 전통을 따라 예수는 일상생
활 속 도덕성에 관한 더 깊은 문제를 제기하고자 법을 위반한다. 과연 합법
적인 정의냐고 묻고 있는 것이다.

하지만, 예수의 관객은 그의 질문에 답하지 않는다. 3장 5절에서 예수의

분노를 표현한 단어는 강력한 것이다. 신약에서 주로 "하나님의 진노"라는 구절과 연관이 있다. 마가는 그들의 고집이 출애굽에서 "바로의 병"이었던 "마음이 완고함"이라고 고발한다. 마음이라는 단어는 신명기 전통에서 중요한 요소였다.

> 그러나 바로 오늘까지, 주님께서는 당신들에게 깨닫는 마음과 보는 눈과 듣는 귀를 주지 않으셨습니다.신29:4
>
> 당신들 가운데 누군가가, 주 우리 하나님으로부터 마음을 멀리하여… 신29:18
>
> 나는 당신들에게 당신들이 받을 수 있는 모든 복과 저주를 다 말하였습니다… . 모든 나라에 흩어져서 사는 동안에, 당신들의 마음에 이 일들이 생각나거든… 신30:1
>
> 하나님이 당신들의 마음과 당신들 자손의 마음에 할례를 베푸셔서… 당신들이 마음을 다하고 정성을 다하여… 하나님을 사랑하며 살 수 있게 하실 것입니다. 신30:6

마가가 볼 때 모세 후손들의 마음은 타락했다. 하지만, 조심해야 한다. 머지않아 예수의 제자들도 같은 이유로 비판을 받을 것이다.6:52, 8:17 참고

여기가 바로 중요한 전환점이다. 생명을 선택한 예수는 장애가 있는 사람을 치유한다.3:5 죽음을 선택한 갈릴리 관료들은 예수를 없애고자 모의하기 시작한다.3:6 여기서부터 이 두 가지 다른 행보가 이어진다. 예수는 치유 사역을 계속하는 반면, 권력자들의 반대는 계속 커진다. 이처럼 냉랭한 전개는 이 이야기가 정치적 사실주의에 입각해 있다는 것을 입증한다. 아직 복음서의 5분의 1도 안 지났는데, 예수는 벌써 죽음의 위기에 놓여있다. 희년의 실천은 신성한 은혜의 경제를 생각나게 하지만, 본회퍼가 말했듯이 그

것은 "값비싼 은혜"이다.

세상 속 말씀

식량정치politics of food는 마가가 살던 시대만큼이나 지금도 중요하고 논란이 되는 문제다. 지금도 여전히 함께 나누는 식사는 계급과 인종의 장벽을 넘어서는 한가지 방법이다.

예를 들어서, 냉전이 한창일 때 북미의 한 그룹은 선의의 표현으로 소련을 걸어서 횡단했다. 폭력의 위협을 인간적인 소통으로 뚫고 나가려는 노력이었다. 이 작은 그룹의 순례자들이 광활한 소련 땅을 천천히 지나갈 때, 각 마을과 도시 변두리에 사는 사람들은 그 지역을 상징하는 빵으로 그들을 맞이했다. 환대의 상징이었다. 음식을 나누는 일은 냉전의 법칙을 깨뜨리고, 서로를 가르고 적으로 만드는 정치적 장벽을 넘어서게 하였다.

지구 반대편에서도 비슷한 일이 있었다. 내전이 일어났던 1980년대 산살바도르에서, 깔예 레알Calle Real 난민 수용소의 여성들은 새벽 4시에 일어나서 수용소에 있는 수백 명의 사람들을 위해 교대로 토르티아를 만들었다. 불린 옥수수를 맷돌에 천천히 갈아서 사랑이 담긴 능숙한 솜씨로 가장 맛있는 영양식을 만들었다. 원하는 모양과 두께로 반죽을 두드리는 과정을 북미에서 온 초보자들이 흉내 내기란 쉬운 일이 아니었다. 하지만, 그런 시도를 통해서 문화를 초월하는 유대감을 쌓았다. 연대의 빵bread of solidarity은 가난에 맞서 전쟁의 법칙을 무너뜨렸다.

사람들이 먹는 빵은 그들의 이야기를 담고 있다. 통밀 빵, 프랑스 빵, 하얗고 진한 옥수수나 밀가루 토르티야, 떡, 피타 빵, 아프가니스탄 빵, 독일식 호밀빵 등, 생명의 양식은 그 빵을 먹는 사람들의 인생 여정을 고스란히 보여주는 막중하고도 영광스러운 과업을 짊어지고 있다. 몇몇 사람들은 공장에서 만들어져서 비닐봉지에 담겨있는 맛도 영양가도 없는 하얀 식빵을 선호하는 우리의 취향이 미국 문화의 파산을 보여주는 하나의 상징이라고 말했다. 그러는 사이, "좋은 빵"은 부유한 사람들이 애용하는 고급 제과점에서만 찾을 수 있다.

빵을 굽는 일은 서로를 살찌우는 신성한 활동이다. God-filled action 사랑 가득한 노동의 열매요, 시간과 땅과 사람의 손을 거친 생명의 소산물은 가족과 사람들을 모이게 한다. 우리가 식사를 하려고 식탁에 둘러앉을 때 무슨 일이 일어나는가? 가장 분명하게 우리를 끌어당기는 것은 음식에 대한 몸의 필요를 만족시키려는 절박감이다. 이 세상에 매우 많은 사람들이 그 만족감을 모른 채 살아간다.

하지만, 영혼의 필요 또한 우리를 식탁으로 인도한다. 훌륭한 요리사나 주인은 어떻게 식사를 사랑의 나눔으로 변화시키는지 알고 있다. 친밀감을 나누는 시간이며, 성찬의 장이자, 삶의 축전으로 만든다. 우리의 몸과 영혼을 살찌울 때, 우리는 다시 사람이 된다. 약간의 논쟁이 있을지라도, 식탁에 둘러앉은 낯선 이들은 친구가 된다. 삶은 더욱 넓고, 견고해진다. 하나님께서는 평범한 식사의 성례 가운데 함께 하신다.

하지만, 진정한 영혼의 양식을 위해 선행되어야 할 공정한 식탁은 쉽게 찾아오지 않는다. 우리는 반드시 우리의 식탁에 누가 앉는지는 생각해봐야 한다. 얼마나 포용적이며, 다양한 사람들이 앉아있는가? 누가, 어떻게 우리의 곡식을 키우고 있는지, 누가 식사를 준비하고 제공하는지, 그 사람들은 어떤 대접을 받고 있는지, 그리고 우리가 무엇을 먹고 있는지 생각해야 한다. 이런 기준에 따르면, 우리의 식사는 얼마만큼 정의를 실천하고 있을까?

최근 수십 년간, 우리는 불의한 식탁에 맞서 싸우는 극적인 광경을 목도해왔다. 1960년대에는 인종차별을 비판하고 철폐하려는 몇몇 시민 불복종

운동이 있었다. 간이식당에서 연좌농성을 벌인 시민 평등권 운동이었다.[1]
1970년대에는 몇몇 사회 정의 캠페인이 미국 대중들의 관심을 사로잡았다.
미국 농장 노동자 조합은 농장의 비위생적이고 위험하며, 잔인한 근로 조
건에 항의하며 포도 불매운동을 벌였다. 그리고 1980년대에는 네슬레Nestle
사가 가난한 나라에서 아기 이유식을 팔려고 지나치게 펼친 마케팅에 대한
반발이 있었다. 제3세계 국가에 사는 수백만의 어린아이들을 위한 필수 영
양분을 통해 이윤을 남기려고 했기 때문이다. 결과는 성공적이었다.

하지만, 여전히 불의한 일들이 우리의 식탁을 위협하고 있다. 예를 들
어, 평범한 토마토 하나를 집어보자. 샐러드에서 스파게티 소스, 살사에서
수프까지 수많은 경로를 거쳐서 우리 식탁에 오른다. 간혹 제철에 토마토
를 직접 키우면, 신선함과 맛을 즐길 수 있다. 하지만, 요즘 우리는 일 년 내
내 토마토를 살 수 있다. 그리고 많은 토마토가 우리 접시에 오르기까지 먼
길을 여행하여 온다.

먼저 이런 질문을 던져야 한다. 토마토가 누구의 땅에서 자랐는가? 수출
을 목적으로 땅을 사용했다면, 누가 이익을 보는가? 수출할 토마토를 키우
느라 정작 그 땅에 사는 사람들은 먹을 음식이 없지 않은가?

다음으로, 씨앗을 살펴보자. 최근 몇 년 사이, 다른 식물과 마찬가지로
토마토를 다양한 특성을 가진 혼종의 개체로 생산하려고 타가 수분한다.
대부분 혼종이 더 잘 팔리고, 특허도 받는다. 누가 씨앗을 얻을 수 있으며,
그 비용이 얼마인가? 소규모 농가들이 씨앗을 구매하기 위해서 누가 돈을
빌려주나?

씨앗을 심으려면 땅을 갈아엎어야 한다. 수출을 위한 대규모 작업을 하
려면 기계를 많이 사용해야 한다. 또한, 화학 비료, 제초제, 살충제를 많이

---

1) 역주: 1960년대 미국의 한 간이 식당에서 흑인 대학생들이 손님으로 받기를 거부당하자 자리
에 앉아 시위를 했고, 이 사건은 인종차별 반대 운동으로 이어졌다.

사용해야 한다. 생산 과정은 점점 더 자본집약적이고, 독점화되고 있다. 세계 자유 시장 경제에서 힘들게 운영되고 있는 지역 은행에서 가난한 농부들이 신용 대출을 받을 수 있을까? 트랙터를 사용하려고 연료를 태우고, 대규모의 화학물질을 땅에 쏟아부을 때, 생태계에는 어떤 영향을 미치게 될까? 그 땅에서 일하는 동안 화학물질이 온몸에 뿌려지고 적셔지는 사람은 누구일까? 이런 물질에 노출될 때 어떤 결과가 나타날까?

이제 토마토가 배송될 준비가 되었다. 먼저 방부제가 뿌려진 후, 수 천 마일을 이동한다. 만약 토마토가 슈퍼마켓 체인점에 진열된다면, 설상가상으로 포장도 해야 한다. 결국, 화학물질, 연료, 플라스틱, 나무를 지나치게 사용해서 지구를 더 망가트린다. 토마토가 우리 식탁에 오를 때쯤이면, 비타민과 영양이 별로 남아있지 않고 맛도 없다. 토마토는 우리가 먹는 샐러드에 색깔을 더해주지만 토마토 농장에서 일하는 노동자들의 몸과 영혼을 살찌우지는 못할 것이다. 만약 노동자들이 자신들의 땅을 지킬 수만 있었다면, 그들은 자신들의 가족과 공동체를 위해서 토마토를 키웠을 것이다.

안락한 환상 속에 편히 머물지 않고, 고통스럽고 위협적인 진실을 마주하려면 큰 용기가 필요하다. 몇 가지 어려운 질문은 우리의 식탁 위와 주변이 얼마나 정의로운지를 평가할 수 있도록 도와준다. 우리는 우리의 이웃과 도시, 나라와 세계 속에서 몸과 영혼이 굶주려있는 사람들에 대해서 인식하고 있는가? 그들에게 어떻게 응답하고 있는가? 우리의 식탁은 사람들에게 열려있고, 그들을 포용하며, 환영하는가? 우리가 먹는 음식이 생산되는 과정 속에서 사람들이나 지구가 죽어가거나 학대당하고 있지는 않는가? 우리의 식탁에서 희년을 실천하려면 어떤 변화가 필요한가? 우리가 사는 지역사회의 식량정치가 사람들을 배제하지 않고, 오히려 소외된 사람들이 풍요로움을 즐기게 하는 정치가 되려면 우리는 어떤 일을 할 수 있을까?

4장 • 강한 자를 결박하기

마가복음 3:7-35

문맥 속 말씀

본문 읽기 : 마가복음 3장 7-12절

이야기 흐름 상, 두 번째 회당에서의 대결 후 드리운 불길한 예감은 제자도 운동의 지속 여부를 불확실하게 만들었다. 그래서 예수가 물러나자[3:7], 마가는 예수의 사역이 갖고 있는 각각의 특징적인 요소를 반복하는 요약 본문을 삽입하면서 이야기 흐름을 "다시 활성화한다.regenerates"

복음서가 처음 시작했을 때처럼[1:16ff], 바닷가에서 벌어지는 제자도에 관한 일화가 나온다.[3:7-9] 저 멀리 남부 팔레스타인의 이두매와, 저편 북부 두로와 시돈에서 사람들이 몰려온다. 그들은 중심부유대와 예루살렘와 변두리"요단강 건너편"에서 오고 있다. 그리고 "군중"들이 여전히 치료를 받고자 온다는 점을 다시 발견하게 된다.[3:9f] 마가복음에서 "군중"이라는 단어는 권리를 박탈당한 사람들과 같은 의미가 있다. 가난한 사람, 실업자, 난민, 환자, 부정한 사람 등을 일컫는다. 그리고 예수는 계속해서 귀신을 내쫓는다.[3:11]

마가는 설교만큼이나 귀신 쫓는 일이 교회 사명의 핵심이 되어야 한다고 주장한다.[3:14f] 하지만, 서구 기독교인들은 귀신 축출이 무엇인지 혼란을 느낀다. 귀신 쫓는 이야기를 "심리학 발달 이전에 있었던 미신pre-psychological myth"이라고 무시하는 자유주의자들은 귀신 쫓는 일이 예수 사역의 중심을 차지하고 있다는 점을 당혹스러워한다. 한편, 현대판 "영적 전쟁"은 예수의 귀신 축출이 갖고 있는 공적이고 정치적인 성격을 무시한다. 고대에는 귀신 쫓는 일이 특별한 일이 아니었다. 오늘날도 여전히 전통적인 문화권에서는 무당들이 악한 영을 내쫓는 능력을 보여준다. 그렇다면, 예수의 귀신 축출에는 어떤 특별한 점이 있었을까?

마가는 예수가 그의 정체성을 드러내려는name 더러운 영들과 씨름하는 장면을 보여준다. 예수의 제자들은 예수가 누구인지 헷갈려 했지만4:41 참고, 악한 세력들은 정확히 알고 있었다. 악한 세력들은 예수가 누구인지를 대중에게 드러내면 자신들이 예수를 제압할 수 있을 것이라고 믿었다. 그래서 예수는 더러운 영들이 "그를 알리는" 일을 하지 못하도록 계속 막았다.3:12; 1:24f 참고

이러한 침묵의 모티브silencing motif는 이야기 속에서 점차 고조된다. 대부분의 현대 주석가들은 이 모티브를 예수가 자신의 진짜 정체성을 숨기고 싶어 했기 때문이라고 이해한다. 하지만, 나중에도 살펴보겠지만11장 참고, 마가의 이야기에서 귀신과 인간 모두 정확한 명칭으로 예수를 불렀다. 그러나 그들이 예수의 길을 따르지 않을 때, 예수는 그들에게 침묵을 명했다. 이와는 대조적으로, 예수의 길을 따르는 자들은 잘못된 명칭으로 예수를 불렀을지라도 믿음이 좋다고 칭찬을 받는다.15장 참고

출애굽 전통에서 하나님은 어떤 이름으로도 불리지 않는다.출3:2-5 참고 예수는 대적자나 친구들이 자신을 부를 때 "존칭"을 쓰지 못하게 한다. 대신 스스로를 "인자"라고 칭한다.11장 참고 또한, "군대"와 싸우는 장면에서도 보겠지만, 예수는 귀신들의 정체성을 폭로하려고name 싸운다.5:1-20, 6장 참고 억압하는 권력의 정체를 폭로하는 그의 행동은 왜 그가 잠시 후 예루살렘에서 온 율법학자 조사관들과 만나게 되는지를 정확히 설명해준다. 그들은 예수의 귀신 축출 사역을 비방하려는 사람들이다.3:22ff

그렇다면, 예수가 더러운 영과 대결하는 장면의 쟁점은 누가 현실을 바라보는 틀을 규정frame하는 힘을 가졌는가에 관한 문제다. 마가복음에서, 귀신을 내쫓는 일은 사태의 진실을 폭로하기 위하여 가장 우선적이고 중요한 일이다. 이러한 귀신 축출은 개인적이든 정치적이든 어떤 해방 운동에서도 기초가 되는 일이다.

본문 읽기 : 마가복음 3장 13-19a절

다음으로, 예수는 모세가 했던 것처럼 산에 오른다.3:13 하지만, 과거 시내산 이야기에서 모세가 산에 오를 때, 사람들이 함께 오르지 못 했던 것과는 다르다. 출19:16-25 참고 예수는 리더들을 산으로 불러서 만난다. 그리고 누군가의 이름을 부르는 힘the power of naming이 무엇인지 다시 한번 보여주면서, 제자들에게 사람을 해방시키는 임무를 맡긴다.3:14f

예수의 "임명"은 하나님이 모세와 아론을 임명하셨을 때의 이야기를 생각나게 한다.삼상12:6 또한, 예수가 "열두"명의 이름을 부르는 것은 분명히 열두 지파를 암시하는 것이다.창49;민1 하지만, 기독교인들은 이 부분을 대체신학supersessionist theology과 잘못 연관해 생각한다. 사도적 교회가 어떤 방식으로든 이스라엘을 대체한다는 것이다. 하지만, 그와는 정반대다. 예수의 행동은 원래 있었던 이스라엘의 자치 제도인 지파 제도를 회복하려는 행동이다.

여호수아서는 약속의 땅에서 이스라엘 지파들이 어떻게 하나님과의 언약 안에서 서로 연합하면서도 분권화된 연맹제를 운영했는지 보여준다. 각 지파는 지역의 정치군사적 리더십인 "사사들"의 감독 하에 각 지방의 정무를 운영했다. 구약 성서 학자 노만 고트발트Norman Gottwald는 그의 책『히브리 성서The Hebrew Bible: A Socio-Literary Introduction』에서 지파로 이루어진 평등한 이스라엘의 사회 조직은 가나안 도시 국가의 특징인 중앙집권체제에 대하여 혁명적 대안을 제시하는 것이라고 주장한다.

물론, 이스라엘의 자치self-determination는 지속되지 않았다. 사사기는 지파들이 어떻게 우상숭배에 빠지고, 가나안 사회에 다시 동화되는지를 보여준다. "그 뒤에 주님께서는 사사들을 일으키셔서, 그들을 약탈자의 손에서 구하여 주셨다."삿2:16 사무엘상은 다윗의 통치 하에서 연맹제가 어떻게 더욱 전통적인 군주제 모델로 변질되는지를 보여준다. 그리고 솔로몬의 통치 하에서는 완전히 중앙집권적인 성전-국가temple-state가 된다.1장 참고 하지만, 다윗 왕조 시기에 예언자적 전통은 국가 권력을 끊임없이 비판한다. 자끄 엘륄Jacques Ellul은 그의 책『무정부주의와 기독교Anarchy and Christianity』에서 성서의 저자들은 강한 왕을 우상숭배자이자 불의한 왕으로 묘사하고, 약한 왕을 선한 왕으로 묘사한다는 점을 지적한다.

그러므로 왕정주의에 반대하는 전통에 따라 예수는 하나님의 통치를 재건하는데 힘쓴다.막1:15; 1장 참고 마가복음의 서문은 이스라엘에게 광야의 출발점으로 돌아가서, 군주제 이전의 뿌리를 회복하라고 요청한다. 예수가 열두 제자를 임명하는 장면은 이스라엘이 약속의 땅으로 극적으로 건너가기 전날 밤에 여호수아가 지도자들을 호명했던 장면을 생각나게 한다.수3-4 참고 그러므로 지금 본문은 구체적으로 "지파 제도의 회복retribalization"을 요구한다고 볼 수 있다.

예수가 "회복된 연맹제"를 선언했기 때문에, 바로 다음 본문에서 율법학자들이 예루살렘에서 조사를 나오고, 예수가 혁명에 관한 설교를 하는 것이다.3:21-29 또한, 산 위에서 임명된 제자 중 예수의 비전에 충성하지 않은 제자가 있다는 사실도 전혀 놀랍지 않다. 제자 목록에는 "예수를 넘겨준 가룟 유다"가 포함되어 있다. 3:19 마가는 새로운 운동이나 과거 운동의 지도자들이 어떻게 당시의 지배적인 정치적 통치 모델의 끊임없는 유혹을 받았는지 나중에 설명한다.10:35-45; 15장 참고 따라서 이 부분이야말로 3장 1-6절에서 예수가 권력자들에게 거절당한 이후 이야기 흐름을 다시 활성화regeneration하는 장면이다. 산 위에서 예수가 한 행동은 이스라엘 전통 중 가장 중요한 두 가지를 회복하는 것이었다. 그 두 가지는 시내산에서 하나님이 모세와 맺은 언약과 광야에서 모세가 설립한 자유로운 지파 연맹제였다. 이스라엘의 예언자들에게서 횃불을 전해 받은 예수는 이제 선포와 치유, 귀신 축출을 위해 임명받은 제자들에게 그 횃불을 전해주려 하고 있다.3:14f 이제 곧 그들은 이 사명을 실천하라고 보내질 것이다. 이 부분은 예수가 회당에서 거부 당한 두 번째 이야기 뒤에 나오는 또 하나의 재활성화 본문regenerating episode이다.6:1-13; 8장 참고

본문 읽기 : 마가복음 3장 19b-35절

다음 본문은 예수 운동에 더 큰 위기를 불러온다. 집으로 돌아온 예수는 다시 군중에게 둘러싸인다.3:20 그리고 이번에는 "예수가 미쳤다고 확신한" 가족들이 예수에게 그만 단념하라고 재촉한다.3:21 게다가 예루살렘에서 온 율법학자들까지 공격하기 시작한다.3:22ff 3장 21-35절의 구성은 마가가 즐겨 사용하는 "샌드위치" 기법이다. 어떤 이야기를 시작한 다음 다른 이야기를 중간에 넣고, 다시 처음 이야기로 돌아오는 방식이다. 이러한 서술 구조를 통해 두 가지 이야기는 서로 연결된다.

A 3:20f: 예수의 가족은 예수를 "붙잡으러" 온다.

B 3:22-30: 율법학자들은 예수를 "붙잡으러" 온다.

A1 3:31-34: 예수의 가족은 예수를 다시 부르러 온다.

마가는 씨족clan과 국가state라는 권력의 두 가지 중심축이 현 체제 아래에서 살아가는 사람들을 길들이고자 함께 움직이고 있음을 인식하고 있다.

이에 대해 차례로 살펴보도록 하겠다.

고대 지중해 세계에서 친족 체제는 누군가의 개성과 정체성을 결정하고, 장래 직업을 제한하고, 전반적인 사회화를 관장할 만큼 엄격했다. 예수의 가족들은 예수를 보호할 뿐 아니라 가문의 명예를 위해 당연히 예수를 막으려고 애썼다. 예수가 율법학자 조사관들과 충돌하자 3장 31절에서 가족들은 예수를 제지하고자 더욱 노력한다. 마가는 이러한 긴장상태를 공간적인 표현을 써서 강조한다. 우리의 예상과 달리, 제자들과 군중은 집의 "안쪽"에 있고, 가족들은 "바깥"에 있다.3:32 예수는 대안적인 사회 구조를 만들려면 가장 기본적인 전통과 친족 체제의 규제에 대해 문제를 제기해야 한다고 생각했다. "누가 내 어머니이며, 내 형제들이냐?"3:33 그리고 예수는 "누구든지 하나님의 뜻을 행하는 사람"을 "가족"으로 재정의하면서 이 장면을 마무리한다.

그러는 동안, 수도에서 온 조사관들은 걱정이 아니라면 비난이었을 가족들의 행동을 따라 한다.

| 가족 3:21 | "그가 미쳤다" |
| 율법학자 3:22 | "그가 귀신 들렸다" |

가족이라는 사적 기관과 국가라는 공적 기관이 기존 체제를 유지하려고 함께 협력하고 있다. 예수에게 권위를 무시당한 일1:22ff, 2:6ff 때문에 속이 쓰라린 율법학자들은 인기 많은 예수의 평판을 깎아내리려고 시도한다. "귀신의 왕"을 섬기고 있다고 비난한 것이다. 이런 방식은 위기에 직면한 정치 지도자들이 쓰는 뻔한 전략이다. 상대편을 최고의 마귀라고 부르면서 무력화하는 것이다. 현대 미국 사회에서 예수를 "테러리스트"라고 부르는 것과 마찬가지이다. 희년과 지파 제도의 회복을 위해서 사람들을 해방시키

는 예수의 일탈적인 귀신 축출 사역은 미친 일이거나 반역적인 일로 치부되어야만 했다.

이처럼 양극화된 분위기 속에서 누가 "정상"인지는 당연히 우리가 누구의 관점을 받아들이는가에 달려있다. 예수는 율법학자들이 한 말을 이용해서 그들의 말을 능숙하게 받아친다. 이 전략은 나중에 예루살렘의 다른 지도자들에게도 사용하는 방법이다.11:27ff; 17장 참고 예수는 수수께끼를 던지는데, 부패한 사회 질서에서는 반란이 꼭 일어난다는 내용이다.3:24-26

> 사탄이 어떻게 **사탄**을 쫓아낼 수 있느냐?
> 한 나라kingdom가 갈라져서 서로 싸우면, 그 나라는 **버틸 수 없다.**
> 또 한 가정house이 갈라져서 싸우면, 그 가정은 **버티지 못할 것이다.**
> **사탄**이 스스로에게 반란을 일으켜서 갈라지면, **버틸 수 없고, 끝장 난다.**

여기뿐 아니라 마가복음의 다른 본문에서도 "나라kingdom"6:23; 11:10; 13:8 참고는 중앙집권화된 국가를 상징하고, "가정house"11:17; 13:34f은 국가 중심의 상징인 성전을 의미한다. 따라서 예수는 율법학자들이 그에게 한 "칭찬"을 이용하여 그들의 사회질서야말로 사탄에 동조하는 것이라고 반박한다.

마가는 예수의 비유적 담화를 소개하려고 이 격렬한 논쟁을 선택한다.3:23 유대교 전통에서 비유는 정치적 의미를 은밀히 담고 있는 은유적인 이야기였다.민24; 겔17; 5장 참고 사실 구약 성서에서 가장 잘 알려진 비유는 권력을 남용한 왕에 대한 이야기, 곧 다윗의 살인을 폭로한 나단의 이야기다.삼하12:1-15 여기에 나오는 예수의 비유는 그의 전복적인 의도를 분명히 드러낸다. "그 집을 털어 가려고 먼저 힘센 사람을 묶어 놓은" 도둑에 자신의 사역을 빗대고 있는 것이다.

이 비유는 복음서의 핵심 비유 가운데 하나로 대두할 것이다. 나중에 예수는 예루살렘 성전으로 "침입"해서, 진짜 도둑들을 "쫓아낸다." 그리고 그 집의 "물건들"에 대해 금지령을 내린다.11:15-17; 16장 참고 또한, 예수는 그 집이 "버티지 못할 것이다"라고 선언하고13:2, 제자들에게 진짜 주인을 기다리고 있는 그 집을 지켜보라고 일러둔다.13:34f 불법으로 집에 침입하는 비유는 언짢게 들린다. 하지만, "밤에 도적같이" 임할 주님에 대한 전통은 초대 교회에서 가장 오래도록 기억되는 전통 중 하나였다.마24:43; 살전5:2, 벧후 3:10; 계3:3, 16:15 참고

그렇다면, 사탄이 사탄을 내쫓을 수 있는지 물은 수수께끼의 답은 1장 8절에서 세례 요한이 "더 강한 자"라고도 부른 예수가 1장 24절에서 귀신으로 대표된 율법학자의 권력인 그 "강한 자"를 타도하려고 한다는 것이다. 마가는 이사야의 신탁에서 힌트를 얻은 것 같다. "내가 강한 자에게서 포로를 빼어 오겠으며, 폭군에게서 전리품도 빼앗아 오겠다.사49:24f." 사탄과 벌이는 예수의 종말론적 전쟁의 실제 정치적 지형이 이제 드러났다.1:13 참고

예수는 모든 죄를 사한다는 말로 논쟁을 결론짓는다. 마가복음에서 처음으로 "아멘"이라고 말하게 하는 대목이다.3:28 하지만, 치유와 정의의 행동을 사탄이라고 부르는 사람들은 배제된다.3:39 후안 루이스 세군도가 "자본주의 대 사회주의"에서 말한 것처럼, 성령을 거스르는 진짜 죄는 우리 눈앞에서 실제적으로 일어나는 해방을 '신학적인' 기쁨으로 받아들이기를 거부하는 것이다." 자신을 길들이려는 가족과 억압하려는 국가를 거부한 채, 예수의 첫 번째 "운동"은 막바지에 이르고 있다.

세상 속 말씀

마가의 이야기에 반영된 사회적 맥락은 우리 시대의 모습과 본질은 다르지 않다. 우리가 사는 세상은 지배 체제로부터 자유롭지 못하다. 오늘날 자

유 시장은 강한 자가 되었다. 사람이든, 공동체든, 국가든 세계 경제에 참여하고 싶은 누구나 자유 시장의 원칙을 준수해야만 한다. 이 체제는 공공 부문과 민간부분 및 미국 재무부, 연방 준비 제도 등의 국내 기관과 세계은행, 국제 통화 기금 등의 국제기구, 시중 은행, 연금 기금, 광고 업체와 대중 매체를 포함한다. 또한, 3조 달러가 넘는 규제되지 않은 돈이 매일 국경을 넘나들게 하는 주식시장과 돈을 움직이는 사람들도 포함된다.

강한 자에게 타협이란 없다. 가난한 나라들, 한때 "성공" 직전에 있던 나라들, 심지어 부유한 산업 국가 경제도 끔찍한 대가을 치르게 만든다. 예를 들어 사하라 사막 이남에는 인구의 반 정도가 극심한 가난 속에서 산다. 수백만의 사람들이 굶주린다. 하지만, 다른 가난한 나라들에서도 그랬듯이, 강한 자는 내수용 식량이 아닌 수출 작물의 생산을 위해 농경지를 사용하도록 요구한다. 가난한 국가들이 제공할 수 있는 유일한 사회 안전망은 혼합 영농을 통한 다양한 품종으로 식량을 공급하는 것인데 이마저도 위기에 처하게 하는 것이다.

니카라과에서도 강한 자는 활보한다. 요즘에는 누구든지 니카라과의 골목을 천천히 걸어 다니면 금세 어린아이들의 무리에 둘러싸인다. 아이들은 사탕에서 자동차 매트까지 무엇이든지 팔려고 애를 쓴다. 아니면 자동차 창문을 닦거나 주차된 차를 지켜주겠다고 한다. 아이들이 놀고 있는 것이 아니다. 날이 갈수록 커지는 가계 소득의 구멍을 막으려고 필사적으로 노력하고 있는 것이다. 니카라과 노동자의 60%는 실업 상태이거나 일거리가 부족한 상태다. 하지만, 니카라과 정부는 이미 굶주린 배의 허리띠를 더욱 졸라매는데 동의하는 사인을 하고 있다.

강한 자는 필리핀에서 땅을 조세로 거둬들인다. 시골에 사는 가난한 사람들은 땅에서 내쫓긴다. 취약한 우림 지역의 나무는 잘려나간다. 맹그로브 습지와 어장들이 파헤쳐 진다. 수출을 강조하면서, 천연자원을 집중적으로 뽑아내고 투자를 위한 규제를 완화하며 제대로 감독하지는 않는다. 그 결과는 심각한 환경 파괴로 이어진다.

1990년대 초, 멕시코는 제1세계 국가로 진입할 준비를 하고 있었다. 일련의 경제 개혁은 강한 자에게 멕시코가 세계 경제에 충분히 활동적으로 참여할 수 있는 후보라는 확신을 주었다. 1993년 말 북미 자유 무역 협정이 통과되자, 한때 잊힐뻔한 이 나라에 이제 어떤 방해물도 남아있지 않는 것처럼 보였다. 하지만, 안타깝게도 소수의 사람만이 이득을 보았다. 1988년에서 1994년 사이에 멕시코의 백만장자의 수는 두 배가 된 반면 대다수의 멕시코인들은 더욱 심각한 빈곤 속에 살았다.

북미 자유 무역 협정NAFTA이 시작되는 날인 1994년 1월 1일, 치아파스의 정글에서 이상 징후가 나타나기 시작했다. 그곳에 사는 토착 공동체들은 오랫동안 다른 형태의 "개발" 전략을 요구해왔었다. 협정 후 1년이 안되어서 투기적인 해외 투자 때문에 멕시코의 경제는 무너졌다. 기적적인 회생 모델이 실패한 것이다. 그리고 멕시코의 모든 계층에게 끔찍한 결과가 뒤따랐다.

엄청난 대외부채를 지고 있는 대부분의 가난한 나라에서는 중요한 국내 경제 정책이 국제 채권자를 만족시키는 방향으로 결정된다. 그 결정에 영향 받는 사람들은 그 동네와 지역에 사는 가난한 공동체와 가정들이다. 대부분의 경우 심각하게 부정적인 영향을 미친다. 교육과 의료보험 서비스를 잃거나 실업을 당한다. 생활비가 증가하거나 환경이 파괴된다.

미국에서 강한 자는 일상과 문화의 대부분의 영역을 다스린다. 소비 상품에 대한 욕망을 끊임없이 의도적으로 만들어내는 이곳에서 강한 자의 모습은 가장 두드러지게 나타난다. 물건이 넘쳐나고 낭비되고 인간의 삶을 망가트리는 순간에도 우리에게 사라, 사라, 사라고 이야기한다. 부유한 사람이나 가난한 사람이나 본질적으로 의미 없는 사물을 통해 의미와 정체성을 찾으려고 할 때, 모두가 점점 더 절망적인 악순환에 갇히게 된다.

강한 자는 늘 부유한 사람의 편에 선다. 반면, 가난한 사람에게는 흔한 쇼핑몰에서 팔지만 그들이 사기에 버거운 물건들을 소유하기 전까지 너희는 가치 없는 존재라고 말한다. 미국 농장과 공장의 노동자들은 한때는 안정된 직장에 다녔었지만, 이제는 세계 곳곳의 값싼 노동력과 싸워야만 한다. 힘든 사람들은 다른 힘든 사람들을 더 힘들게 만드는데 익숙해졌다.

우리는 이런 강한 자를 볼 수 있는 눈을 가졌는가? 아니면, 우리는 매우 심각하게 그 영향력 아래 살아가고 있는 것은 아닐까? 그를 "결박하는" 예수의 사역에 동참할 용기가 우리에게 있는가? 아니면, 강한 자가 합리적이고 힘이 세서 겁이 나는가? 지구촌의 포로들이 자유롭게 되는 것을 보기 원하는가? 그게 아니라면, 우리가 매우 편안하게 살고 있지는 않은가?

5장 ● 희망을 심다

마가복음 4:1-34

문맥 속 말씀

율법학자들과 충돌이 있은 후, 예수는 다시 바닷가로 물러나 그의 사역에 대해 생각하는시간을 갖는다. 4:1f 이 본문은 마가복음에 등장하는 비유가 담긴 두 편의 긴 설교 중 하나이다. 13:3-37; 20장 참고 여기에서 예수는 소작농의 일상에 담긴 고달픔과 지혜에서 나오는 이미지를 통해 하나님의 통치가 가진 특징을 설명한다. 이 비유는 제자도의 모험에 어떤 장애물이 놓여 있는지 적나라하게 드러내며, 소망을 갖고 인내할 것을 요청한다.

설교는 예수가 배에 오를 때 시작해서 "저편"으로 출항할 때 끝난다. 설교의 삼분의 이에는 유명한 비유인 씨뿌리는 자의 비유4:3-8와 비유에 대한 "해석" 4:14-22이 나오고, 청중에게 "들으라"라고 권하는 주제 반복구도 등장한다. 4:3, 9, 23

씨뿌리는 자의 비유 중간쯤, 예수는 비유라는 것이 비유를 받아들이지 못하는 사람들을 위한 언어라고 언급한다. 4:10-13 설교의 나머지 삼분의 일에는 현 체제에 굴복한 사람들에 대한 경고4:24f와 두 개의 씨앗 비유가 나온다. 그 중 하나는 수단에 관한 것이고, 다른 하나는 그 결말에 관한 내용이다. 4:26-32

북미 교회들은 비유가 "천국의 의미를 담은 지상의 이야기"라고 주로 설교해왔다. 하지만, 비유는 결코 그런 이야기가 아니다. 예수는 글을 모르는 소작농도 이해할 수 있는 이미지를 사용해서 하나님의 통치를 가장 구체적인 용어로 묘사하고 있다. 비유의 능력은 이해하기 쉬운 시나리오를 통해 청중의 관심을 끈 후, 깜짝 놀랄만한 반전을 던져 청중의 예상을 깨뜨리는 데에 있다. 예수는 분명히 그가 가진 비전을 설명하고자 애썼다. 왜냐하면 그의 비전은 현 지배 체제와 청중의 예상 범위 안에서는 매우 독특한 것이었기 때문이다.

따라서 예수는 자신이 뜻하는 바를 정확히 표현하고자 사람들이 서있는 곳에서 시작한다. 그곳은 바로 땅이었다. "씨를 뿌리는 사람이 씨를 뿌리러 나갔다…."

본문 읽기 : 마가복음 4장 1-9절

씨 뿌리는 자의 이야기는 팔레스타인 소작농들이 메마른 땅경작되지 않은 땅에서 농사지었던 궁핍한 현실을 그대로 묘사하고 있다. 소규모 농가의 농부들과 소작인들은 최고급 경작지를 지배하고 있는 부유한 사람들에게 떠밀려 변두리 땅에서 간신히 생계를 유지하며 살았다. 예수의 비유는 소작농들의 삶을 비슷하게 묘사했다. 그들은 씨앗을 흩뿌리며, 해충과 잡초, 여러 요소와 열악한 토양에 내맡긴 채 최상의 결과를 바랄 뿐이었다.4:4f 예수의 이야기를 듣던 이들에게는 75 퍼센트의 씨앗이 결실을 맺지 못한다는 이야기가 그다지 놀랍지 않았다.

이 비유는 농경사회의 가난에 대한 묘사이다. 소작농들은 부족한 수확을 가지고 가족을 먹이고, 집세를 내고, 십일조를 내고, 시장세와 세금을 내고, 생필품과 도구들을 사거나 교환하고, 내년 수확을 위해 씨앗을 넉넉히 남겨 놓아야 했다. 수확이 부족할 때면, 농부들은 빚을 지고 말았다. 은행이 없던 시절, 잉여 자본을 이자를 받고 공급했던 부유한 지주들에게 땅을 담보로 대출을 받아야했다. 대출을 갚지 못하면 땅을 잃었고 노동력을 팔아야만 했다.

이러한 방식으로 대지주들은 갈수록 부유해졌고, 대다수의 소작농들은 땅에서 쫓겨났다. "밭에 밭을 늘려 나가, 땅 한가운데서 홀로 살려고 하였으니" 라는 구절은 바로 이사야가 포도원 비유를 통해 개탄했던 상황이다.사 5:8 나중에 예수는 이 본문을 다시 암시한다.막 12:1ff; 18장 참고 하지만, 빚의 악순환, 땅을 잃고 노예가 되는 현실은 바로 희년법이 없애고자 했던 것이다.3장 참고

그래서 신비로운 수확을 가져오는 "좋은" 땅이 씨 뿌리는 자 비유의 "핵심"이다.4:8 실제로 팔레스타인 농부들에게 풍작은 기껏해야 여섯 배의 결실을 맺는 것이었다. 따라서 "삼십 배, 육십 배, 백 배"는 농부의 친인척과, 심지어 전체 마을 빚의 사슬을 영원히 끊고도 남을 만한 넉넉한 결실을 의미했다! 따라서 이 비유는 하나님의 통치가 빈곤을 없애고 풍요를 재분배하는 희년에 관한 것임을 다시 한 번 드러내고 있는 것이다. 만약 우리가 좋은 소식을 "들을 귀"를 갖고 있다면 말이다.4:9

본문 읽기 : 마가복음 4장 10-12절

절망에 빠져있는 소작농들이 이 이야기를 있는 그대로 이해했다면, 그들 마음 속에 희망이 솟구쳤을 것이다. 하지만, 이런 시나리오가 과연 가능한 일이었을까? 아니면 예수는 그저 허황된 꿈을 이야기한 것일까? 다음 장면을 보면 청중들은 당연히 못 믿겠다는 반응을 보인다.4:10 예수는 솔직히 희년의 정의가 그것을 받아들이는 사람에게 "신비"라는 것을 인정한다.종종 "비밀"로 잘못 번역되었다 희년의 정의는 그들이 알고 있는 지배적인 사회 경제 체제에는 맞지 않는 개념이기 때문이다.4:11a 반면, 부의 재분배를 두려워하는 사람들은 예수의 사역 "바깥에 있는 사람들"이다. 그리고 그들에게 이 비유

는 매우 가혹한 이야기다. 4:11b

예수는 이 점에 대해 설명하려고 이사야가 예언자로 부름받는 장면을 사용한다. 사 6장 참고 이사야 6장은 앞에서 함께 살펴 본 마가복음 3장 13절 이하에서 사도를 임명하는 본문과 비슷하다. "내가 누구를 보낼까?" 사6:8 마가가 인용한 이사야의 출두 명령막4:12=사6:9f은 이따금 잘못 해석되곤 했다. 이 본문은 신적 예정론divine predestination의 신학을 설명하지 않는다. 단지 말씀을 거부하는 사람들에 대해 묘사하고 있는 것이다.

예언자가 문제에 관해 진실을 이야기할수록, 사람들은 그 진실을 더욱더 받아들이지 않는다. 만약 진실을 받아들였다면, 그들은 "돌이켜서 고침을 받았을" 것이다. 사6:10 그들은 스스로 결백하다는 환상에 사로잡힌 채, 회개하기를 거부했다. 이사야는 이 상황에 절망한다. "주님, 언제까지 그렇게 하실 것입니까?" 대답은 단호했다. 거부에 따르는 참혹한 결과가 다 이루어질 때까지다. 6:11f 하지만, "거룩한 씨"라는 "남은 자remnant"의 희망이 항상 존재한다. 6:13 아마도 예수의 씨뿌리는 자 비유는 여기에서 영감을 얻었을 것이다.

본문 읽기 : 마가복음 4장 13-23절

이사야의 진단은 씨뿌리는 자의 이야기를 비유로 이해할 수 있게 해준다. 4:13 이제 "그들이 보기는 보아도 알지 못하고, 듣기는 들어도 깨닫지 못한다." 4:12는 구절은 "마음이 굳어졌다." 3:5라는 표현과 연결된다. 이 표현은 말씀을 거부하는 상태를 뜻하는 복음서의 중심 은유다. 8:17f 참고 선교를 위해 보냄받은 사람들은 희년의 "말씀" 이라는 씨앗4:14이 누군가에게 받아들여지기 전에, 듣지 못하는 귀에 떨어질 것이라는 점을 알고 있어야 했다. 이 때문에 마가복음 후반에 가면 제자도를 설명하는 은유로 듣지 못하는 자와 보지 못하는 자를 고치는 장면이 대위법적으로 나온다.

비유에서 나오는 네 가지 유형의 "흙"은 결국 마가복음에서 실례로 등장할 것이다. "길가"에 있으면서 얕은 수준의 헌신을 하는 사람들의 모습은 4:15 마가 복음에 나오는 군중의 특징과 같다. 군중들은 처음에 고침을 받고자 예수를 찾는다. 하지만, 결국 끝에 가서는 권력자들과 함께 예수를 비난한다.15:8ff 참고 박해 때문에 "걸려 넘어지는" 사람들은4:16f 예수의 제자들이다.14:27-50 참고 또한, 재물과 명예에 의해 제자도의 "기운이 막힌" 사람들은 바로 부자의 모습이다.10:17-23 하지만, 부자와 달리 제자들에게는 희망이 있다. "좋은 땅"이 될 수도 있기 때문이다.4:20 하지만, 이는 "집과 가족과 땅이 백배가 되는" 희년의 재분배를 실천할 때에만 가능한 것이다.10:28-30; 14장 참고

하나님의 통치는 "신비"다. 그러나 비밀스러운 일도 이해할 수 없는 일도 아니다. 예수는 이 점을 강조하고자 씨뿌리는 자의 이야기를 등불의 이미지로 끝마친다. 비유는 드러나는 것이지, 감추어진 것이 아니라는 뜻이다.4:21f 마가복음의 중요한 대목에서 비유는 예수를 반대하는 사람들이 갖고 있는 충성심이 어느 정도인지를 드러내는 역할을 한다.3:23ff, 12:1ff 그리고 이제 설교의 첫 부분이 한마디로 끝난다. "들을 귀가 있는 사람은 들어라"4:23

본문 읽기: 마가복음 4장 24-24절

다음으로 예수는 세상이 말하는 희년과 반대되는 이념에 대해 "주의하라"고 청중들을 경고한다.4:24 그러한 이념은 불의한 현실을 그저 받아들이라고 말한다. 빈부격차 심화가 불가피한 현상이라는 주장은 부유한 지주들이 자신의 특권을 정당화하기 위해 만든 분명한 "현실주의"다.4:25 비유를 이야기했던 에스겔처럼 예수는 그러한 비관론을 거부한다.겔 18:1-9 참고

마가복음에 나오는 청중들은 당연히 씨뿌리는 자의 비유에서 약속된 그

런 기적같은 수확이 언제, 어떻게 이루어질지 궁금해했다. 예수는 냉소적인 경제 "결정론"에 반대하면서, 마지막으로 두 개의 씨앗 비유를 통해 농부들에게 인내의 희망을 심는다.

> 예수께서 또 말씀하셨다. 하나님나라는 이렇게 비유할 수 있다. 어떤 사람이 땅에 씨를 뿌려 놓고⋯ 4:26
> 예수께서 또 말씀하셨다. 우리가 하나님나라를 어떻게 비길까?⋯ 겨자씨와 같으니, 그것은 땅에 심을 때에는⋯ 4:30f

씨 뿌리는 자는 씨앗이 어떻게 자라는지 "알지 못한다."4:27 "땅이 저절로 열매를 맺기" 때문이다.4:28 이 부분은 4장 20절의 수확에 대한 설명이다. 수동적으로 살라고 말하는 것이 아니다. 은혜의 신성한 경제를 주장하고 있는 것이다. 안식일의 지혜는 인간이 땅을 지배하거나 상품화해서는 안되며, 반드시 땅이 제한하는 한도 내에서 살아가야 한다고 말한다. 4장 29절은 요엘서에 나오는 하나님의 심판에 대한 예언적 신탁을 시사하면서 긴급하게 촉구하고 있다. "거두어들일 곡식이 다 익었으니, 너희는 낫을 가지고 와서 곡식을 거두어라" 욜3:13 성실하게 정의를 심는 사람이 어떤 역사를 만들어낼지 몰라도, 하나님은 그를 옳다고 인정할 것이다. 마가는 예수의 두 번째 설교에 나오는 묵시적 비유를 통해서 "혁명적 인내revolutionary patience"가 무엇인지 더 이야기할 것이다.13:28f, 20장 참고

예수는 세상에서 가장 작은 씨앗이 척박한 세상 속에 뿌리를 내리고 성장하는 일이 불가능해 보이지만 정말로 가능한 일이라고 주장하는 것으로 설교를 마무리한다.4:30-32 그리고 "어떤 풀보다 더 큰 가지들을 뻗어, 공중의 새들이 그 그늘에 깃들일 수 있게 된다."4:32라는 구절로, 다시 한 번 기적적인 수확을 강조한다.

구약 성서 전반에 등장하는 나무 비유에는 새들에게 쉼터를 제공하는 가지 이미지가 나오는데, 이는 정치적 통치를 상징한다. 이 은유가 처음 나오는 곳은 사사기에서 요담이 아비멜렉을 비판할 때다. 아비멜렉은 살인을 저지르고 이스라엘 연맹을 다스리는 정권을 찬탈했다.삿9:1-21 참고 이 비유에서 올리브 나무, 무화과나무, 포도나무는 모두 "왕"이 되려면 생산을 멈추라는 권유를 거절한다. 하지만, 가시나무는 이렇게 말한다. "너희가 정말로 나에게 기름을 부어, 너희의 왕으로 삼으려느냐? 그렇다면, 와서 나의 그늘 아래로 피하여 숨어라. 그렇게 하지 않으면, 이 가시덤불에서 불이 뿜어 나와서 레바논의 백향목을 살라 버릴 것이다."9:15

에스겔의 나무 비유 역시 왕정 통치를 거부한다. 에스겔 17장에서, 예언자는 이스라엘 통치자들에게 비록 그들이 제국들에 둘러싸여 "높은 백향목"의 그림자 아래에서 살고 있을지라도 하나님께 충성하라고 설득한다. 또한, 군사적 동맹을 통해 국가 안보를 확립하라는 유혹에 넘어가지 말라고 당부한다.17:11-21 그리고 하나님은 이스라엘을 일으킬 것이라고 약속한다. "거기에서 가지가 뻗어 나오고, 열매를 맺으며, 아름다운 백향목이 될 것이다. 그 때에는 온갖 새들이 그 나무에 깃들이고, 온갖 날짐승들이 그 가지 끝에서 보금자리를 만들 것이다."17:23

두 번째 비유는 이집트 제국을 풍자하는 내용이다.겔31 참고 에스겔은 바로에게 이렇게 묻는다. "너의 위엄찬 모습을 누구와 비할 수 있겠느냐?"31:2; 막4:30 참고 그리고 나서, 에스겔은 앗시리아의 왕에 대해 언급한다. 앗시리아의 왕 역시 "들의 모든 나무보다 더 높게 자랐다… 굵은 가지도 무수하게 많아지고, 가는 가지도 길게 뻗어 나갔다… 큰 가지 속에서는 공중의 모든 새가 보금자리를 만들었다."31:5 하지만, 앗시리아 제국은 무너졌다. 예언자는 "그 쓰러진 나무 위에 공중의 모든 새가 산다." 라며 풍자한다.31:13 그리고 다음 대목에서 우리는 고대 바벨탑 사건을 떠올리게 된다.

"그것은 물가의 나무들이 다시는 키 때문에 교만하지 못하게 하며, 그 꼭대기가 구름 속으로 치솟아 오르지도 못하게 한 것이다."31:14; 창11:4 참고

다니엘 4장은 느부갓네살 왕의 꿈을 해석한다. 그 꿈은 다음과 같다. "땅의 한가운데 아주 높고 큰 나무가 하나 있는데… 그 높이가 하늘에 닿으니… 가지에는 하늘의 새들이 깃들며, 모든 생물이 그 나무에서 먹이를 얻었다."단 4:10ff 예언자는 제국의 교만이 심판받을 것이라고 예언한다. 그리고 왕에게 이렇게 충고한다. "공의를 행하셔서 임금님의 죄를 속하시고, 가난한 백성에게 자비를 베푸셔서 죄를 속하시기 바랍니다."4:27

결론 부분에서 나무 비유의 전통이 언급되자, 예수의 설교 전체가 반제국적 맥락 속에 자리매김을 하게 된다. 마가가 살던 당시 유대는 로마 제국의 중심에서 "흘러나오는 물줄기에서 물을 빠는" 아주 작은 의존국이었다.겔31:4 참고 그리고 마가 공동체는 팔레스타인 안에서 작고 핍박받는 소수 집단이었다. 예수를 따르는 사람들이 유대 성전-국가Temple-state의 권력과 싸워 이길 확률이 얼마나 되었을까? 로마 제국과는 말할 것도 없다. 겨자씨의 비유는 그런 말도 안되는 대결을 정확히 보여준다. "들의 모든 나무가, 나 주가, 높은 나무는 낮추고 낮은 나무는 높이는 줄을, 알게 될 것이다."겔17:24

예수는 이와 같은 비유로 "말씀을 전하면서," 제자들에게는 비유에 담긴 정치적 함의를 조심스럽게 해석해주었다.4:33f 예수는 신비로운 비밀이나 현학적인 신학을 늘어놓고 거룩한 척하며 떠드는 도사가 아니었다. 예수는 농부들이 이해할 수 있는 언어, 실생활에 연관된 이미지, 그들이 하나님 나라의 주체로 등장하는 이야기를 사용하는 인기 많은 교육자였다. 그렇게 함으로써 그들 마음에 희망을 심었다. 그러면서 높은 나무가 낮아지고 세상에서 가장 작은 씨앗이 희년의 열매를 맺을 것이라고 외쳤다.

세상 속 말씀

예수의 비유는 생명이 땅과 연결되어 있다고 가정한다. 아마도 현대 미국인에게는 이런 비유가 "옛 이야기"처럼 들릴 것이다. 우리들 대부분이 땅과 상관 없는 삶을 살기 때문이다. 하지만, 미국인의 역사를 살펴보면, 땅은 늘 역사의 중심에 자리하고 있었다.

우리 조상의 대부분은 미국에 난민으로 온, 땅 없는 유럽인이었다. 그들은 이민을 하나님께서 주신 땅에 새로운 사회를 세우기 위해 광야로 향하는 새로운 출애굽 여정이라고 생각했다. 하지만, 그들은 그 땅에서 수 세기 동안 살아온 사람들과 문화를 만나게 된다. 알다시피, 서쪽 땅에 대한 약속은 탐험, 이민, 군사 정복, 이주의 물결을 일으켰고, 이주민들은 수 많은 토착 공동체의 자리를 차지하면서 국가를 형성했다. 미국인의 역사는 무엇보다도 미국 원주민들과 유럽 이민자들간의 갈등의 역사라고 할 수 있다.

종종 이스라엘 이야기와 미국 역사를 얼토당토않게 비교하는 사람들이 있다. 교회는 고대 이스라엘 사람들이 신적 허용 아래 가나안의 원주민을 대량학살하고 문화를 말살했던 "성스러운 전쟁" 이야기를 무비판적으로 수용해왔다. 삿 1-20장 참고 이와 비슷하게, 우리는 유럽인들의 이주가 미국 원주민들에게 행한 일을 인정하지 않으려고 한다. 우리는 신앙인으로서 진실되고 정의로운 '땅의 신학theology of the land'을 정립할 수 있도록 성경 이야기를 비평하며 재해석할 준비가 되어있는가? 유럽계 미국인들은 다문화 사회 속에서 살아가는 도전을 받아들일 수 있도록 정복의 역사가 남긴 유산에 대해 책임을 다할 준비가 되어있을까?

이스라엘 사람들은 그 땅의 소산을 하나님께 헌물로 드리고, 추수하지 않은 곡식을 가난한 사람들이 먹도록 남겨놓으라고 배웠다. 그들이 집없이 방황하는 나그네로 살았던 삶을 기억하면서 고아와 과부, 추방당한 사람들을 도우라고 배웠다. 매 7년마다 휴지기를 가지며 그 땅을 아끼고 가꾸라고 배웠다. 그리고 이 윤리를 따라 사는 삶을 실패했을 때, 하나님은 예언자들을 일으켜 정의를 향해 돌이키라고 그들을 불렀다. 이러한 성경 이야기는 땅에 대한 우리의 청지기 정신에 대해서 무엇을 말하고 있을까?

땅에 관한 성서 신학과 윤리를 바로 세우는 첫 단계는 우리가 어디에 서 있는지를 아는 것이다. 윌 캠벨Will Campbell은 미시시피의 1평방 마일의 땅에 관한 이야기를 전해주는 『섭리 *Providence*』라는 책을 썼다. 작가는 그 땅이 인디언 촉토족의 영토였던 때에 시작해서 대농장으로 변해가는 이야기, 남북 전쟁에서 시민권 운동의 장소로 활용되는 이야기, 백인 시민 의회the White Citizens Council가 추방한 다인종 연합 공동체를 받아준 이야기를 추적한다. 땅 한 조각에 얽힌 이야기를 들려주면서 작가는 한 국가의 역사를 전한다.

이 책의 이야기처럼 우리는 친족의 역사가 어떻게 특정한 지역이나 장소에 의해 결정되고 구성되는지 그렇지 않은지를 찾아봄으로써 우리 민족의 역사를 이해할 수 있다. 당신의 조상들은 그들이 거주한 땅과 어떤 관계를 맺고 있었을까? 그들이 살기 전에는 누가 살았고, 그들에게는 무슨 일이 일어났을까? 만약 당신의 가족이 땅을 소유하고 있다면, 그 자산은 어떻게 생겨났고, 개발되고, 분배되었으며, 다음 세대에게 어떻게 전수되었을까? 당신은 이런 점에 대해 알고 있는가? 그렇지 않다면, 우리가 가진 유산에 대해 어떻게 이해하고 있는 것일까?

실상 우리 중 대부분은 우리가 살고 있는 땅에 얽힌 이야기나 오늘날의 인구, 경제 활동에 대해서 잘 모른다. 우리 스스로가 어디에 서있는지를 알려면, 우리가 살고 있는 땅에 관한 정치, 사회, 환경적 쟁점을 점검하는 데에서 시작해야 한다. 그 땅에 살고있는 사람들과 다른 피조물에 대해 성실한 청지기로 살아간다는 것은 무엇을 의미할까? 성경적 토지 윤리의 핵심은 창조주가 모든 피조물을 사랑한 방식, 곧 피조물과 피조물이 살아가는 땅의 안녕을 도모하는 것처럼, 구체적인 장소를 사랑하는 것이다.

땅에 관한 이야기는 정치적인 도전뿐 아니라 영적인 도전을 던져준다. 오늘날 대부분 우리는 장소place에 관한 질문에 대답하는데 어려움을 느낀다. 나는 어디에서 왔는가? 나는 지금 어디에 있는가? 나는 어디에 속해있는가? 우리는 급변하는 사회 속에서 몹시 바쁘게 살아가다보니 우리가 어디에 서있는지를 생각할 틈이 없다. 우리의 모든 문화는 뿌리를 잃고, 일시적인 것이 되어버렸다. 사람들을 빨리 움직이게 만들고, 다른 곳을 가고자 다른 한 곳을 포기하게 한다. 우리 마음은 쫓겨나서, 방황하며, 설 곳을 잃었고, 땅과 맺었던 의미있는 관계와 단절되었다. 많은 사람들이 땅 위에서, 땅과 함께 살아가는 축복이 무엇인지 알지 못한다. 왜냐하면 우리는 땅과 멀어졌고, 하나님께서 의도하신 우리 자신의 모습과 멀어졌기 때문이다.

하지만, 기독교 영성은 우리가 천국을 어떻게 경험하는가 하는 것 만큼이나 이 땅 위에서 어떻게 서 있는가와 연관되어있다. 어딘가 뿌리를 내리고 있다는 느낌, 위치에 대한 감각, 땅의 역사와의 연관성을 다시 찾는 것은 중요하다. 평지에서 자란 사람과 지평선보다 높은 산 위에서 자란 사람은 서로 다른 삶을 살아갈 것이다. 사막에 사는 사람의 세계관과 해안에 사는 사람의 세계관은 서로 다르게 형성된다. 당신이 태어나고 자란 땅에 대해 한번 생각해보길 바란다.

만약 당신이 한 번도 특정한 지역에 소속된 적이 없는 사람이라면, 땅과 교감한 경험이 있는 특별한 장소를 생각해보길 바란다. 그 땅이 주는 의미가 무엇인가? 어떤 감정이 떠오르는가? 그 장소의 지형은 당신 영혼의 내적 풍경을 어떤 모습으로 가꾸었는가?

비극과 약속으로 이루어진 이스라엘의 이야기는 성경적 신앙을 따르는 우리의 이야기다. 오늘날 "약속의 땅"은 어디인가? 살고있는 모든 사람의 필요를 넉넉히 채워주는 방식으로 수확이 이뤄지고 있는 땅은 어디에 있을까? 사람들이 자유롭고, 평화롭고, 정의롭게 살아가는 곳은 어디에 있을까? 피조 세계가 존중받으며, 인간과 함께 번창할 수 있는 곳은 어디에 있을까? 창조주를 사랑하고, 풍성한 창조의 선물에 대해 창조주께 감사드리는 곳이 어디에 있을까? 아마도 "약속의 땅"은 바로 우리의 발 아래 있지 않을까?

우리가 걷는 제자의 길

마가복음 서문은 권력의 중심과는 동떨어진 세상의 변두리에 임하시는 하나님에 대해 선언한다. 중심/변방 모델the center/margins model은 우리의 삶과 사역을 돌아볼 수 있는 유용한 도구다. 당신이 생활하고 있는 상황, 예를 들면 교회, 지역 사회, 정당, 생태 지역 중 한 가지를 선택해보기를 바란다. 그리고 일기장에 당신이 생각하는 중심은 어디이고 변두리는 어디인지를 그려본다. 그 그림 속에서 당신은 어디에 위치해 있는가? 당신이 살고 있는 세상의 "지도"를 볼 때, 어떤 느낌이 드는가? 다음의 질문을 묵상해보자.

나는 세상의 변두리, 혹은 그 가까이에 서있기로 선택할 수 있는가? 이것이 현재 나의 사회적, 정치적 현실에 있어서 구체적으로 무엇을 의미할까?

변두리를 향한 첫 걸음을 내딛는다고 상상해보자.

경계를 넘어선다면, 내 안에 어떤 광야가 펼쳐질까? 경계를 넘어서는데 있어서 어떤 근심거리가 떠오르는가? 경계를 넘어서지 않음으로써 피하고 있는 것은 무엇인가?

마가복음의 예수는 제자들과 독자들을 제자도의 이야기로 초대한다. 마가복음의 이야기 속으로 더 깊이 들어가려면, 당신 자신만의 이야기를 돌아보는 시간이 필요하다. 일기장에 "인생의 강River of Life"을 그려보기 바란다. 강의 이미지를 활용해서 당신만의 제자도 여정 전체를 대략 표현해보자. 강의 출발 지점에는 당신의 신체적, 영적, 감정적 삶의 근원을 표시하자. 큰 강으로 흘러드는 작은 물줄기를 그리고 새로운 삶을 구성하는 요소들을 표현하자.

이제 제자도를 향한 당신의 부르심을 생각해보자. 당신을 올바른 길로 인도했던 평범한 사건들을 생각해보라. 만약 예수를 따르는 일이 당신 인생에 급격한 변화를 가져왔다면, 가파르게 돌아가는 강 줄기를 그려보자. 제자도의 여정 속에서 당신이 맞닥뜨린 어려움은 바위나 급류로 표현한다. 함께 했던 사람들, 힘을 더해준 사람들의 이름을 적어보자. 그리고 다음의 질문들을 묵상해본다.

마가복음에서 제자도는 익숙한 삶의 방식을 깨뜨리고 권력과 특권을 뒤엎는 것을 의미한다. 그러한 변화가 당신의 여정 속 어느 지점에서 보이는가?

당신이 지금 하고 있는 일은 제자도 여정의 일부분인가? 당신의 직업은 제자도의 소명과 통합하기 위해 무엇을 할 수 있는가? 당신이 믿고 있는 제자로의 부르심에 더 가까이 가려면 무슨 일을 해야할까?

마가복음 3장 31-35절에서 예수는 제자도가 일어나는 곳은 혈연 관계를 넘어 "누구든지 하나님의 뜻을 행하는 사람"으로 확대된 가족과 공동체 안이라고 말한다.

당신의 가족이나 공동체 안에서 "하나님의 뜻을 행하는 사람"을 본적 있는가?

당신과는 다른 기독교 신앙, 혹은 윤리나 계층적 배경을 가진 사람 중에 그런 사람을 본 적이 있는가? 당신의 어떤 신념이나 태도나 상황이 그들의 동등한 권리와 존엄성을 존중하지 못하게 막고 있지는 않은가?

그러한 사람들을 형제 자매로 삼으려면 당신과 당신의 공동체는 무엇을 할 수 있을까? 당신은 정의를 위해 어떻게 그들과 연합할 것인가?

당신의 가계도를 살펴보라 부록 2 참고 우리가 태어난 가정과, 성인이 되어 만나게 되는 가족 모두 하나님의 귀한 선물이다. 그들 모두가 우리로 하여금 깊고 변함없는 하나님 사랑을 맛 볼 수 있게 해주었다. 그리고 제자도의 길을 걸을 수 있도록 도와주었다. 또한, 대부분의 우리는 가정에서 사회화를 경험했다. 가정을 통해서 특권의식이 형성되고, 성에 따른 역할 구분을 배우거나 배우지 못한다. 인종적 정체성과 편견 역시 습득되거나 거부된다. 계급 내의 관계망도 물려받는다.

당신이 태어난 가정이든 성인이 되어 만난 가족이든, 당신이 속한 가정을 생각해보라. 그리고 그 가계도 위에 당신에게 제자도를 가르쳤던 방식을 적어보라. 하나님의 사랑을 보여주고, 신실함의 본보기가 되어주고, 말씀을 가르치고, 백인으로서의 특권을 도전하도록 가르친 것 등등을 적어본다. 이러한 선물에 감사하고 기뻐하는 시간을 갖는다. 이제 당신의 가정이 당신으로 하여금 "마치" 하나님나라가 가까이에 있는 것처럼 살지 못하게 막았던 점들에 대해서 적어본다. 묵상한 내용을 당신의 신앙 공동체 사람들과 나눈다. 당신의 신앙 공동체는 가족으로서 어떤 역할을 하고 있는가?

제자도를 어떻게 성장시키거나 혹은 어떻게 저해하는가?

마지막으로 예수는 우리를 "말씀의 씨 뿌리는 자"가 되라고 부른다.

씨 뿌리는 자의 비유에서 나오는 토양 중 무엇이 당신이 살고 있는 상황을 가장 잘 설명하는가? 당신은 새들이 땅에 있는 씨앗을 먹어버리는 "길가"인가? 자갈밭인가? 깊이가 없는 얕은 토양인가? 새로운 생명을 질식시키는 잡초로 둘러싸여 있는가? 당신의 삶 속에 좋은 밭은 어디인가? 풍성한 열매의 추수를 막는 것은 무엇인가?

2부. 연대의 여정

생각 열기

1511년 대강절 주일 아침, 신대륙에서 있었던 일이다. 종려나무로 엮은 교회 지붕 아래 도미니크회 수도사 안토니오 데 몬테시노스^{Antonio de Montesinos}가 강대상에 올랐다. 본문 말씀은 "나는 광야에서 외치는 자의 소리로다"였다.

용감한 몬테시노스는 세례 요한처럼 호통을 치며 회중을 충격에 빠트렸다. "여러분은 어떤 권리와 정당성으로 원주민에게 그토록 끔찍하고 잔혹한 굴레를 씌우고 있습니까? 그들이 죽어가고 있지 않습니까? 정확히 말하자면, 당신들이 금을 얻으려고 매일 그들을 죽이고 있지 않습니까? 그들을 여러분의 몸처럼 사랑해야 할 의무가 있지 않습니까? 이해가 안 됩니까? 안 느껴집니까?" 몬테시노스는 충격에 빠진 군중 사이를 지나갔다. 분노에 찬 군중의 웅성거리는 소리가 점점 커졌다. "당신을 왕에게 고발하겠소! 추방해 버릴 거라고!"

그 가운데 충격에 빠진 한 남자만이 조용히 서 있었다. 콜럼버스의 두 번째 여행을 통해 대서양을 건너온 한 상인의 아들이며, 이미 식민지에서 큰 재산을 모은 사람이었다. 그는 교구 사제이자 엔코멘데로^{encomendero2)}였던

---

2) 역주: 식민지에서 특정 수의 원주민을 관리하는 사람으로 신앙 개종 및 교육, 보호의 임무를 맡으며, 원주민에게 공물을 받았다.

바르톨로메 데 라스 카사스Bartolome de las Casas로 여러 노예와 금 광산, 거대한 농장의 소유주였다. 바로 이날 그는 대서양을 건넌 여정보다 훨씬 더 힘들고 위험한 연대의 여정journey of solidarity을 향해 첫걸음을 내디뎠다.

라스 카사스는 집회서 시라의 지혜 34:24-27를 묵상했다.

날품팔이의 재산으로 제사를 바치는 자는 아버지 앞에서 그 자식을 죽이는 자와 같다.

궁핍한 이들의 빵, 그것은 가난한 이들의 목숨이니 그것을 빼앗는 자는 살인자다. 이웃의 밥줄을 끊는 자는 그를 죽이는 자고 일꾼의 품값을 빼앗는 자는 그의 피를 흘리게 하는 자다.

구스타보 구티에레즈Gustavo Gutierrez의 책 『라스 카사스Las Casas: In Search of the Poor of Jesus Christ』에서, 라스 카사스는 도미니크회 수도사들의 설교와 주변의 참혹한 현실을 통해 그동안 원주민에게 행해진 모든 일이 "불의와 폭정"임을 깨달았다. 또한, 금에 대한 탐욕과 죽음의 잔혹한 연결고리를 깨닫고는 공포에 휩싸였다. 인생을 참회한 후, 농장을 팔고 노예들을 풀어주었다.

원주민의 사도라 불린 라스 카사스는 아메리카 대륙의 원주민을 지원하는 평생의 사역을 오십 년 넘게 지속했다. 니카라과와 과테말라에서 평화로운 식민통치를 위해 일했고 원주민 공동체를 폭력적으로 지배하는 행태를 언제 어디에서나 규탄했다. 또한, 아메리카 원주민 공동체가 받은 부당한 처사를 보면서 배운 바를 토대로 아프리카인들에게 자행된 끔찍한 폭력을 인식할 수 있었다. 결국, 그는 흑인 노예제도를 완강히 거부했다. 대서양을 수없이 건너며 아메리카에서는 목회를 했고, 스페인 왕실에서는 노예들을 옹호했다. 결국에는 스페인의 노예제도를 철폐시키는 데 성공했다.

나이가 들어 마지막으로 아메리카를 떠나 스페인을 향할 때에도 아메리카 사람을 위한 목회 활동을 멈추지 않았다. 그는 원주민의 관점에서 바라본 아메리카 역사를 저술하여 아메리카 역사의 핵심인 정복의 비극을 알렸다.

라스 카사스는 아메리카의 모든 신앙인의 영적 아버지로서 건너편에 사는 사람들에게 다가가려 애쓴 인물이다. 그의 인생은 신대륙에 존재하는 골이 깊은 분단, 곧 인종, 계급, 문화의 분단을 넘어서는 회심의 이야기이다. 라스 카사스는 중심에서 변두리로 향하는 우리의 여정에 함께하는 구름같이 허다한 증인 중의 하나임이 분명하다.

6장•억압의 정체를 밝혀라

마가복음 4:35-5:20

문맥 속 말씀

마가복음 첫 단락에서 마가가 사용한 서술 전략은 주로 현 체제를 뒤엎는 방식이었다. 예수는 인간성을 말살시키는 세력과 대결하는 모습으로 등장했다. 또한, 예수의 첫 번째 운동은 세상의 외톨이들과 연대하고, 제자도의 공동체를 창조하며, 지파 제도를 일으키고, 희년을 실천하며 건설적 대안을 제시하는 운동이었다. 마가복음의 다음 단락은 배를 타는 여행으로 시작하고 끝나는데 4:35-42, 8:13-21, 첫 단락에서 제시한 대안을 중심 주제로 다룬다.

배경: 마가복음의 상징적 지리

학자들은 마가복음의 두 번째 단락을 연구하면서 고민에 빠졌다. 복음서 저자 중 가장 글을 짧게 쓰는 마가가 이상하리만큼 불필요한 반복을 하고 있기 때문이다. 마가는 갈릴리 바다를 폭풍 속에서 건너는 위험한 여정을 두 번 이야기한다. 4:35-41, 6:45-53 광야에서 배고픈 군중을 먹이는 장면을 두 번 이야기한다. 6:33-44, 8:1-9 예수의 치료 사역 역시 한 쌍을 이루고 있다. 5:21-43, 7:24-37 거라사 귀신 들린 사람 이야기도 분명히 처음 가버나움 회당에서 한 축귀사역과 비슷한 점을 갖고 있다. 5:1-20

형식과 내용의 상관 관계가 중요하다는 점을 기억하고 사건의 연대기적 흐름에서 벗어나 본문의 패턴을 발견한다면, 마가가 사용하는 서술 전략을 찾을 수 있다. 복음서 전반부에는 두 번의 비슷한 사역 "주기 cycle"가 반복되고 있다.

	첫 번째 주기	두 번째 주기
축귀로 사역 시작	1:21-28	5:1-20
두 가지 치료 사건	5:22-43	7:24-37
군중을 먹임	6:32-44	8:1-10
빵을 이해하지 못함	6:51f	8:14-21

각각의 사역 주기는 예수와 제자들이 배를 타고 오고 갔던 갈릴리 바다의 다른 편에서 일어난다. 지리를 더 자세히 살펴보도록 하겠다.

마가복음 전반부는 북부 팔레스타인의 갈릴리를 배경으로 한다. 이 지역 대부분은 갈릴리 바다로 이루어져 있고, 갈릴리 바다에서 흘러나온 요단 강이 대략 북에서 남으로 흘러간다. 4장 35절은 예수와 제자들이 바다의 "저편으로" 향하는 여러 번의 여정 중 처음 장면이다. 저편은 요단 동편이라고 묘사되는 모든 지역과 같은 곳이다.[3:8, 10:1] 마가의 관점에서 이곳은 이방인의 영역으로, 이국적인 모든 것을 상징하고 바다의 서편에 사는 유대인을 위협하는 곳이다.

마가복음 4-8장 사이에는 네 번의 "횡단 여행"이 나온다. 세 번은 배를 타고 바다 동편을 향해 가는 항해이고, 한 번은 "이방 땅"으로 여겨지는 북서쪽 해안 도시 두로와 시돈을 향해 육로로 돌아가는 긴 여행이었다.

1. 첫 번째 항해

출발: 4:35f　　　가버나움 인근 북서쪽 해변

도착: 5:1 f　　　데가볼리 인근 남동쪽 해변

귀환: 5:21

2. 두 번째 항해

출발: 6:45　　　광야, "유대인" 영역, 목적지는 벳세다. 북동쪽 해변

도착: 6:53　　　경로 이탈? 게네사렛에 도착 북서쪽 해변

3. 육로 여행

출발 7:24　　　두로와 시돈을 향해

도착 7:31　　　데가볼리를 지나 갈릴리 바다에 이름

4. 세 번째 항해

출발 8:10,13　　　달마누다 지방 서쪽 해변

도착 8:22　　　벳새다. 북쪽 해변

이러한 횡단 이야기 패턴은 마가복음의 예수가 문화적, 정치적 "차이"를 넘어 저편에 사는 이들을 해방하겠다고 결심했음을 강조한다.

본문 읽기: 마가복음 4장 35-41절

비유 설교를 마친 후, 예수는 제자들에게 "저편"으로 출발하자고 청한다.4:35 바다를 건너는 중 거센 바람이 일고 배에 물이 차기 시작했다.4:37 노련한 어부였던 제자들은 배가 침몰하고 있음을 알아챘다. 그들은 격정의 순간에 잠든 스승을 향해 소리쳤다. "선생님, 우리가 죽게 되었는데도, 아

무렇지도 않으십니까?"4:38 그러자 예수는 바람을 꾸짖었다.4:39

본문이 암시하고 있는 시편 107장 23-30절과는 달리, 이 이야기는 평온해지거나 승리하는 내용으로 끝나지 않는다.

> 예수: "아직도 믿음이 없느냐?" 4:40
>
> 제자들: "이분이 누구이기에, 바람과 바다까지도 그에게 복종하는가"
> 4:41; 1:27과 비교하라

제자들은 예수가 바람을 잠잠하게 하자 광풍 속에 있을 때보다 더 불안해했다! 4:41 단지 자연을 움직이는 기적에 놀라서였을까? 아니면 이 항해를 마치는 것이 두려워서였을까? 이 질문에 답하려면 항해 이야기와 대응 구절인 6장 45-52절가 담고 있는 전형적인 상징을 알아야 한다.

마가는 노아의 방주, 홍해 횡단, 폭풍이 나오는 시편 등 구약 성서 전통에 등장하는 원시적 이야기를 상기시키려고 담수호를 계속 "바다"라고 부른다. 하지만, 무엇보다 마가는 이방인에게 회개를 선포하라는 부르심을 거부한 예언자 요나 이야기를 묘사하고 있다.욘 1장 참고 요나는 제국의 도시인 니느웨 국가 안에서 억압으로 고통당하는 자들의 운명에 무관심했고, 사명을 버리고 도망쳤다.욘 4:11 제자들처럼 요나는 "큰 바람"에 휩싸인다.1:2-4

억압하는 영적 세력 시 104:7 참고을 상징했던 바람과 파도는 마가복음에서 예수의 "경계 넘기"를 막는 모든 방해물을 상징한다. 마가가 살던 당시 대부분 사람은 유대인과 이방인 간의 적개심이 모든 인간이 가진 적대감의 원형이라고 보았다. 그들 간의 분리는 "자연 질서"라고 여겨졌다. 마가복음의 고통스러운 항해 이야기는 사회적 화해가 어려울 뿐 아니라 실제로 상상할 수도 없는 일임을 보여준다. 그래서 마가복음 두 번째 항해 이야기에서

예수는 제자들을 억지로라도 바다를 건너가게 해야만 했다.[6:45]

본문 읽기: 마가복음 5장 1-13절

바다 건너편은 데가볼리에 있는 열 개의 연합도시 중 하나인 "거라사 사람들의 지역"이다.[5:1] 로마제국의 동쪽 경계에 있는 이 지역은 제국의 군대에서 일하면서 점령한 땅을 대가로 받았던 퇴역 군인이 많이 정착한 곳이다. 따라서 본문에 군사적 이미지가 등장하는 것은 우연이 아니다.

본문은 마가복음에 나오는 주요 귀신 축출 장면 중 두 번째로, 예수가 가버나움 회당에서 처음 맞섰던 장면과 같은 방식으로 서술되었다.[1:21-28; 2장 참고]

갈등

가버나움: 우리를 없애려고 오셨습니까? = 율법학자들의 권위

거라사: 그 지역에서 내쫓지 말아 달라고 예수께 간청하였다. = 로마 군사 지역

귀신의 도전

가버나움: "하나님께서 보내신 거룩한 분, 예수여… 왜 우리를 간섭하려 하십니까?"

거라사: "지극히 높으신 하나님의 아들 예수여 나와 당신이 무슨 상관이 있나이까?"

예수의 명령

가버나움: 이 사람에게서 나가라!

거라사: 그 사람에게서 나오라!

귀신의 패배:

가버나움: 악한 귀신은… 떠나갔다.

거라사: 더러운 귀신들이 나왔다.

군중의 반응:

가버나움: 사람들이 모두 놀랐다.

거라사: 사람들이 두려워했다.

예수는 도착하자마자 그의 사역을 방해하는 "더러운 귀신 들린 사람"을 만난다.5:2 이야기의 배경은 유대인 독자들에게 엄청난 불결impurity을 뜻했다. 정결법에서 공동묘지는 출입금지 구역이었다. 돼지도 마찬가지다.5:11 이 장면은 이사야가 우상 숭배하는 자를 묘사한 표현 방식과 비슷하다. "그들이 무덤 사이에 앉으며 은밀한 처소에서 밤을 지내며 돼지고기를 먹으며 가증한 것들의 국을 그릇에 담으면서" 사65:4

마가는 귀신들린 사람을 중독과 내면화된 억압에 갇혀 있는 상태로 정밀하게 묘사한다. 그는 죽은 자들 사이에서 살며, 소리 지르며, 자기 몸을 해친다.5:3-5 그를 "묶어 둘 수가 없었는데" 5:3, "아무도 그를 휘어잡을 수 없었기 때문이다."5:4 이제 "강한 자를 결박하기로" 맹세한 그보다 "더 강한 자" 1:7 참고가 나타났다.3:27 참고 회당에서 귀신을 내쫓았을 때처럼, 마가는 더러운 영이 곧바로 분개하고 두려워하며 저항했다고 전한다. "여기서 무엇을 하고 계십니까?!" 5:7, 1:24 하지만, 예수는 "하나님께서 보내신 거룩한 분"이라는 유대식 호칭으로 불리지 않았다. "지극히 높으신 하나님의 아들"이라는 헬라식 호칭으로 불렸다.

예수는 마가복음 중 여기에서만 그의 정체를 폭로name하려는 귀신의 말을 되받아친다.4장 참고 예수는 그의 정체가 무엇이냐고 물었고, 그 대답은 충격적이다. "내 이름은 군대입니다. 우리의 수가 많기 때문입니다."5:9f; 주어의 단수/복수 혼용을 주목하라 당시 이 라틴어 단어는 로마 군부대만을 지칭하는 용어였다. 팔레스타인을 포함해서 동쪽 경계를 관할하는 네 개의 군부대가 시리아에 주둔하고 있었다. 실제로 "아무도 휘어잡을 수 없을만큼" 강력하고 위협적인 군대가 "자기들을 그 지역에서 내쫓지 말아 달라고 예수께 간청하였다."5:10

이 믿기 어려운 이야기는 로마 제국주의가 식민지배를 당하는 사람들의 마음과 정신을 얼마나 파괴했는지 상징적으로 묘사하고 있다. 만약 회당에서 귀신들린 사람이 율법학자들의 "영향 아래에서" 말했다면, 거라사의 귀신들린 사람은 그 땅과 사람들을 점령한 로마 군대를 대표한다. 이 본문이 로마 제국주의를 꼬집는 정치적 풍자라는 사실은 뒤에 반복되는 군사 용어를 통해 확인할 수 있다. 군대는 돼지 "떼band"에게 보내달라고 간청한다.5:11 헬라어에서 "떼"는 주로 병사들을 일컫는 말이다. 로마 군사들 간에 돼지 숭배가 유행했기 때문에 이 본문은 명백한 풍자다.

예수는 그들을 "보낸다." 돼지 떼가 비탈을 내리닫는다는 표현은 군대가 돌격한다는 뜻을 담고 있다.5:13 이 정치적 풍자의 핵심은 군대가 옛날 바로의 군대와 똑같은 운명을 맞이한다는 점에 있다. 그들은 바다에 빠졌다.출 14장 참고 만약 예수의 첫 번째 귀신축출이 사람들을 통제하는 유대 엘리트 계층에 대한 도전이었다면, 이 본문은 제국 전체를 하나님 통치 아래 두겠다는 투쟁으로 확장된다.

본문 읽기: 마가복음 5장 14-20절

본문의 두 번째 부분은 사로잡았던 자보다 사로잡혔던 자에 더 초점을 맞춘다. 사람들은 예수가 한 해방liberation 사역에 반감을 품었고, 귀신 들렸던 사람에게 일어난 일과 돼지 떼에게 일어난 일로 두려워했다.5:16 이제 군대가 간청했던 내용이 뒤바뀐다. 이제 주변의 마을 사람들은 예수께 자기네 지역을 떠나달라고 "간청한다."5:17

당시 상황을 보면 그들이 두려워하는 이유를 쉽게 이해할 수 있다. 역사적으로 로마로부터 자립하려는 투쟁이 있었는데, 결국 로마의 진압 작전으로 데가볼리 지역 여러 도시가 산산이 부서졌다. 이 때문에 자신들 중 하나가 "제정신이 들어 앉아 있는 것을 보고" 두려워했다.5:15 정치적 관점에서, 이 장면은 두려움을 이용해 반대 세력을 제압하는 정권을 보여준다. 심리학적 관점에서 보면, 흔히 중독에 빠진 사람들이 역기능적 시스템 속에서 변화를 거부하는 것과 같다. 개인적이든 정치적이든 해방에는 대가가 따르고, 그 위험을 피하려는 사람은 늘 존재한다.

마을 사람들의 반응을 보면, 조금 전 귀신들렸던 사람이 예수와 함께 있게 해 달라고 "간청"할 만하다. 하지만, 예수는 허락하지 않고, ""네 집으로 가서" 복음을 전하라고 보내신다.5:19

억압에서 해방될 수 있음을 "안팎으로" 경험한 그보다 더 잘 증명할 수 있는 사람이 어디 있겠는가? 제국의 질병을 내면화해서 몸body이 망가졌던 그 사람은 이제 제국의 정치에 사로잡힌 모두에게 복음을 선포하러 간다.5:20

세상 속 말씀

거라사의 귀신들린 사람 이야기는 억압이 개인적 차원과 정치적 차원이 얽힌 치명적 구조로 이루어져 있음을 알려준다.

미국을 여러 부분으로 이루어진 하나의 유기체라고 상상해보자. 이 유기체는 귀신 들린 사람이 갖고 있던 특징을 갖고 있다. 자해를 심하게 하고, 제정신이 아니며, 홀로 고립되어있고, 무덤 사이에서 살며, 울부짖는다 그리고 나서 아래에 나오는 신문 머리기사를 생각해보자.

- -연구 결과, 옥외 광고판과 쇼핑몰 건강에 위협
- -경찰 헤로인 마약 폭력 조직 검거, 60명 체포
- -미성년자 음주 단속에 적발된 호텔들
- -전미 총기 협회, 공격용 무기 금지 반대
- -버지니아 주민들 마트 갈 때 합법적으로 총기 소지
- -초등학교 총기 난사로 어린이 두 명 사망, 아홉 명 부상
- -미국의 노숙 어린이
- -십 대 자살률 증가
- -텔레비전… 위험한 중독물
- -신입 공화당원 자산 공개, 다수가 백만장자
- -무장 강도 레즈비언 커플 스토킹 후 살해
- -산업화 나라 중 최고의 빈부 격차국: 미국
- -미국 도심지역 유아 사망률 증가

우리는 사로잡힌 자인가? 구원을 간절히 바라는 자는 누구인가? 하나님의 해방하는 능력이 그들을 찾아왔을 때, 우리 지역에서 떠나달라고 간청하는가5:17?

본문을 다시 읽어보자. 특히 3-10절을 자세히 살펴보자. 여기서 화자는 귀신 들린 사람인가, 그를 사로잡은 귀신인가? 우리 사회는 귀신들린 자인가, 귀신인가? 지금까지 우리가 사로잡힌 자라는 점을 살펴보았다. 이제 사로잡는 권력으로서 우리의 역할을 생각해보자.

받아들이기 어렵겠지만, 미국은 자국과 대기업의 이익을 위해 많은 나라

의 천연자원, 경제, 정부, 군대를 "점령 occupation"하고 있다. 엘살바도르, 과테말라, 온두라스, 니카라과, 필리핀은 시작일 뿐이다. 이런 나라에서 온 사람들과 교류해 온 미국인들은 미국의 "점령"으로 발생하는 헤아릴 수 없는 고통과 그 나라 사람들의 용기 있는 저항이 무엇인지 깨달아 가고 있다.

미국의 초국가 기업들이 멕시코와 미국 접경지역을 지나치게 차지하고 있는 점도 생각해봐야 한다. 저임금과 느슨한 환경 규제 혜택을 누리려고 멕시코로 이주한 공장들에서 나오는 독성 폐기물은 수많은 멕시코인이 살아가는 땅을 오염시키고 생명을 위협하고 있다. 그들의 점령이 낳은 결과는 병원성 바이러스와 박테리아, 여러 가지 지적 장애나 선천적 장애를 갖고 태어나는 아이들, 3.7리터 우유 한 병을 사려면 두 시간을 일해야 하는 낮은 임금, 터무니 없이 많은 기업의 이윤뿐이다.

마가복음의 이야기는 점령의 파괴적인 영향이 무엇인지 말하고 있다. 속히 자각하고, 애통하며, 미국의 점령이 낳은 희생자들과 연대하라고 촉구한다. 하지만, 우리가 회개하지 않고, 사실을 부정하고 침묵한다면 어떻게 될까? 우리도 모르는 사이에 계속 반복되는 과거에 대한 집단적 무의식에 사로잡힌 것은 아닐까? 잘 모르고 있던 어린시절 트라우마를 발견해서 대면하고 치료하기 전까지는 성인이 되어서도 계속 괴롭히는 것처럼 말이다. "무의식적인 것은 다시 나타나기 마련이다"는 프로이트의 결론은 공동체body politic로 살아가는 우리에게 시사하는 바가 크다. "예수께서 그에게 물으셨다. '네 이름이 무엇이냐?' 그가 대답하였다. '군대입니다.'" 억압하는 자나 억압 받는 자나 사로잡혔다가 자유롭게 되려면 자신의 이름name을 알아야 한다. 그동안 우리는 군대였다.

억압하는 권세는 억압받는 자를 잔혹하게 대할 뿐 아니라 결국에는 자신들의 자녀까지 삼켜버릴 수도 있지 않을까? 신학자 래리 라스무센Larry Rasmussen은 "현대 미국 중산층과 부유층은 오랫동안 사람들을 억압했던 것처럼, 이제는 그들의 자녀를 삼키기 시작했다"고 말했다. 많은 나라를 점령하게 한 억압의 세력이 이제 미국 안으로 되돌아오고 있는 걸까? 우리는 억압자일 뿐 아니라, 사로잡힌 자이기도 한 걸까?

그러나 예수는 억압에 맞서 귀신들린 자를 온전히 회복한다. 공동체로 회복시키고, 온전한 정신이 들게 하고, 수행할 수 있는 역할을 준다. 남에게 의존하지 말고 집에 가서 이야기를 전하라고 말한다. 귀신 들리고 점령당했던 이야기는 이제 귀신축출과 해방의 이야기가 되었다. 그는 자유의 몸이다.

이제 눈을 감고 상상해보라. 유기체우리나라에 있던 귀신들이 다 쫓겨났다고 상상해보자. 어떤 이미지가 떠오르는가? 우리가 "점령"한 사람들이 우리가 가진 억압의 힘에서 풀려났다고 상상해보자. 어떤 이미지가 떠오르는가?

"사로잡히지도" 다른 나라의 자원을 "점령"하지도 않는 새로운 실재를 산다는 것이 당신과 당신의 교회와 지역사회에 무엇을 의미하는가? 그러한 삶을 향해 나아가려는 몇 가지 실천 사항을 만들어보자. 당신의 제자 일기에 기록해보라.

마가복음에 나오는 사람들은 귀신들린 사람을 자유롭게 하지 못하게 가로막는 억압에 어떻게 반응했는가?

마을 사람들은 정신이 온전케 된 사람을 보고 두려워했다. 억압당하는 사람이 자유롭게 되었을 때 우리 삶에 미칠 영향 때문에 두려워하는 우리와 그들을 비교해보자. 공통점이 있는가?

여러 측면에서 우리는 자유를 두려워한다. 사로잡혀있는 상태가 주는 안정감에 머물려 한다. 당신이 백인으로서 갖는 특권, 계층이 주는 특권, 남성으로서 갖는 특권, 군사력에 대한 의존, 소비주의에서 해방 된다고 생각해보자. 어떤 느낌이 드는가?

이제 더 개인적이고 익숙한 차원의 문제를 생각해보자. 거라사 귀신과 싸워서 이긴 예수의 능력은 그가 광야에서 사탄과 만나 싸웠던 사건[1:12-13]과 연관이 있을까? 이 사회에 존재하는 귀신을 내쫓는 능력의 일정 부분은 우리를 개인적으로 사로잡는 악령을 대면하는 용기와 믿음에서 나온다. 그렇게 함으로써, 우리는 그들의 힘이 어느 정도 인지, 어떤 고통을 가져오는지, 그들을 쫓을 때 공동체의 핵심 역할이 무엇인지를 알 수 있다.

당신을 사로잡아 왔던 귀신이 있는가? 당신에게 해를 입히고 "무덤가에 살게"하며, 산 사람을 죽은 듯이 만드는 존재가 있는가? 당신이 온전히 사랑하기를 막고, 진실한 공동체 안에 머물기를 방해하는 것이 무엇인가? 당신을 사리사욕, 두려움, 걱정, 절망, 무기력의 굴레에 가두어 놓는 것이 있는가? 삶을 가꾸고 서로 사랑받는 공동체[Beloved Community]를 세우는데 당신의 은사들을 온전히 사용하지 못하게 막는 것이 있는가? 정직해보자. "진리를 두려워하지 마십시오. 힘들게 느껴지지만, 당신의 가장 좋은 친구요, 가장 친한 자매일 것입니다."돔 헬더 까마라, Dom Helder Camara

당신의 가계도를 생각해보자. 당신의 가족사 속에 뿌리내리고 있는 악령이 있는가? 당신을 사로잡고 있는 악령을 대면하고, 이름을 묻고, 대화하는 방식으로 시를 써보자. 그리고서, 예수와 예수의 자유롭게 하는 사랑이 당신 삶의 해변에 찾아와 배를 띄우고, 당신에게 걸어와, 악령의 이름을 묻고, 당신을 자유롭게 하며, 당신을 사람들에게 보내 하나님의 해방하는 능력을 선포하게 한다고 상상해보라. 부록 4에 있는 "악령을 내쫓는 시편"을 묵상해보자.

7장•가난한 자의 우선권과 능력

마가복음 5:21–43

문맥 속 말씀

본문 읽기: 마가복음 5장 21–34절

건너편에 해방을 가져다준 예수는 "유대" 영역으로 돌아온다.5:21 마가복음 다음 본문은 샌드위치 구조의 또 다른 예시다. 샌드위치 구조는 이야기 속에 다른 이야기를 집어넣기 때문이 독자는 두 가지 이야기를 연관시키게 된다. 두 여자의 이야기는 예수가 얼마나 가난한 자를 사역의 우선순위에 두는지 극적으로 보여준다. 이야기의 절반은 "군중" 속에서 이뤄진다.5:21, 24, 27, 31 회당장이 예수께 다가와 "죽어가는" 딸을 위해 간청한다.5:23 예수는 그와 함께 출발하고, 독자인 우리는 이 사역이 잘 마무리될 것이라 예상한다. 그러나 길을 가던 중 군중이 예수를 에워쌌다.5:24 이야기는 한 여자에게 초점을 맞추고 마가는 묘사체로 그녀의 상황을 자세히 기록한다.5:25f 열두 해 동안 혈루증을 앓아온 여자다. 여러 의사에게 보이면서, 고생도 많이 하고, 재산도 다 없앴으나, 아무 효력이 없었고, 상태는 더 악화되었다.

정결법은 월경 중인 여자를 격리했다.레 15:19ff 참고 출혈 중인 여자가 공공장소에 있어서는 안 됐다. 하물며 "거룩한 남자"를 만지다니! 하지만, 마가는 의사들이 병은 안 고치고 여자를 이용해 돈을 벌어서 여자가 파산했다는 점에 더 초점을 맞춘다.

여자가 예수에게 접근한 방식은 야이로와 극명히 대조된다. 야이로는 정면으로 당당하게 다가왔다. 그는 간청하고자 예수께 존경을 표했다.^{예수 앞}에 엎드렸다 하지만, 여자는 무리 뒤에서 눈에 띄지 않게 다가와, 마술적인 치료를 바라면서 예수를 몰래 만지려 했다. 야이로는 예수에게 동등한 남성으로서 직접 말했지만, 여자는 혼잣말을 했다.^{5:28} 야이로는 자신의 가족딸 대신 말하고 있다과 사회 집단회당의 "수장"이다. 여자는 이름도 없고 혼자였다. 즉, 마가는 사회 계층 양 끝에 있는 두 인물을 묘사하고 있다.

그러나 예수와 여자와 접촉하는 순간^{5:29}, 이야기 속의 권력관계가 뒤바뀐다. 여자의 몸이 나았다. 유대 청중은 그 반대를 예상했을 것이다. 예수가 부정한 여자와 신체 접촉을 했기 때문에 불결해져야만 했다. 실제로 마가는 능력이 나갔다고 말한다.^{5:30} 이 말은 마술적인 변화를 뜻하는 것일까, 아니면 앞으로 올 사회적 변화를 뜻하는 것일까?

예수가 무슨 일이 일어났는지 묻고자 멈춰 섰을 때, 야이로의 집을 향하던 이야기 전체가 서서히 멈춘다. 그리고는 승강이가 벌어진다.

예수: 누가 내 옷에 손을 대었느냐?

제자들: 무리가 선생님을 에워싸고 떠밀고 있는데, 누가 손을 대었느냐고 물으십니까?

예수: 누가 했는지를 보려고 둘러보셨다.^{5:31f}

제자들은 이 일을 별 관심 없는 군중의 귀찮은 방해로 여겼다. 하지만, 예수는 가난한 자가 누구인지 찾고 싶어 했다.

이야기 속 변방에 있던 여자는 무대 중앙으로 등장한다. 이제 그녀가 예수 앞에 엎드릴 차례다. 야이로와 동등한 위치에 서게 된 것이다. 그 여자는 목소리를 내서 "예수께 사실대로 다 말하였다." 정결법과 의료 시스템에 관한 견해까지 포함해서 말했다! 그러자 예수는 이스라엘 가족 중 "딸"이라는 마땅한 신분을 인정해주었다.5:34 또한, 포기하지 않고 먼저 다가온 여자의 믿음을 칭찬했다. 그 칭찬으로 "믿음이 없는" 자였던4:40 예수의 제자들보다 여자에게 더 높은 신분을 부여한 것이다!

본문 읽기 : 마가복음 5장 35-43절

그렇다면 원래 "딸"은 어떻게 되었나? 야이로의 종들이 야이로에게 딸의 죽음을 알렸다.5:35 "예수께서 말씀을 계속하고 계시는데"라는 구절은 두 사람의 말이 겹쳤다는 것을 나타낸다. 마치 얻고 잃음을 동시에 말한 것과 같다.

딸아, 네 믿음이 너를 구원하였다. 안심하고 가거라.
딸이 죽었습니다. 이제 선생님을 더 괴롭혀서 무엇하겠습니까?

성가시게 조르는 여자를 도와주느라 예수는 원래 하려던 일을 하지 못했다. 이야기는 이렇게 비극으로 끝나는 것일까? 예수는 딸이 죽었다는 "해석"을 무시한 채, 야이로에게 믿음을 가지라고 권고한다. 충격적이다. 이 버림받은 여자한테 믿음을 배우라고 회당장을 충고한 것이다!5:36

이제 야이로의 집으로 장면이 바뀐다. 울고 있던 사람들은 아이가 "자고 있다"는 예수의 말을 비웃는다.5:39 예수는 개의치 않는다. "자고 있다"는 말은 나중에 믿음 없음을 상징하는 표현으로 나올 것이다.13:36, 14:32ff; 22장 참고 예수는 구경꾼들을 내보내고 아이를 살린다.5:40-42 이를 본 사람들은 "크게 놀랐다."5:42 마가복음에서 이러한 반응은 예수가 부활할 때 딱 한 번 더 등장한다.16:8

이 이야기는 수넴 여인의 죽은 아들을 일으킨 예언자 엘리사의 전통열하 4:8-37 참고을 따르는 예수의 모습을 보여준다. 마가복음에서 예수가 소녀에게 "먹을 것"을 주라고 말하며 끝나는 이유이기도 하다.5:43 엘리사가 어린 소년을 고친 뒤 바로 다음에 흉년으로 굶주린 사람들을 위해 빵을 크게 만드는 이야기가 나오는 것처럼왕하 4:38-44 참고, 마가는 예수가 광야에서 무리를 먹이는 사건을 곧 이야기할 것이다.6:35ff; 8장 참고

이야기 속에 있는 모든 요소는 저마다의 이유를 갖고 있다. 마가복음에서 소녀가 열 두 살이었다고 나오는 "방백"이 바로 그러한 예다. 소녀는 열두 해를 풍족하게 살고, 이제 막 사춘기가 끝나가고 있다. 반면, 혈루증을 앓는 여자는 열두 해를 병으로 고생했고, 영구 불임이었다. 이 숫자는 이스라엘의 열두 지파를 상징하고3:13; 4장 참고, 두 사람이 가진 사회적 의미를 파악하는 실마리이다. 이스라엘 "가족" 안에서 두 딸은 상대적으로 특권을 누리는 자들과 가난한 자들을 보여준다. 이런 불평등 때문에 회당 공동체body politic는 "죽음을 눈앞에 두고 있는 것이다."

하지만, 치료의 여정을 가려면 돌아갈지라도, 반드시 멈춰서 군중의 신음을 들어야한다. 버림받은 여자가 참된 "딸"로 회복될 때에만 회당장의 딸이 참 생명을 얻을 수 있다. 그것이 바로 특권을 누리는 자들이 가난한 자들에게 배워야 하는 믿음이다. 따라서 이 이야기는 예수가 나중에 언급할 하나님의 통치가 가진 특징, 곧 "나중 된 자가 먼저 되고", ""작은 자가 크게 됨"을 드러내고 있다.10:31, 43 참고

세상 속 말씀

엄격한 사회적 경계와 계층을 형성하는 정결법이 1세기 팔레스타인에만 있었던 것은 아니다. 비록 사람들은 인식하지 못하지만, "정결법"은 오늘

날 미국사회의 특징이기도 하다. 정결법은 "내부인"과 "외부인"을 가르는 구조이자 신념체계다. 누군가는 의료 보험, 교육, 주택, 음식을 누릴 수 있고, 다른 누군가는 그럴 수 없게 만든다. 누군가는 번영하고, 누군가는 고통받게 만든다.

이 책의 독자 중 누군가에게 억압이란 정의를 위해 투쟁하는 삶 속에서 겪는 실제다. 누군가는 노숙자나 중앙아메리카 난민과 같은 타자의 고통을 경험할 때 억압이 비로소 실제가 된다.

먼저 당신의 상황을 생각해보자. 어떤 지점에서 이 여자의 이야기가 당신의 이야기가 되었는가? 당신은 언제 피 흘리는 사람, 깨어진 사람, 쫓겨난 사람, 보이는 않는 사람, 소외된 사람이었는가? 아마도 당신의 삶을 한번에 바꿀 만한 힘겨운 일을 경험해보았을 것이다. 예를 들어 중독에 빠지거나, 누군가의 잔혹함이나 무관심에 당신의 인간성이 파괴되거나, 사랑하는 사람이 병으로 죽어가는 모습을 바라보며 공포를 느껴보았을 것이다. 아마도 이 여자처럼 예수께 다가가 낫기를 바라거나, 성령의 치유 능력을 경험하고자 했을 것이다.

우리는 때로 치유를 두려워한다. 때로는 나 자신이나 남을 고쳐달라고 오랫동안 열심히 기도했지만, 아무런 회복이 없었을 때도 있다. 때로는 하나님의 능력의 통로가 되어 다른 사람을 치유할 때도 있다. 가끔은 그러한 치유의 부르심을 무시할 때도 있다.

주류 기독교단에서는 예수를 치유자로 진지하게 받아들이지 않는다. 우리가 이 여자에게 인도받아 예수를 개인적이고 사회적인 질병의 치유자로 받아들인다고 상상해보자. 예수께 다가가 그의 옷자락을 만지는 당신을 상상해보라. 당신의 자매이자 인도자인 이 여성과 함께, 치유의 능력이 임하기를 믿어보자. 이 여성이 그러했듯이, 당신의 상한 모습을 하나님께 아뢰어보자. 당신의 고통을 "사실대로 다 말해보자." 5:33 치유의 영이 계신 곳을 보게 해달라고 기도하자. 이야기 속 여자의 용기를 본받아 치유의 여정을 걸어보자.

이제 더 큰 세상을 생각해보자. 오늘날의 세상 속에 혈루증을 앓는 여성은 누구인가? 카르멘Carmen의 이야기를 들어보자.

카르멘과 남편 호세는 14년 전에 니카라과에서 미국으로 이민 와서 워싱턴 디씨에서 일하며 살고 있다. 그들에게는 두 명의 아이가 있다. 워싱턴 디씨에 사는 여러 남미 이민자들처럼 그들도 열심히 일한다. 카르멘은 일주일에 4일, 하루에 열 시간씩 수양관의 사무실과 방을 청소하는 일을 한다. 일요일을 빼고 매일 저녁에는 다른 집을 찾아가 청소한다. 일요일은 가족들과 보내는 시간으로 자기 집을 청소한다.

호세는 신장병으로 앓기 전까지 노련한 공사장 인부였다. 병을 앓은지 후 6개월 만에 신장 기능이 완전히 멈췄다. 현재 일주일에 세 번 신장투석을 받아야 해서 더는 일을 할 수 없다. 몸무게가 13킬로가 줄었고 계속 통증이 있다. 이제 카르멘이 이 집의 가장이다. 소득이 3분의 2로 줄었기 때문에 카르멘은 집을 마련하려고 애쓰고 있다.

소득이 빈곤 기준선 아래로 내려가자, 카르멘은 식량보조금을 신청했다. 신청하고 싶지 않았지만, 남편과 아이들을 제대로 먹이려면 꼭 필요했다. 카르멘의 사회복지사는 차를 팔고 집 지하실에 세를 놓고, 이미 학비를 냈는데도 아이들을 가톨릭 학교에 그만 보내라고 조언했다. 카르멘은 식량보조금을 재신청하는 것 말고는 사회복지사가 한 말을 듣지 않았다.

다른 일을 하고 남편 투석하러 이동가려면 차가 필요했다. 지하에 낯선 사람을 들이는 것도 무섭다. 이미 여러 가지로 아이들의 삶이 혼란스러워졌는데, 다니던 학교를 나오라고 하면 괜히 상처만 줄 것 같다. 카르멘은 정부 보조금 없이 홀로 싸우고 있다.

(레이거노믹스와 여성: 미국)

본문에서 예수는 여자와 야이로의 딸 모두를 치유했다. 가난한 여자를 먼저 치료하면서 주변 모든 사람에게 사회 불평등이라는 치명적인 병을 고치라고 일깨웠다. 가난한 여자를 먼저 치유했던 예수는 분명 카르멘의 가정과 오늘날 사회 불평등으로 소외되고 병든 수많은 사람을 치료하고자 할 것이다. 예수의 제자 공동체처럼 우리에게 이 치유의 사명이 맡겨졌다.

우리가 나중 된 자를 먼저 되게 하려면, 오늘날 "가장 작은 자"를 소외시키는 사회적 병이 무엇인지 깊이 이해해야 한다. 본문은 당시 가부장제의 영향으로 소외되고 고통받는 여성을 이야기의 중심에 놓고 있다. 즉, 남성의 특권을 치료해야 할 사회적 병의 하나로 인식해야 한다고 외치고 있는 것이다. 이러한 외침 속에는 수백 년 전에 살던 자매들의 목소리부터 우리가 사는 도시 길거리에 있는 자매들의 목소리가 함께 포함되어 있다. 우리는 모두 피흘리고 있다. 우월한 지위에 놓인 남성의 지각과 욕망이 우리의 현실을 형성하고 설명하기 때문이다. 우리가 가진 하나님에 대한 개념, 하나님의 구속사 이야기, 인간 심리와 발달에 대한 이해, 제자도에 대한 개념, 하나님의 사람이 되는 것의 의미, 훌륭한 사람이 되는 것이 의미하는 바는 모두 가부장제를 바탕으로 형성되었다.

자본주의 문화 속에서 광고판, 잡지, 텔레비전, 영화는 13살 된 우리의 자매들이 특정한 모습으로 몸을 가꾸고 특정한 물건을 사지 않는한 무가치한 존재라고 가르치고 있다. 또한, 많은 여성이 강간과 성폭력으로 고통당하고 있다. 보스니아 헤르체고비나에서는 전장에 내몰린 자매들의 비명이 들린다.

수 세기 동안 여성을 억압하고 여성의 이야기와 지혜를 억누르는 문화 속에 우리 영혼은 얼마나 침잠해있는가? 영원히 묻혔을지도 모른다. 가부장제나 자본주의에 물들지 않은 사람들의 경험을 바탕으로 하는 창조주 하나님과 그리스도와 성령에 대한 이해는 어떤 모습일까? 특권을 가진 여성으로서 우리는 중심에 서 있으면서 동시에 변방에 서 있다. 우리 임무는 가난한 자들과 함께 변두리로 향할 뿐 아니라, 본문의 용감한 여성이 그러했듯이 우리 자매들과 함께 중심으로 나아가는 것이다.

예수의 제자인 우리는 치유하는 존재로 이 땅에 부름 받았다. 당신 삶에서 소외된 사람이 누구인지 생각해보라. 어떻게 그들을 존중하면서 그들과 함께 연대할 수 있을까? 어떻게 하면 가난한 사람의 정당한 주장이 실현되도록 야이로가 했던 것처럼 한발 뒤로 물러나 있을 수 있을까? 소외된 사람과 연대하려면 용감한 여성이 했던 것처럼 어떤 사회적 금기를 깨트려야 할까?

치유 사역을 신실하게 감당하는 삶을 새롭게 시작할 때, 우리의 길을 안내할 사람이 있다. 이름도 없고 "힘도 없지만" 인간의 존엄성과 가치를 요구했던 마가복음의 용감한 여성이다. 이 여성의 용기를 본받아 두려움을 이기고 사회 불평등을 치유하는 삶을 향해 나아가길 바란다. 부록 4에 있는 "부유한 여자, 가난한 여자: 두 사람을 위한 각본"을 묵상해 본다.

8장●모든 사람이 넉넉하게

마가복음 6:1-56

문맥 속 말씀

이쯤에서 마가는 세 주인공예수, 제자들, 세례 요한의 배경을 설명하고자 이야기 흐름을 바꾼다. "거절당한 예언자"에 관한 세 가지 본문을 통해 복음서 하반부의 중심 주제인 제자도의 대가에 대한 이야기가 시작된다.6:1-6, 6:7-13, 6:14-29

본문 읽기: 마가복음 6장 1-13절

예수가 "고향으로" 돌아오면서 그 시리즈가 시작된다.6:1 예수가 안식일에 회당에서 가르치는 세 번째 장면이다.1:21ff, 3:1ff 참고 또한, 반대 세력을 마주치는 세 번째 장면이다. 하지만, 이번에는 권력자들이 아니고 예수의 이웃과 친족이 상대다. 그들은 소문이 안 좋은 동네 꼬마를 수상한 눈초리로 바라보고, 별 볼 일 없는 혈통이라며 배척한다.6:3 민족, 친족, 집안 배경이라는 고정관념에 갇힌 사람들 때문에6:4 "존경받지 못하는 예언자는" 그 곳에서 아무 일도 하지 못하고 떠돌아다니는 사역을 다시 시작한다.6:5f

마가는 앞에서도 그랬듯이 예수가 배척당하는 이야기 다음에 제자를 임명하는 이야기를 배치한다.4장 참고

3:1-6: 가버나움 회당에서 배척당함

3:13-15: 예수는 제자들을 불러 말씀을 전파하고 귀신을 쫓아내라고 임명함

6:1-6: 나사렛 회당에서 배척당함

6:7-13 예수는 제자들을 불러 치유하고, 말씀을 전하고, 귀신을 쫓아내라고 보냄

예수는 제자들에게 "길"을 다닐 때 꼭 필요한 물건만 챙기라고 명했다.6:8-11 여기서 마가는 사역 자체보다 기본 원칙에 더 관심을 둔다. 사역 내용은 요약만 할 뿐이다.6:12f "사도적"교회제자들은 마가복음 6:30에서만 사도라 불린다 생활의 근본 요소를 명시하고 있다.

예수는 이미 허울뿐인 경건을 거부했다. 따라서 이 "복장 규정"의 핵심은 금욕이 아니다.2:18-22 참고 핵심은 전도자들이 방문하는 사람들의 호의에 의존하며 다니게 된다는 점이다. 예수는 "내 집에서 외면당하기stranger at home"라는 표현을 바꿔서, "낯선 곳에서 환대받기at home among strangers"를 배우라고 제자 공동체를 가르친다. 단순 명료한 제안이다. 제자들은 복음을 수용하는 곳에는 남아있고, 거절하는 곳은 떠나면 된다.6:10f 전도는 지배나 정복의 어떤 행위와도 관련이 없다는 뜻이다. 기독교 선교사들이 이러한 명령에 귀를 기울였다면 세계사는 어떻게 달라졌을까!

제자들의 출발과 귀환6:30 사이에 헤롯에게 죽임당한 세례 요한에 대한 설명이 끼어든다. 마가의 샌드위치 기법은 다음에 나오는 비극적인 본문이 제자들이 받은 사명 일부분임을 알려준다. 회개를 전하는 자는 반드시 권력자의 핍박을 감수해야 한다.

본문 읽기: 마가복음 6장 14-30절

본문은 요한의 처형을 뒤늦게 회상하면서 1장 14절에 기록된 요한의 체포 정황을 설명한다. 헤롯헤롯 안티파스, 기원전 4년에서 기원후 39년까지 재임한 갈릴리와 베뢰아의 분봉왕은 예수가 자기를 찾아 돌아온 요한이라고 믿었다.6:14-16 물론, 예수가 요한의 역할을 이어받았다는 점에서 헤롯이 아주 틀린 것은 아니다. 하지만, 메시지를 전하던 사람을 처단했는데도 메시지가 여전히 남아있다는 점은 헤롯을 성가시게 했다. 이제 곧 마가는 그가 저지른 더러운 일을 이야기할 것이다. 마가와 동시대 유대 역사학자인 요세푸스는 헤롯이 세례 요한을 오로지 정치적 이유로 처형했다고 기록한다. 요한의 설교는 대규모 반란을 선동했다. 이 때문에 많은 학자가 헤롯왕이 도덕적으로 곤란한 상황에 빠진 이야기를 단순한 경건 문제라고 생각하지 않는다. 마가는 경건의 문제라고 해석하지 않는다!

첫째, 근친결혼은 왕조를 세우고 견고히 하는 기초였다. 따라서 헤롯이 동생의 아내와 결혼하지 말았어야 했다는 요한의 반대는 정치적이었다.6:17f 둘째, 혈통상 절반만 유대인이었던 헤롯은 정치적으로 유리하다고 생각될 때만 유대법을 따랐다. 그렇지 않은 경우라면 그리스화Hellenization를 적극적으로 추진했다. 얼마나 로마의 환심을 사느냐에 따라 지역에서 행사할 수 있는 권력이 결정됐기 때문이다. 유대 민족주의자들은 이러한 정책에 분개했다. 따라서, 요한이 헤롯에게 토라를 지키라고 요구한 일6:18은 식민통치하의 팔레스타인에서 정치적으로 뜨거운 쟁점을 건드리는 일이었다.

마가는 헤롯 궁중에서 벌어진 음모를 패러디 형식으로 묘사한다.16:19f 헤롯왕은 갈릴리 고관들에게 잔치를 베푼다.6:21 정치, 군사, 경제 지도자들의 화려한 모임이었지만, 춤을 추는 어린 소녀와 술김에 한 맹세가 세례 요한의 운명을 결정짓고 말았다.6:22-25 사람도 죽이는 권력자들의 변덕에

대한 풍자는 에스더와 아하수에로 왕 이야기를 어렴풋이 떠오르게 한다.^에 1-7장

요한의 장례는 예수의 장례를 예견하고 있다.^{6:29} 이야기가 끝날 때쯤 마가는 다시 사도들의 사역 이야기로 돌아와 샌드위치 구조를 마무리한다. 마가는 "진리 선포와 그에 따른 결과"에 관한 세 가지 이야기를 함께 엮어서, 회개를 선포하는 모든 자의 공통적인 운명을 제시한다. 나중에 예수는 "인자"에 대한 진리를 고수했던 "엘리야"의 운명을 말해줄 것이다.^{13:9-11}

본문 읽기: 마가복음 6장 31-44절

제자들이 전도 여행에서 돌아오자마자, 예수는 제자들에게 광야로 물러나 성찰의 시간을 가지라고 보낸다.^{6:30f} 하지만, 사람들이 몰려와 쉽게 빠져나가지 못한다.^{6:32f} 예수는 "목자 없는 양 같은" 무리를 불쌍히 여기셨고, 저녁까지 그들을 가르친다.^{6:34}

이 장면은 분명 민수기에서 "주님의 회중이 목자 없는 양 떼처럼 되지 않게 하고자" 여호수아를 지파 연맹의 군 지도자로 임명했던 장면과 닮아있다.^{민27:16-17} 또한, 마가는 "자기 자신만 돌보는 목자"였던 이스라엘 지도층을 비판한 에스겔도 암시하고 있다.

> 너희는 약한 양들을 튼튼하게 키워 주지 않았으며, 병든 것을 고쳐 주지 않았으며, 다리가 부러지고 상한 것을 싸매어 주지 않았으며, 흩어진 것을 모으지 않았으며, 잃어버린 것을 찾지 않았다. 오히려 너희는 양 떼를 강압과 폭력으로 다스렸다. 목자가 없기 때문에, 양 떼가 흩어져서 온갖 들짐승의 먹이가 되었다.^{겔34:4-5}

예언자 스가랴도 양 떼를 팔아넘겨 부자가 된 "목자들"을 맹렬히 비난한

다.^{슥11:5} 반면, 예수는 이제 곧 "연약하고 길을 잃은" 사람들과 연대하는 모습을 보여줄 것이다.

해질녘이 되자 제자들은 예수에게 사람들을 마을로 보내어 먹을 것을 사 먹게 하자고 청한다.^{6:35f} 예수는 직설적으로 대답한다. "너희가 그들에게 먹을 것을 주어라." 제자들은 자기 주머니를 털어 배고픈 사람들을 먹일 생각에 못마땅해하며 고민한다.^{6:37f} 그러는 사이 예수는 직접 행동에 나선다. 음식이 얼마나 있는지 파악하고, 무리를 모으고, 축복하고, 빵과 물고기를 나눠준다.^{6:38-41} 여기서 "그들 모두 배불리 먹었다"는 것만 제외하고는, "초자연적인" 현상이 일어나지 않았다.^{6:42}

이 본문은 분명히 광야에 내린 만나 이야기를 반영하고 있다. 앞서 살펴보았듯이, 만나 이야기는 은혜의 안식 경제를 뒷받침한다.^{3장 참고} 하지만, 마가는 엘리사가 기근일 때 행한 "음식 기적"도 인용하고 있다.^{왕하 4:42-44 참고} 따라서 마가복음에서 광야에서 무리를 먹인 사건은 "성만찬"에 대한 상징보다 더 중요한 경제적 차원을 제시하고 있다. 제자들은 배고픈 군중의 문제를 "시장 경제"로 해결하려고 한다. 사람들을 마을에 있는 가게로 보내거나 가진 잔돈을 세고 있다. 하지만, 예수는 갖고 있는 자원을 나눔으로써 자급자족하는 법을 가르친다.

이 이야기는 당시 갈릴리 시골 지역의 대다수 사람이 겪고 있던 역사적 상황을 구체적으로 진술하고 있다. 토지 소유권을 정하는 봉건 제도와 도시의 이익에 맞게 시골 지역을 밀어내는 경제 체제는 권리를 박탈당한 많은 사람을 굶주림과 가난으로 내몰았다. 예수는 씨뿌리는 자의 비유를 통해 그동안 보지 못한 어마어마한 수확이 계약직 소작농들을 가둬 놓은 빈곤의 악순환을 끊어낼 것이라고 예견했다.^{5장 참고} 광야에서 무리를 먹인 사건은 이 소망을 "충분함의 기적"으로 현실화했다. 나중에 예수는 이처럼 함께 소비하는^{cooperative consumption} 대안적 경제 모델을 실천하라고 제자 공동체에

본문 읽기: 마가복음 6장 45-56절

이제 건너편으로 가는 두 번째 항해가 시작된다. 하지만, 이번 여행에서 예수는 제자들만 배를 타고 건너가게 한다.6:45 불운한 제자들은 다시 한 번 캄캄한 밤, 험난한 바다 위에 놓인다. 마치 지옥의 거센 바람에 맞서듯 힘겹게 노를 젓고 있다.6:47f 마가는 그들이 "죽도록 노를 저었지만," 별 효과가 없었다고 전한다.

제자들은 예수가 바다 위를 걸어오는 계시의 순간을 놓치고, 그를 "유령"으로 생각했다.6:48f 예수인줄 깨닫고 나니 더 심하게 "놀랐다". 이 단어는 그들 마음속에 폭풍이 일어나고 있음을 뜻한다. 예수는 마침내 첫 번째 항해 끝에 두려움에 사로잡힌 제자들이 던진 질문 "이분이 누구이기에"4:41에 답을 한다. 예수는 자기 자신을 "나다. I AM"라고 부른다.6:50 출애굽기에서 하나님 이름을 부를 때 사용한 아주 특별한 호칭이다.출3:4

하지만, 제자들은 "제정신이 아니었고"6:51 항해에도 실패한다.6:53 지금 제자들은 바로가 걸렸던 마음이 무뎌지는 병에 걸렸고, 바다를 건너는 목적을 깨닫지 못한다. 마치 "빵"을 떼던 일을 이해하지 못하는 것과 같다고 마가는 설명한다.6:52 예수는 단념하지 않고 그의 치유 사역을 계속 추진한다. 그가 광야에 있을 때는 피하려 했던 장터거리에서 말이다.6:53-56

세상 속 말씀

광야에서 무리를 먹인 사건은 공동체 속 모든 사람이 "넉넉히" 나누는 만나 경제의 "기적"을 실현했다. 우리가 속한 문화는 경제를 어떻게 가르치고 있는가? 우리는 어려서부터 집, 학교, 시장에서 경제를 배운다. 노동, 소득, 저축, 생활비, 가족 부양과 책임, 공동체와 나눔을 배운다.

"성공"과 "실패"를 정의하는 법을 배운다. 계층이 무엇인지, 우리가 속한 계층이 어디인지를 배운다. 보안이 무엇인지 배운다. 사물과 다른 사람과 세상과의 관계를 배운다. 교육제도, 매체, 마케팅 기술, 종교적 전통, 가정생활, 공동체 의례, 모든 것이 우리의 가치관을 형성한다.

어떤 문화권에서는 우리와 전혀 다른 경제 방식이 발전해 왔다. 예를 들어, 포틀라치potlatch 전통은 태평양 연안에 사는 원주민 사이에 널리 퍼져있는 문화로, 사춘기, 결혼, 추장 취임식, 죽음 등 인생의 중요한 전환점마다 행해진다. 포틀라치 전통의 바탕에는 모든 부와 물질과 상징물이 순환해야 한다는 생각이 있다. 부에 욕심부리지 않고, 관대하고, 재분배하는 것을 중요하게 여긴다. 의례에 참여할 수 있는 특권이 공개적으로 다음 세대에게 전수될 때, 연회, 연설, 노래, 춤이 어우러진 의식 속에서 귀한 물건을 선물로 나눠준다. 포틀라치는 사회적, 정치적 특혜를 확인하는 방법이면서, 동시에 친구 간의 의무를 설정하고, 친족 관계를 공고히 하며, 마을 사람들을 결속한다. 또한, 적대적인 관계를 끝내고 다시 좋은 관계를 세우는 데 사용되기도 한다.

"선물로 나눠주는give-away" 의례의 실천은 개인의 소유보다 공공선을 위해 자신의 재산을 기꺼이 내놓을 수 있는 마음을 더 중시하는 문화에서만 가능하다. 이런 나눔의 실천은 특별한 사람만 하는 일이 아니라, 문화의 일부이다.

마가복음의 광야에서 무리를 먹이는 첫 번째 장면에서 예수는 제자들에게 나눔의 경제를 실현하려면 지배적인 경제 방식을 넘어서야 한다고 도전한다. 이 도전은 오늘날의 제자들에게도 동일하다. 여러 모임이나 단체가 그러한 권면을 받아들여 새로운 경제 모델을 실험하고 있다. 이는 경쟁과 개인주의가 아닌 협동과 참여를 강조하는 모델이다. 노동자 소유 사업worker owned businesses, 협동조합, 토지 신탁, 공동체 기반 농업, 공동체 대출 기금, 사회 책임 은행socially responsible banking, 공동체 화폐community currency 등의 실천은 경제에 상당한 변화를 가져올 가능성을 보여주고 있다.

공동체 토지 신탁Community land trust은 흥미로운 사례다. 토지 신탁은 공동체의 이익을 위해 땅을 사거나 임대하는 공동체 기반 조직이다. 이느 공동체 거주자, 특히 저소득층에게 저렴한 가격에 땅과 주택을 제공하며, 공동체 전체의 필요를 채워주는 거주, 사업, 여가 활동을 위해 장기간 땅을 사용할 수 있게 해준다.

공동체 토지 신탁은 지배적인 시장 경제의 혜택을 받지 못하는 거주자들의 필요를 채워주고자 노력한다. 토지 및 주택 투기, 부재지주를 금지하고 생태적으로 건강한 땅 사용의 실천을 권장하며 주택 가격을 장기간 저렴하게 유지한다.

개인이나 조합, 가정은 특정 토지 위에 건설된 주택이나 다른 부속시설을 계속 소유하면서 소유권에 따르는 권리와 책임을 유지한다. 나중에 토지 신탁의 재산인 주택이나 건물을 팔 때는 재판매 가격이 땅값 상승을 반영하지 않기 때문에 시세보다 싼 값으로 판다.

토지에 속한 건물과 부속시설을 소유주가 팔고자 한다면 토지 신탁은 소유주가 실제로 투자한 값원래 매매 가격에 개인의 노동력과 자본 투자액을 더한 금액으로 구매할 수 있다. 이러한 방식으로 공동체 토지 신탁은 사회 기반 시설, 서비스, 지역 발전 활동환승역이나 공공 오락 시설 신설 등으로 상승한 부동산값을 "사회적 모기지social mortgage"로 이해한다.

공동체 토지 신탁 운동은 에쿼티 신탁Equity Trust이라는 국가 혁신 사업innovative national project으로 시작됐다. 에쿼티 신탁은 저소득층에게 저렴한 주택을 제공하고자 조성된 공공 기금이다. 에쿼티 신탁은 개인이나 기관 소유주에게 부동산 가치 상승의 요인을 정직하게 검토한 후, 신탁이 주택이 필요한 사람들을 도울 수 있도록 일정 부분을 "사회적 모기지"로 약속하도록 한다. 구체적인 예로 워싱턴 디씨에 살며 보통 수준의 소득이 있는 한 가정이 있다. "새로운 전철역이 동네에 들어서면서 우리 집 값이 많이 올랐어요. 그래서 언제든지 이 집을 팔면 전철역 신설로 오른 값의 100%를 에쿼티 신탁에 주기로 했어요. 보금자리가 필요한 사람들과 함께할 기회가 주어져서 감사할 뿐입니다."

에쿼티 신탁은 인도 마하트마 간디의 계승자인 비노바 바베Vinoba Bhave가 시작한 토지헌납운동에서 영감을 받았다.

1951년, 지역 개발자 전국 대회가 있고 난 뒤, 비노바는 텔렌가나Telengana 지역을 걷기 시작했다. 당시 사회가 상당히 불안했다. 포참팔리Pochampalli 마을에서 비노바는 가장 가난하고, 억압받고, 사회적 차별의 대상이며, 땅이 없는 사람들인 불가촉천민Untouchables: 간디는 이들을 "하나님의 자녀"이라고 불렀다에게 다가갔다. 그리고 얼마만큼의 땅이 필요하냐고 물었다. 그들은 "80 에이커 약324,000 제곱미터"라고 대답했다.

비노바는 마을 전체에 물었다. "누가 이들에게 땅을 줄 것입니까?" 놀랍게도 한 지주가 일어나 대답했다. "내가 하겠소." 이렇게 해서 부단Bhoodan 또는 "토지 기부land-gift" 운동이 시작됐다. 비노바는 몇 년 동안 마을과 주를 걸어 다니며 토지 기부를 받았다. 자야프라카시 나라얀Jayaprakash Narayan 이라는 인도 독립운동의 지도자를 비롯해 수 백 명의 사람들이 비노바 운동에 참여했다.

부단 운동은 그람단Gramdan 또는 "마을 기부village gift" 운동으로 발전했다. 그람단 마을에서는 토지의 상당 부분이 헌약되어 있다. 땅이 재분배될 지라도 시간이 지나면 옛날 방식의 소유권이 다시 등장하기 마련이라는 점은 분명하기 때문에 그람단 토지는 마을 신탁에 맡겨진다. 그러면 토지는 땅이 없는 가정에 빌려주지만, 다음 세대와 공동체 전체의 이익을 위해 보호받는다. 그람단 운동은 공동체 토지 신탁을 기반으로 한 모델이다. "에쿼티 신탁, 미래의 참여자를 위한 정보"에서 발췌

이러한 대안 경제 모델로 현실화된 여러 가치는 미국을 지배하는 경제 체제의 가치와 극명히 대조된다. 하지만, 이러한 모델은 예수가 광야에서 무리를 먹인 사건과 같은 원리를 갖고 있다. 그 원리는 다음과 같다. 인간과 공동체의 생존과 행복은 소수의 이익에 우선한다. 한 사람이나, 공동체, 국가는 성공하기 위해 남을 짓밟지 않는다. 인류의 "발전"은 나머지 피조물을 대가로 이루어질 수 없다. 우리가 누구인지는 우리가 어떻게 돈을 버는지, 무엇을 소유하는지에 달려 있지 않다. 예수를 따르는 우리는 이러한 가치가 우리가 사는 세상 속에서 현실이 되도록 노력해야 한다. "모든 사람이 넉넉하도록" 말이다.

9장•포용을 배우다

마가복음 7:1-37

문맥 속 말씀

"사람들이 병자들을 장터거리에 데려다 놓고, 예수께 그 옷 술만에라도 손을 대게 해달라고 간청하였다…6:56" 이 간략한 묘사는 다음에 나오는 본문의 배경을 설정한다. 본문은 마을 광장에서 병든 사람, 부정한 사람과 접촉하고자 하는 나사렛 사람과, 공공장소를 아주 위험하다고 생각해서 "시장에서 돌아오면 몸을 정결하게 하지 않고서는 먹지 않는7:4" 바리새인을 대조할 것이다.

예수는 다시 식탁의 교제와 정결법에 관한 문제로 율법학자—바리새인 연합과 대결한다.7:1; 3장 참고 본문은 세 부분으로 이루어져 있다.

7:1-5 마가는 정결 문제를 설명한다.
7:6-13 예수는 바리새파 권력에 맞서 대답한다.
7:14-23 예수는 원래 쟁점인 음식 나누는 문제로 돌아와 새로운 "비유"를 이야기한다.

여기서 더 중요한 질문은 식탁이 집단의 경계를 유지하는 곳인지 아니면 "외부인"을 포용하는 곳인지에 대한 것이다. 이러한 논쟁이 있고 난 뒤, 포

용 원칙의 구체적 실례가 되는 두 개의 치유 사건이 등장한다. 7:24-30

본문 읽기: 마가복음 7장 1-13절

제자들은 식탁에서 지켜야 할 정결 의식에 참여하지 않았다. 7:2 손 씻기, 농산물, 식기구에 관한 규정은 위생과 관련이 없었다. 상징적으로 부정을 없애는 것만 중요했다. 7:3f 정결 의식과 배타적인 식단 규정은 정치적민족 정 체성 규정, 사회적누구와 무엇을 먹었는가에 따라 계급 위계질서 상 어떤 신분인지를 결정 역할 을 했다.

또한, 마가는 이 논쟁을 "시장"과 연결짓는데, 그 배경에는 경제적 측면 이 담겨있다. 바리새파 규제관은 시장 음식이 어느 시점에서든지 부정하게 될 수 있다는 점을 염려했고 예를 들어, 안식일에 심은 씨앗, 십일조를 온전히 구분하지 않 고 수확된 열매 등, 그러한 "오염"을 통제하고자 했다. 갈릴리 소작농들은 상품 의 생산, 분배, 소비 과정에 개입하는 이러한 바리새파 "중간 상인들"에 분 개했다.

바리새인들은 제자들의 불성실한 모습을 비난했고, 정결 규제관인 자 신들의 사회적, 경제적 지위를 옹호했다. 하지만, 여기서 그들이 비난하는 내용은 좀 더 구체적인데, 제자들이 "장로들의 전통"을 무시했다는 것이 다. 7:5 "장로들의 전통"은 글로 쓰인 토라와는 별개로 바리새인이 주장하는 구전된 법적 해석이다. 예수는 구전 율법의 권위를 "하나님의 계명"과 비교 해 "사람의 전통"이라며 인정하지 않았다. 7:8f 또한, 정경 본문을 인용해서 이 점을 강조했다. 7:6f, 사29:13 이사야 신탁이 거짓 예언자들29:10과 "글을 읽 을 줄 모르는" 사람들29:12을 비난하고, "지혜로운 사람들에게서 지혜가 없 어질 것이다."29:14라고 주장했던 점과 관련이 있다.

그 후, 예수는 어떻게 바리새인들이 "사람의 전통을 지키려고 하나님의 계명을 저버렸는지"7:9를 보여주는 "판례"를 가져온다. 예수는 7장 10절에서 토라가 나이든 부모를 경제적으로 부양할 책임을 명하고 있고출20:12 참고, 이에 반해 부모를 저주하며 이 책임을 회피하려는 자들을 비난한다. 출21:17 예수는 바리새인들이 사람들에게 재산을 성전에 바치게 함으로써 이 책임을 피하려 했다고 비판했다. 고르반이 되었다고 말함, 7:11 고르반은 서약한 사람의 자산을 죽는 날까지 동결시켜놓는다. 죽으면 성전 금고에 들어가기 때문에 성전 수익의 주요 원천이었다. 하지만, 이 때문에 부모들은 재정적인 도움을 받지 못했다. 예수는 성전에 바치는 "서약"이 노인에게는 "저주"가 되었고7:12, 하나님의 계명을 헛되게 했다"고 주장했다.7:13

마가는 처음 이 본문을 시작할 때 바리새인과 예루살렘 율법학자를 연관지었다.7:1 나중에 마가는 율법학자와 성전 금고 제도가 가난한 자를 착취하는 경제 제도라며 고발할 것이다.12:38-44, 19장 참고 여기서 우리가 앞서 살펴보았던 갈등 이야기와 같은 원칙이 적용된다. 예수는 특권층의 궤변이나 관습의 요구보다 연약한 자여기서는 부양 노인를 우선시한다. 마가복음은 다시 한번 "경건"이 어떻게 정의를 대체하는지 보여주고 있다.

본문 읽기: 마가복음 7장 14-23절

어떤 그룹이든지 그룹 안에 있는 사람과 밖에 있는 사람을 구분하는 경계를 설정한다. 경계가 유익할 수도 있다. 강자의 지배에서 약자를 보호하는 역할을 할 때는 그렇다. 하지만, 이러한 "방어" 역할을 이유로 경계를 정당화할 때, 실제 권력관계는 그 반대인 경우가 더 많다. 경계는 강자와 약자를 구분하고 특권을 보호하며, 불평등을 지속시킨다. 예수는 이러한 경계를 끊임없이 비판했다. 여기서는 유대교 음식 규례kosher diet를 통한 정결 정책을 비판한다.7:14

"무엇이든지 사람 밖에서 사람 안으로 들어가는 것으로서 그 사람을 더럽히는 것은 아무것도 없다."7:15 다음 구절을 보면 이 문장이 비유라는 것

을 알 수 있다. 몸physical body은 공동체body politic에 대한 비유다.7:17 예수는
정결법으로 구성된 사회적 경계는 공동체의 온전함을 지킬 힘이 없다고 주
장한다. "오염"은 공동체 내부에서만 발생한다.

　편집자 마가는 예수가 "모든 음식은 깨끗하다고 하셨다.7:15"라고 해석
한다. 즉, 유대교 음식 규례는 이제 비유대인과 함께 식사하는 것을 금하
는 문화적 배타성의 경계로서 기능할 수 없다는 것이다. 마가는 이방인과
함께 공동체를 세우는 데 방해가 되는 것을 제거해야 한다고 주장했던 누
가행10:9-16나 바울롬14장 참고과 같은 견해를 갖고 있다. 마가복음의 다음 본
문에서 예수가 외국인들을 "식탁"에서 환영하는 모습은 이를 확인시켜준
다.7:24-37; 다음 본문

　결말 부분에서 예수는 대안을 제시한다. 진정으로 "정결해야 할 곳"은
몸이 아니라 마음이다. 전통 히브리 인간론에서 마음은 도덕성의 중심이
다.7:18-20 다음 구절에는 악의 목록이 나오는데, 예언자 호세아가 이스라
엘 안에 있는 도둑질, 음행, 살인 등 공공 범죄를 비판하는 구절을 암시한
다.7:21, 호4:2 따라서 예수는 그룹 정체성의 경계를 재설정하고 있다. 예수는
정결법의 민족 중심주의 대신 냉철하게 자신의 집단 윤리를 성찰하라고 주
장한다. 이것은 1세기 유대인을 향한 급진적 제안이었다.

본문 읽기: 마가복음 7장 24-30절

　앞서 마가는 "유대" 지역에서 치유 사역을 보여주었고5:21-43; 7장 참고, 이
제는 그에 상응하는 이방 지역 치유 사역을 이야기한다.7:24-37 예수는 두로
와 시돈 지역으로 여행한다. 그곳은 팔레스타인 유대 사회의 범위를 벗어나
는 해안 지역이다.7:24a 이곳에서 행해지는 치유는 조금 전 본문에서 주장했
던 포용 원칙의 구체적 실례이다.

　예수의 발 앞에 엎드린 여자는 본문에 나오지 않는 자신의 딸을 위해 호

소하고 있다.7:25f 마치 회당장 야이로를 떠올리게 하지만, 여자는 회당장이 사는 곳과는 동떨어진 세상을 상징한다. 우리는 무엇이 고대 그리스 시대 사회 규범을 구성하는지 잘 모르기 때문에 이 만남이 일으키는 파장을 인식하지 못한다. 지중해의 전통적인 "명예 문화"에서 누구인지도 모르고, 아무 상관도 없는 여자가 한 남자가 거주하고 있는 사적 공간에 접근한다는 것은 상상할 수도 없는 일이었다. 더 심각한 것은 이 여자는 이방인으로서 유대인에게 간청하고 있다. 마가는 이 부분을 강조해서 말한다. 그 여자는 "그리스 사람으로서, 시로 페니키아 출생이다."7:26

이러한 모욕 때문에 예수는 간청을 거절했다. 현대 독자들이 곤란해하는 부분이다.7:27 예수는 평범한 유대 남성이 할 법한 반응을 하며 자기 민족의 집단 명예를 지킨 것이다. 예수가 던진 모욕은 당시 랍비 속담인 "우상 숭배자와 먹는 자는 개와 먹는 것과 같다.출22:31 참고"라는 말을 떠오르게 한다. 하지만, "자녀들을 먼저 배불리 먹여야 한다"라는 구절은 더 심오한 상징적 문제가 있음을 시사한다.

식사에 관한 문제는 이 이야기가 담긴 큰 맥락에서 계속 반복되는 주제다.2:15-28; 3장 참고 제자들은 전도하러 갈 때 "빵을 지니지 않고" 갔다.6:8 심지어 헤롯이 잔치를 베푼다.6:21 무리가 광야에서 먹고 "배가 불렀다."6:36ff 하지만, 제자들은 "빵의 의미"를 깨닫지 못했다.6:52 또한, 바리새인과의 논쟁에서 제자들이 손을 닦지 않고 빵을 먹는다는 이야기가 두 번 나온다.7:2, 5; 대부분의 번역에서 생략되었다.

이 주제는 시로페니키아 여자가 던진 깜짝 놀랄만한 용감한 발언을 통해 이어진다. "주님, 그러나 상 아래에 있는 개들도 자녀들이 흘리는 부스러기는 얻어먹습니다."7:28 여자가 예수의 말을 받아치자, 기존 사회 규범이 깨어질 듯한 팽팽한 긴장감이 감돈다. 하지만, 여자는 단지 "식탁"에 대한 자기 민족의 권리를 주장하고 있을 뿐이다.

이 이야기의 진짜 반전은 결말에 있다. 마가복음에서 모든 대적자를 능수능란하게 말로 대응했던 예수가 이 논쟁에서는 한발 물러선다. "네가 그렇게 말하니, 돌아가거라. 귀신이 네 딸에게서 나갔다!"[7:29]

예수는 포용을 실천하고자, 이방 여성이 유대 남성으로서 갖는 자신의 특권적 지위를 심하게 모욕하도록 허락했다. 따라서 전통적인 사회적 경계가 이방인을 향해 열렸다고 본다면, 명예 문화의 관점에서 유대교의 집단 정체성이 "모욕"을 당한 것이다. 예수가 5장 43절에서 소녀에게 먹을 것을 주라고 명한 일이 "유대"편 해안에서 무리를 먹인 사건의 예고였듯이, 이번 이야기는 "이방"편에서 무리를 먹이는 사건을 예시한다.[8:1ff] "어린이들"과 "외인들" 모두 "배불리 먹었다."이 단어는 6:42, 7:27, 8:4, 8에서 동일하게 나온다 "모든 음식이 깨끗"[7:19]할 뿐 아니라, 모든 사람이 식탁에서 환영받았다.

본문 읽기: 마가복음 7장 31-37절

마가는 이 급진적인 메시지가 들리지 않는 귀에 떨어질 것을 알고 있었다. 예수가 포용 원칙에 대해 "말하고"[7:14ff] "보여준"[7:24ff] 바로 그 직후에 말 못하고, 귀가 들리지 않는 이방 남자를 고치는 사건이 나온다는 것은 우연이 아니다! 이 본문은 갈릴리 주변의 모든 이방 지역을 아우르는 남동부 여행의 결말에 상징적으로 등장한다.[7:31]

이 치유 사건은 마가복음 전반부에 등장하는 여러 가지 치유 사건을 반영하고 있다. 마치 예수의 자비로운 사역을 "요약"하는 듯하다. 데가볼리는 이전에 거라사 군대 귀신들린 사람을 자유롭게 한 장소이다.[5:19] 혈루증을 앓는 여자를 치유했을 때처럼, 예수는 손가락에 침을 뱉고 남자의 귀와 혀를 만짐으로써 정결법을 뒤집었다.[7:33; 레 15:8 참고] 또한, 야이로의 딸을 치유했을 때처럼, 아람어로 치유하는 말을 했다.[7:34; 5:41 참고] 또한, 나병 환자를 치유했을 때처럼[1:41ff], 아무에게도 알리지 말라는 예수의 경고는 무시됐

다.7:36

　사람들을 포용하는 예수는 심지어 이방인도 "듣고" "말하게" 만들었다.7:37; 사35:5f 참고 하지만, 우리는 곧 예수의 제자들이 귀먹은 상태로 있는 모습을 보게 될 것이다.8:18 이러한 아이러니를 통해 예수의 진짜 사역에 관한 이야기가 조명되기 시작한다. 그것은 바로 외면하는 사람들을 제자도로 이끄는 사역이다.

세상 속 말씀

　시로페니키아 여성의 이야기는 본문 전체가 주장하고 있는 포용 원칙의 중심 사례이다. 이 강인하고 용감한 자매는 오늘날 우리에게 무엇을 말하는가? 이 여자는 누구를 대신해서 치유와 귀신축출을 요청하는가? 누구를 향해 말하고 있는가? 여자의 딸은 누구인가? 누가 그녀의 목소리에 귀 기울이는가?

　인종, 성, 계급 때문에 소외당했던 여자가 예수에게 하나님나라의 포용을 가르쳤다. 예수는 여자의 신뢰와 용기를 통해 그가 선포하는 복음의 급진적 포용성을 더욱 온전히 볼 수 있게 되었다. 예수는 자신의 시야를 가로막고, 자비 베풂을 제한했던 1세기 지중해 "명예 문화"의 사회 규범을 넘어설 수 있게 되었다. 누군가를 배제하는 태도에서 포용하는 자세로 바뀌었다.

　인종과 젠더계급 역시 포함될 것이다. 여자가 가부장제에서 소외되었기 때문이다를 바탕으로 이 여성을 소외시켰던 문화적 전제assumption는 우리가 사는 사회에도 존재한다. 우리는 지위, 특권, 심지어 생존권마저 계급, 인종, 성별, 성적 지향에 따라 결정되는 사회에 살고 있다. 우리는 이러한 배제의 장벽을 무너뜨리라고 부름 받았다.

장벽을 만들고 억압을 지속하게 하는 요인 중 하나는 특권이다. 특권층에 속한 사람들은 자신이 가진 특권이 무엇인지 인식하는 것조차 힘들어한다. 우리는 우리가 당연시하는 특권을 모든 사람이 누리고 있다고 생각하지만, 실상은 그렇지 않다.

불편할지라도 특권을 인식하기 시작하는 것은 사람들을 소외시키는 체제와 이념을 뒤엎는 데 꼭 필요한 첫걸음이다. 다음에 나오는 소그룹 활동은 특권을 인식하는 유용한 도구다. 신앙 공동체와 같은 작은 모임에서 남성 특권, 백인 특권, 계급 특권, 이성애자 특권 중 한 가지를 골라서 실천해 본다. 가능하면 모임 구성원이 가장 다양하게 분포된 카테고리를 선택한다

특권을 가진 사람들예를 들어 남성, 백인, 부자, 이성애자이 원 안에 앉도록 의자를 배열한다. 다른 사람들은 원 바깥쪽에 앉는다. 원 안에 있는 사람들은 "돈으로 거래할 수 있는" 특권적 "자산"이 무엇인지 이야기한다. 큰 소리로 분명하게 "자산"을 이야기하면, 원 밖에 있는 사람 중 한 명이 큰 종이에 적는다. 원 안에 있는 사람이 모두 마치면, 원 밖에 있는 사람들이 더 이야기해서 목록을 완성한다. 끝나면 모두가 어떤 느낌을 받았는지 서로 나눈다.

더 깊이 생각하고자 한다면, 백인 특권에 대한 다음 목록을 참고한다.

- 내 아들이 친구 자동차 오디오를 고치고 있을 때, 차 도둑으로 체포될 위험이 없다.
- 하나님이나 예수 그리스도의 그림을 볼 때, 피부색이 나와 같은 색이다.
- 국가 유산이나 "문명"에 관한 이야기를 들을 때면, 나와 같은 피부색의 사람들이 이룬 것이다.
- 수표, 신용카드, 현금, 무엇을 사용하든지 내 피부색 때문에 신용을 문제 삼지 않는다.

- 어려운 일을 잘 해낼 때 내 인종 때문이라는 말을 듣지 않는다.
- 내가 속한 인종의 모든 사람을 대표해서 말하라고 요청받은 적이 없다.
- 내가 욕하거나, 낡은 옷을 입거나, 편지에 답장을 안 할 때, 사람들은 내가 속한 인종의 매너가 나빠서 그렇다, 가난해서 그렇다, 못 배워서 그렇다고 지적하지 않는다.

(매킨토시, 『인종, 계급, 젠더』에서 발췌)

예수가 한 여자에게 배운 뒤 더 깊은 신실함으로 나아갔던 것처럼, 우리도 그녀에게서 배울 필요가 있다. 예수가 여자의 지혜를 받아들였던 일은 중요한 사실을 시사한다. 그것은 억압받는 사람들이 종종 사회 상황을 심층적으로 분석할 수 있으며 정의를 향해 나아가는 길을 알고 있다는 점이다. 권위 있는 자리에 앉은 사람들은 그들에게 귀를 기울여야 한다.

예를 들어, 엘살바도르, 과테말라, 온두라스, 니카라과의 소작농과 도시 빈민들은 미국 의회와 행정부가 그 사실을 깨닫기 전부터 미국이 자신의 나라에서 인권을 짓밟는 공범이었다는 것을 알고 비난했다. 예수가 억압당하면서 저항하는 여자의 목소리에 귀 기울인 것처럼, 만약 미국 권력자들이 억압받고 저항하는 이들의 목소리를 들었다면, 수천수만의 목숨이 살아남았을 것이다. 이 밖에도 다른 예는 많다.

이와 비슷하게 우리 내면의 깨어진 부분을 의식 밖으로 밀어내려 하지 않고, 관심을 두고 귀를 기울인다면, 우리는 내면을 회복하는 길을 더 선명하게 볼 수 있을 것이다.

한 여자의 이야기를 듣고 배웠던 예수의 본을 따라, 당신이 사는 세상 속에서 들리는 여자의 목소리를 들어보자.

여자: 내 딸은 여러 명입니다. 당신 안에 상처받고 울고 화가 난 내 딸이 있습니다. 당신의 동네 거리에 노숙하는 딸도 있습니다. 내 딸은 이라크에서 당신의 총에 맞아 죽었습니다. 중앙아시아에서는 당신의 돈 때문에 강간당하고 고문당했습니다. 당신이 다니는 학교에 아침마다 굶주린 채 등교하는 내 딸도 있습니다. 내 딸은 아름답지만 질식해가는 지구입니다. 내 딸은 고침 받고, 악령에서 벗어나 자유롭게 되기를 원합니다. 당신은 어디에서 내 딸을 보셨습니까?

자매 여러분, 당신에게는 힘이 있습니다. 그 힘을 치유하는 데 사용하십시오. 내가 가진 힘은 명철한 생각, 말재주, 굳건한 의지입니다. 치유의 이름으로 내 은사를 썼기 때문에 나의 요구가 받아들여졌습니다. 자매 여러분, 여러분이 가진 힘을 되찾아 귀하게 여기고, 활용하십시오. 치유를 위해 받은 당신의 은사는 무엇입니까?

자매 여러분, 형제 여러분, 불의에 굴복하지 마십시오. 버텨야 합니다. 내가 버텼을 때, 내 말을 들어주었습니다. 당신은 내 딸을 치유할 수 있도록 어디에서 끈질기게 투쟁하시겠습니까?

다른 사람의 희생으로 누리고 있는 특권의 자리는 어디입니까? 그것을 직시하고, 거절하십시오. 나는 이교도 여자였습니다. 나에 비하면 예수는 특권을 가진 사람이었습니다. 그가 살던 세상 법칙을 따랐다면 나를 쫓아냈어야 합니다. 예수는 그러지 않았습니다.

시로페니키아 여성이 던지는 도전에 응답해서, 특권에 대한 소그룹 활동을 생각해본다. 매일의 삶 속에서 누리는 특권을 더욱더 인지하고자 노력한다. 친구들이나 동료들에게도 그 특권을 지적한다.

예수는 이 여자에게 복음을 배우면서 뼛속까지 흔들리는 경험을 했다. 우리도 눈을 연다면 뼛속까지 전해지는 충격을 받을 것이다. 예수의 친구와 동료들도 가끔은 예수가 미쳤다고 생각했다. 만약 당신이 매일의 삶 속에 만연한 특권을 지적하기 시작한다면, 당신의 직장과 교회, 동네 사람들이 어떻게 생각할까? 시도해봐라. 만약 두려움이 그만하라고 협박한다면, 정직하게 대면하라. 그리고 그녀와 예수의 눈을 보라.

10장 • 아직도 깨닫지 못하느냐?

마가복음 8:1–21

문맥 속 말씀

본문 읽기 : 마가복음 8장 1–12절

어떻게 하면 사람을 포용하는 식탁의 교제로 나아갈 수 있을까에 대한 논의를 마무리하고, 마가는 이제 "이방" 영역의 광야에서 무리를 먹이는 두 번째 사건을 이야기한다.⁷:³¹ 참고 두 번째 사건은 더 간략하게 기술되었지만, 첫 번째 사건의 핵심 주제를 반복한다.⁸장 참고 예수는 이번에도 군중이 곤경에 처하자 마음이 동한다. "내가 그들을 굶은 채로 집으로 돌려보내면, 길에서 쓰러질 것이다."⁸:³ 이 구절은 시편 107장을 언급하는 듯하다. "그들이 광야길에서 방황하며 거주할 성읍을 찾지 못하고 주리고 목이 말라 그들의 영혼이 그들 안에서 피곤하였도다."시 ¹⁰⁷:⁴⁻⁵ 하지만, 제자들은 이번에도 지배 경제 체제에 얽매인 채 응답한다. "이 빈 들에서 어느 누가, 무슨 수로, 이 모든 사람이 먹을 빵을 장만할 수 있겠습니까?" ⁸:⁴

예수는 수중에 빵이 얼마나 있는지 알아낸 뒤 사람들에게 "나누어 주라"고 제자들을 지시한다.⁸:⁵ᶠ 다시 한 번 그 결과는 "모두가 배불리 먹고" 남았다.⁸:⁸ 정말로 "자녀들"과 "개들"이 먹고도 남았다. 그리고 나서 예수는 바다의 "유대" 영역인 달마누다로 돌아가는 여정을 마친다.⁸:¹⁰

내부인, 외부인과 함께 빵을 나누는 놀라운 사건을 생각한다면, 바리새인들이 찾아와 예수와 "논쟁"하고 그를 "시험"하는 것은 그리 놀라운 일이 아니다.8:11 바리새인이 "하늘로부터 내리는 표징"을 요구하자, 마가복음 전반부를 해석하며 마무리하는 첫 에필로그가 시작된다. 이 에필로그를 통해 마가는 독자와 청중이 복음서 전반부의 상징들을 되짚어 보게끔 한다.

예수가 "이 세대"에 표적을 주지 않겠다는 말은 이 이야기를 바르게 읽는 첫 번째 중요한 단서다.8:12 예수가 조금 전 출애굽의 위대한 표징인 광야의 만나 사건을 다시 재현했기 때문에 바리새인들이 요구한 내용은 아이러니컬할 뿐이다. 여기서 배울 점은 하나님의 통치를 나타내는 참된 지표가 천상의 것이 아니라 이 땅의 것이라는 점이다. 마가복음에서 "이적과 기사"는 역사의 참뜻을 분별하는 데 별 도움이 되지 않는다. 이 세대가 보게 될 유일한 "천상의" 기적은 인자의 출현이다.8:38; 11장 참고

본문 읽기 : 마가복음 8장 13-21절

마가는 이미 제자들이 "빵을 먹이신 기적을 깨닫지 못하고, 마음이 무뎌져 있었다"고 말했다.6:52 이 신비로운 사건은 세 번째이자 마지막 항해의 핵심이 된다. 예수는 "건너편"을 향한 마지막 항해를 떠난다.8:13 하지만, 이번 항해에는 폭풍도 구조도 없다. 빵에 관한 대화만 있을 뿐이다.

"바리새파 사람의 누룩과 헤롯의 누룩"을 조심하라는 예수의 경고는 마가복음의 해석적 에필로그를 이해하는 두 번째 단서다.8:15 그가 펼치는 정의와 포용 운동에 맞서는 강력한 두 그룹을 언급하고 있다.3:6 참고 정결법으로 배제하려는 바리새파 운동은 열린 식탁의 교제에 헌신한 제자 공동체에 반대할 것이다. 한편, 헤롯 왕을 비롯한 지배 계층은 문화적 동화 및 로마와의 협력을 도모하면서12:13-17 참고, 자신의 통치를 비판하는 세력을 무력화할 것이다.6장 14절 이하에 나오는 요한처럼

"빵"을 위협하는 "누룩"은 세 번째 단서다. 여기서 단수와 복수의 차이

를 이해해야 한다. 몇 가지 문자적 번역을 살필 필요가 있다.

> 제자들이 빵을 가져오는 것을 잊었다. 그래서 그들이 탄 배 안에는 빵이 한 개밖에 없었다. 8:14
>
> 제자들은 서로 수군거리기를 "우리에게 빵이 없어서 그러시는가 보다." 하였다. 8:16
>
> 예수께서 이것을 아시고 말씀하셨다. "어찌하여 너희는 빵이 없는 것을 두고 수군거리느냐? 8:17

이제 예수는 제자들과 독자들이 예수의 상징적 행동이 의미하는 바를 이해했는지 확인하고자 심문하기 시작한다.

제자들의 이해 능력은 변변치 못했다. 그들은 무딘 마음, 보지 못하는 눈, 듣지 못하는 귀를 지녔다. 8:17f "바깥사람"이 희년의 복음을 거부할 것이라는 이사야의 현실주의4:11ff에 인용는 이제 "안 사람"에게도 적용된다. 또한, 마가복음은 모세가 야훼의 "표징"을 이해하지 못한 이스라엘을 비판했던 내용을 시사한다. 신29:2-4 참고 모세처럼 예수는 제자들에게 "기억하라"고 권면한다. 8:18; 신32:7 참고

예수가 상징적 숫자를 반복해서 사용하는 것처럼 마가 역시 독자들이 이야기를 되짚어 볼 수 있도록 상징을 남긴다. 8:19f 광야에서 무리를 먹인 첫 번째 이야기에서 다섯 개의 빵과 남은 열두 광주리는 유대 세계를 상징한다. 모세 오경, 이스라엘 열두지파 두 번째 이야기에서 일곱 개의 빵과 남은 광주리는 이방 세계를 포용한다는 뜻이 담겨있다. 유대 수 체계에서 칠은 완전함을 상징한다 이를 더 명확히 하고자 마가는 "광주리"를 뜻하는 다른 두 용어를 사용한다. 첫 번째 사건에서는 유대 용어를 썼고, 두 번째에는 헬라 용어를 썼다.

"너희가 아직도 깨닫지 못하느냐?" 8:21 마가가 우리에게 "빵의 뜻"을 올

바로 이해하기 전에는 뒤에 나오는 이야기로 넘어가지 말라고 경고하는 듯하다. 마가복음 4-8장에서 반복되는 두 개의 이야기 사이클은 예수가 실천한 희년의 사회적, 경제적, 정치적 결과를 더 자세히 설명하고 있다. 오직 "하나의 빵"으로 모이라고 교회를 부르고 있다. 또한, 그 빵은 모든 사람이 넉넉히 먹을 수 있음을 상징한다.

우리는 "보고 있는가?" 마가복음의 현실 속에서 아마도 대답은 "아니오"일 것이다. 마가가 묘사하는 제자의 모습은 어떻게 몰이해가 적대감8:32으로 변하고, 결국에는 변절로 이어지는지 보여준다.14:50 참고 하지만, 마가는 시각 장애인을 치유하는 8:22-26 희망의 상징으로 후반부를 시작할 것이다. 이때 예수는 갑자기 바다와 뱃나루를 떠나서 가장 용감하고 위험한 여정을 시작한다. 바로 예루살렘으로 향하는 긴 행군이다.

세상 속 말씀

경계를 넘는 사람으로 묘사되는 마가복음의 예수는 우리의 심기를 불편하게 한다. 드러나게 혹은 암묵적으로 존재하는 아파르트헤이트apartheid/인종 분리 정책, 심각한 경제 불균형, 적대감이 일상화된 세계에서 사는 우리를 불편하게 한다. 오늘날 인종차별이라는 거센 풍랑이 이는 바다를 건너는 일, 가난한 사람들에게 우선권을 주는 일, 인류의 연대를 다시 찾는 일은 매우 시급한 과제이다. 본문에서 예수는 사람을 배제하고 지배하는 행동이 누룩처럼 공동체의 빵을 서서히 상하게 함을 항상 주의하라고 제자들에게 경고한다. 교회는 어떤 측면에서 그런 누룩의 영향을 받고 있는가?

현대 교회가 당면한 문제를 깊이 이해하려면, 313년에 일어난 큰 변화를 알아야 한다. 당시 콘스탄티누스 황제는 기독교인에 대한 로마 제국의 정책을 변경했다. 교회가 로마 제국의 공식 종교로 인정받자, 교회의 위치는 밑바닥에서 꼭대기로, 변방에서 중심으로, 힘없는 자에서 힘 있는 자로 옮겨졌다.

이때 일어난 변화는 우리의 성서 해석뿐 아니라 폭력, 전쟁, 사회 정의와 같은 근본적인 문제를 이해하는데 영향을 미쳤다. 하나님나라라는 역동적인 복음의 핵심 메시지가 현상 유지라는 다른 메시지로 변질되었다.

미국 역사에서 기독교 전통은 수백만 원주민의 정복과 수백만 아프리카인의 노예화를 합리화했다. 유럽교회는 정복의 신학적 정당성을 제공했고, 정복당한 자들에게 수동적이고 운명론적인 종교를 심어 주었다. 미국 역사에서 기독교 전통이 얼마나 오용되었는지 조사해서 오늘날에도 그러한 일이 일어나고 있는지 살펴야 한다.

누룩에 대한 예수의 경고는 지배와 배제의 정책이 얼마나 우리 개인과 공동체의 삶을 오염시키는지 밝히고자 하는 신앙인들을 위한 것이다. 해방신학은 "의심의 해석학"을 실천하라고 권유한다. 곧, 해석할 때 우리의 사리사욕을 바탕으로 본문과 상황을 이해하지는 않는지 건전하게 의심해보라는 뜻이다.

어떻게 "의심의 해석학을" 인종, 계급, 성별에 대한 교회의 입장에 적용해볼 수 있을까? 개인이 가진 인종에 대한 편견이 명백하게 드러나는 데 비해, 제도화된 인종 차별의 누룩은 밝혀내기가 훨씬 어렵다. 제도화된 차별이 겉으로는 인종차별을 하지 않는다고 주장하는 colorblind 구조에 뿌리를 박고 있기 때문이다. 자본주의가 하나님나라에서 선택된 경제라고 믿는 누룩이 우리의 성서 이해를 방해하고 있지는 않은가? 교회의 공적 사역이 재분배 정의의 실천이 아니라 자선 사업이라고 생각하는 이유는 무엇인가? 우리의 일상과 전통이 얼마나 남성 특권 주의에 물들고 왜곡되었는가?

당신과 당신의 공동체가 참여하고 있는 구체적인 사역에 "의심의 해석학"을 적용해보자. 당신이 하는 일의 바탕에 깔린 전제가 무엇인지 살펴본다. 그러한 사역을 할 때 단체의 어떤 이익이 개입되어 있는지 파악한다. 당신은 해결하려는 "문제"를 어떻게 분석하고 있는가? 무엇을 성공과 실패로 규정하는가? 어떤 가치나 말씀이 당신에게 동기를 부여하는가? 당신은 "사회 변혁의 주도자"로서 당신을 어떻게 바라보는가? 누가 누구를 위해 의사 결정을 내리고, 권력은 어떻게 사용되는가? 관심을 갖고 섬기는 대상을 어떻게 대하고 있는가? 그들과 어떤 관계를 맺고 있는가?

당신의 가계도를 보자. 인종, 계급, 젠더, 민족주의의 누룩이 당신의 가족사에 어떠한 영향을 미쳤는가?

1950년대까지 주류 기독교 교단들은 우리 사회의 제도를 장악하고 있었다. 하지만, 그 시절은 지나갔다. 교회 안의 몇몇 사람들은 이 현상을 교회의 제도적 위기로 파악하고, 교회의 메시지를 주류 문화의 요구에 맞춰 재구성해야 한다고 생각한다. 반면,『과거와 미래의 교회*The Once and Future Church*』저자 로렌 미드*lauren Mead*는 다르게 생각한다. 제도화된 미국 교회의 쇠퇴는 첫 세대 기독교인에게 고통스럽지만 분명했던 교회론을 되찾을 기회이다. 교회란 변방에서 난민, 학대받은 여성, 실업자, 노숙자, 착취당한 땅 등 소외된 자들과 함께 사역하는 공동체라는 사실이다. 그러한 신실한 교회만이 지배 문화에 대안을 제시하는 "광야에서 외치는 소리"가 될 수 있다.

다른 문화권에서 하는 성경 공부와 사역은 우리의 눈을 열고 평소 깨닫지 못하던 색안경과 편견을 발견하게 해준다. 가난한 자가 이야기하는 모든 것이 복음의 진리는 아니지만, 가난한 자의 이야기를 듣지 않고는 복음의 진리를 알 수 없다.

변방에서 살고 일하는 사람들은 현실과 성서를 기존과는 다른 관점, 곧 역사의 "아래"에서 보도록 도전할 수 있는 권위를 갖고 있다. 본회퍼의 글에 나오는 이 용어는 해방 신학에서 비판적 성찰을 위한 기틀이 되었다. 어떻게 우리는 아래에서 보는 관점을 내면화할 수 있을까?

마가복음의 중요한 이 시점에 잠시 멈춰서서 제자로서 우리가 배우고 있는 교훈을 되짚어보아야 한다. 이 이야기를 읽는 독자로서 당신만의 여정을 상상해보라. 마가복음의 처음부터 그동안 느낀 점을 본문과 연관된 상징이나 그림으로 표현해 도표를 만든다.

당신은 어느 지점에서 제자도로 "부름" 받았음을 느꼈는가? 어디에서 광야의 유혹을 경험했는가? 어디서 치료가 필요했고, 악령을 만났는가? 어디서 건너편으로 건너가는 위험 때문에 두려움을 느꼈는가? 거기서 누구를 만났는가? 누가 당신을 환영했는가? 누가 거절했는가? 마가복음 이야기가 당신에게 축복, 도전, 영감으로 다가왔던 모든 지점을 도표에 그리면서 당신만의 제자도 이야기를 만든다. 마가복음 전반부에 나오는 이미지와 주제를 사용한다.

우리가 걷는 제자의 길

마가복음에서 바다를 건너는 극적인 이야기는 연대를 향한 여정이 결코 쉽지 않음을 보여준다. 바다를 건너는 일 뿐만 아니라 건너간 곳에서 누군가를 만나는 것 또한 쉽지 않다. 우리는 다른 나라를 방문할 때면 경계를 마주한다. 하지만, 인종이나 민족의 경계, 젠더나 다른 성적 지향을 가진 사람들 간의 경계, 다른 동네를 지나갈 때 뚜렷이 보이는 계층 경계도 우리가 누구인지를 말해준다.

경계는 우리를 갈라놓는 장벽이 될 수도, 만남의 장소가 될 수도 있다. 우리를 보호하는 벽이 될 수도 있고 접선 장소가 될 수도 있다. 경계는 어디가 안전지대인지 알려주면서 동시에 넘을 수 없는 한계를 설정해준다. 경계는 폭력의 장소가 될 수도 있고 정의와 존중, 서로 주고받는 만남의 장이 될 수도 있다. 경계는 고정관념의 장소가 될 수도, 이해의 장소가 될 수도 있다. 우리가 경계를 어떻게 경험하는가는 주로 건너편에 있는 사람을 어떻게 바라보느냐에 따라 정해진다.

만약 이 세상의 사회적, 정치적 가치 속에 사람을 환영하고 차이를 존중하는 태도가 있다면, 경계는 그다지 중요하지 않을 것이다. 그러나 정치, 민족, 종교, 인종 간의 경계는 부와 권력을 가진 자들이 재분배를 회피하는 도구로 매우 자주 사용되었다. 이에 따라 경계는 불의나 인권 침해를 숨기는 배제와 소외의 도구가 되었다. 어떻게 하면 타인을 배제하고 제한하고 비인간화하면서 경계를 억압의 도구로 사용하는 행태를 비판하고 극복할 수 있을까?

우리의 사회적 실재를 정의하는 경계는 무엇인가? 예수가 당신의 공동체에게 저편으로 건너가라고 요청하고 있지 않은가? 우리 삶 속에서 그 여정은 어떤 모습일까? 말 그대로 다른 나라를 가서 다른 언어를 쓰는 사람과 연대하는 것일 수도 있다. 그러나 그보다 우리가 살고 있는 공동체의 저편으로 건너가는 일이 더 어려울 수 있다.

교회 안에 불편하고 어떻게 다가가야 할 지 모르는 사람이 있을 지 모른다. 심지어 가정 안에도, 혹은 우리의 깊은 내면에도 경계가 있을 수 있다. 어쩌면 우리 자신이 받아들일 수 없는, 혹은 알지 못하는 인간성의 한 영역으로 건너가라고 부름받았다.

사람에게는 우리가 누구이고 누가 아닌지를 알려주는 경계와 선이 필요하다. 우리는 모두 안전하고 익숙한 장소가 필요하다. 하지만, 경계 저편에 서 있는 누군가를 어떻게 바라보고 있는가? 우리는 끊임없이 우리와 다르게 입고, 말하고, 생각하고, 행동하는 사람들과 공동체를 마주하고 있다. 때로는 그러한 다름이 매력적일 때도 있다. 다른 누군가를 만날 때 영광스럽고, 즐겁고, 풍요로워지는 느낌을 받을 때가 있다. 하지만, 우리와 다른 사람들에 대해 추측하거나, 위협을 느끼거나, 두려움에 사로잡힐 때도 있다.

가장 위험한 점은 우리가 무의식적으로 그러한 감정을 느끼는 것이다. 나도 모르게 "타자"를 소외시킨다. 그래서 건너편으로 가는 여정의 첫걸음은 그곳에서 만나는 사람에 대한 감정에 정직하게 직면하는 것이다.

천천히 다음 질문에 답해보길 바란다. 당신의 제자 일기에 답을 적어본다.

당신이 어린 시절과 청소년기를 보낸 공동체에서 누가 "타자"였는가? 아마도 가난한 사람, 노숙자, 다른 인종, 미혼모였을 것이다. 당신 가족은 어떻게 그들에게 다가갔는가? 가족 중에 누가 외톨이였는가? 왜 그렇게 되었는가?

당신과 다른 인종, 계층, 종교의 사람들은 당신의 가족이나 민족을 어떻게 바라보았다고 생각하는가?

당신은 살면서 어떤 경계를 넘어보았는가? 어린 시절이나 성인이 되어서 한 신앙 여정 중 인간성의 저편에서 어떤 경험을 해보았는가? 그런 경험을 통해 경계 넘기에 대해 무엇을 배웠는가? 이 경험은 경계 건너편에 사는 사람도 받아들일 수 있는 것인가? 건너편에 있을 때 어떤 가이드라인을 갖고 있었는가?

3부. 제자 "교리문답"

생각 열기

(한 저자의 일기장에서 발췌) 자기를 부인하라. 도대체 무슨 말이에요? 아니요! 난 "살아라"라고 말할 거에요. 마가, 당신은 틀렸어요! 삶, 삶의 모든 조각은 선하게 창조되었어요. 당신은 수백 년 동안 "자기를 부인하라"는 말로 억압해왔어요!

그래요. 난 "나 자신을 부인해왔어요." 아주 잘못된 방법으로 말이에요. 거의 죽을뻔했어요. 그때 내 마음속에 한 음성이 들려왔어요. "소중한 딸아, 살아나라." 그것은 진실한 목소리였어요. 분명하고, 따뜻하고, 강한 목소리. 난 그 목소리가 빛이고, 생명이고, 하나님이라는 것을 확신해요. 내가 자라며 들어온 하나님은 나 자신을 부인하라고 말하지 않았어요.

그렇다면 쇼핑, 멋, 힘, 더 잘난 무언가를 좇아 사는 사람들은 도대체 뭘까요? 우리가 모래성을 쌓는 대신, "살아나라"는 하나님의 음성 듣는 법을 배웠다면, 세상은 고통 속에서 몸부림치지 않았을 텐데요. 분명 그럴 텐데요.

하지만, 마가, 당신 말 속에는 진리가 담겨있어요. 소웨토Soweto에 다녀온 친구 이야기를 들었어요. 아파르트헤이트가 끝나기 이 년 전이었지요. 소웨토에 사는 흑인들과 요하네스버그에 사는 백인들이 함께 모여 소웨토에 교회를 만들었다더군요. 그들은 함께 예배하며 화해를 도모했어요. 내

친구가 이렇게 말했어요. " "백인과 흑인 모두는 목숨을 걸고 그 일을 하고 있었어." 마가, 당신의 이야기는 그들에게 사실이었어요. 그들은 자기를 부인하고, 자기 십자가를 지고, 따르고 있었어요.…

어떤 상황에서는 예수를 따르려면 자기를 부인하고 십자가를 져야 한다고 말하는 것이 정답 같아요. 소웨토에서 화해를 실천하는 교회처럼 말이에요. 하지만, 그렇게 가혹하지 않은 상황에 살아가는 우리에게 예수를 따른다는 것은 다른 의미지요. 아니오. 그건 말도 안 되는 소리에요. 우리가 사는 이 땅에도 형제자매들이 매일 가난으로 죽어가고 있어요. 엄마들은 인종차별로 아이들을 잃고 있어요. 사람들은 유행과 경제에 목을 매고, 폭력과 성으로 텔레비전을 도배하고 있어요. 우리 사는 세상이 예수가 살던 시대보다 덜 망가졌거나, 덜 잔인하지는 않아요. 다른 삶을 사는 사람에게는 고문과 죽음이 따르잖아요.

마가, 좀 더 개인적인 차원을 생각할 때에도 당신 말이 맞아요. 내 삶이 언제 가장 선명하고, 진실하고, 깊게 자리 잡았는지 알아요? 내 목숨을 걸고 온전히 내어줄 때였어요. 의무로 자기 부인을 하는 것과 사랑하기에 자기 부인을 하는 것에는 어떤 차이가 있을까요? 그 당시 예수의 제자가 된다는 것은 스승의 본을 따라 하는 것뿐 아니라 다른 무엇보다 스승을 사랑하기로 결단하는 것이었어요. 이제야 내가 조금은 이해한 건가요?

하지만, 마가, 당신은 여전히 역설적인 사람이에요. 만약 내가 해답을 찾는 대신, 당신을 역설로 받아들인다면 더 분명하게 이해할 수 있을 것 같아요. 역설적인 것은 단순히 친밀한 시간을 통해서 삶이 진실하고 분명해진다는 것이에요. 누군가에게 깊은 감동을 줄 때 나 자신을 부인하지 않고 십자가를 들지는 않았지만, 단순한 삶과 사랑의 경이를 누릴 때, 나와 누군가의 삶에 깊이 들어가 헤엄칠 때, 내 마음은 노래하고 내 영혼은 춤을 추어요. 이 모든 순간도 하나님을 알아가는 시간입니다.

난 이렇게 내 삶을 찾아갑니다. 이 순간에 천사들이 하나님과 기뻐한다고 믿습니다. 쓰레기 더미 속에서 나를 찾을 때, 영광스러운 사랑의 노래를 부를 때, 모든 피조물에게 주어진 자유 안에서 나는 내 삶을 찾아갑니다. 그리고 하나님이 기뻐하십니다.

11장•제자도를 향한 두 번째 부르심

마가복음 8:22-9:1

문맥 속 말씀

이제 마가복음의 중반에 이르렀다. 전반부는 "길"1:2의 시작을 알리는 것으로 시작하여 "너희가 아직도 깨닫지 못하느냐?"8:21라고 제자와 독자에게 묻는 것으로 끝났다. 후반부도 "길에서" 8:27 시작하는데, "너희는 나를 누구라 하느냐?"8:29a 라는 질문을 던진다.

우리는 예수가 누구인지, 어떤 분인지 정말 알고 있을까? "정답"을 말한 베드로에게 침묵을 명하는 예수의 모습은 뜻밖이다.8:30 그 다음 베드로의 "고백을 둘러싼 갈등"과 예수의 제자도를 향한 두 번째 부름이 나온다.8:34ff 이 두 가지는 복음서 전체의 균형을 맞추는 중심 역할을 한다. 여기서 마가의 논지가 가장 분명하게 드러난다. 제자도는 신학 명제가 아니다. 십자가의 길이다.

이 단락에는 미래에 대한 "예견"이 이야기 중간에 세 번 나온다. 예수가 곧 권력자들에게 잡혀서 재판받고 처형당할 것이라고 말하는 장면이다.8:31, 9:31, 10:33f 이러한 예고가 나올 때마다 제자들은 좀처럼 이해하지 못한다. 그래서 결국 제자들을 가르치는 장면이 세 번 나온다. 세 번의 가르침은 역설적인 대구법으로 구성되어 있다.

"누구든지 제 목숨을 구하고자 하는 사람은 잃을 것이요…" 8:35

"누구든지 첫째가 되고자 하면, 그는 모든 사람의 꼴찌가 되어서…"9:35

"너희 가운데서 누구든지 위대하게 되고자 하는 사람은 너희를 섬기는 사람이 되어야 하고…"10:43

마가복음에서 예수가 "누구든지"라고 할 때는 청중을 일컫는다. 마치 우리 이름을 적어야 할 듯이 여백을 가진 단어다. 그래서 이 이야기야말로 "대화식" 이야기다!

이 세 번의 주기는 예수와 제자들이 머나먼 팔레스타인 북부 지방에서 예루살렘의 변두리까지 향하는 "길 위의 학교"에서 이뤄지는 교리문답과도 같다.

지역	예고함	이해하지 못함	가르침
1) 빌립보의 가이사랴	8:31	8:32f	8:34ff
2) 갈릴리에서 유대로	9:31	9:32-34	9:35ff
3) 예루살렘으로	10:32-34	10:35-37	10:39ff

마가복음은 구체적인 사례와 함께 "십자가의 길"에 담긴 밝은 면과 어두운 면 모두를 설명할 것이다. 이 교리문답은 시각 장애인의 시력이 회복되는 두 이야기를 앞뒤에 배치하고 있다. 처음 것은 벳세다.8:22-26, 두 번째는 여리고 10:45-52에서 일어난 일이다.

본문 읽기 : 마가복음 8장 22-26절

복음서 전반부는 제자들이 "인지 능력" 눈, 귀, 마음 부족으로 실패했다는 암울한 내용으로 끝난다.8:18-20 후반부가 시각 장애인 이야기로 시작하는 것은 우연이 아니다. 본문은 제자들의 "보지 못함과 듣지 못함"에 맞서는 마가복음 이야기의 일부다.

> 예수는 귀 먹고 말 더듬는 사람을 고친다.[7:31-37]
>
> 예수는 눈 먼 사람을 고친다.[8:22-26]
>
> 예수는 귀 먹고 말 더듬게 하는 귀신을 내쫓는다.[9:14-29]
>
> 예수는 눈 먼 사람을 고치고, 그는 예수를 따른다.[10:46-52]

마가복음에 마지막으로 나오는 이 네 번의 치유 사건이 시사하는 바는 다음과 같다. 예수가 "듣지 못하는 사람도 듣게 하시고, 말 못하는 사람도 말하게 하시고"[7:37], 시각 장애인도 "밝히 보게 한다면," 제자들에게도 희망이 있다.

"무엇이 보이느냐?"[8:23] 벳새다에서 시각 장애인에게 던진 예수의 질문은 예언자들을 떠오르게 한다. 아모스의 하나님[암8:2]과 스가랴의 천사는 "네가 무엇을 보느냐?"고 물었다.[슥4:2] "시력"은 마가복음에서 믿음을 상징하는 주요 비유로 나온다. 시각 장애인의 눈이 반쯤 회복된 상태[혼란스러워하는 제자들의 상태를 상징한다]는 예수의 두 번째 만지심을 필요로 했다.[8:24f] 두 단계 치료가 말해주듯이, 마가복음의 독자들이 "밝히 보려면" 이제 복음서 후반부 이야기를 붙들고 씨름해야 한다.

본문 읽기 : 마가복음 8장 27–33절

마가복음에서 폭풍 장면이 처음 등장한 이후로 '예수는 누구인가?'라는 질문은 배경에 남아있었다.[4:41] 이제 마가는 이 질문을 직접적으로 다룬다. 대중이 예수를 이해하는 방식은 앞서 요한을 잘못 이해한 세 가지 방식과 닮았다.[6:14-16] 하지만, 제자들의 의견을 물었을 때, 베드로는 예수를 "메시

아”라 불렀다.8:29

  정치적 색채가 짙은 이 호칭은 맨 처음 이야기의 제목1:1에서 나온 이후
처음 등장한다. 1세기 팔레스타인 유대인들은 메시아를 언젠가 이스라엘
의 정치적 회복을 이룰 왕족이라고 생각했다. 마가복음의 제목이기도 하고
교회에서 이 고백을 중시하기 때문에, 우리는 베드로의 고백을 쉽게 받아들
인다. 하지만, 당황스럽게도 예수는 곧바로 베드로에게 침묵을 명한다.8:30
마치 베드로가 예수의 정체를 “폭로name”하려는 또 다른 귀신인 것처럼 말
이다!1:52, 3:12 참고 그리고 나서, “예수께서는 인자가 반드시 많은 고난을 받
아야 한다는 것을 그들에게 가르치기 시작하셨다”라는 구절로 이야기는 새
로운 국면에 접어든다.8:31

  보수주의자들은 예수의 예언을 신적 예지력의 증거로 이용했고, 진보주
의자들은 나중에 나온 신학적 해석으로 일축했다. 양자 모두 마가복음의
핵심을 놓쳤다. 마가가 “반드시”라고 말할 때는 희년의 정의를 추구하는 자
들이 반드시 권력자들과 충돌하고 만다는 뜻이다. 또한, 마가는 예수가 개
선 장군처럼 예루살렘에 들어가지 않고, 오히려 권력자에 의해 처형당할 것
이라고 전한다. 사람들이 예상했던 메시아 “각본”을 뒤엎었다. 메시아 각
본을 이른바 “예언자 각본Prophetic script”이라는 것으로 대체한다. 복음서 후
반부의 절정에서 마가는 결국 요한이 따랐고, 예수가 따를9:12f 참고, 그리고
신실한 제자들이 따르게 될13:9-13 참고 예언자 각본을 쓰게 된다.

  첫 번째 예고에서 메시아라는 단어는 삼인칭 “인자”로 바뀐다. 인자는
앞에서 빚 체제를 도전하고 희년의 안식 전통을 회복한 인물이다.2:10, 28; 2
장과 3장 참고 하지만, 그 이름은 예수의 제자도를 향한 두 번째 부르심을 이해
하는데 핵심이 되는 다니엘서 7장의 묵시적 환상에서 나왔다.아래를 참고

  “예수께서 드러내 놓고 이 말씀을 하시지만”8:32 베드로는 완전히 바뀐
메시아의 새로운 의미를 받아들이지 않는다. 베드로 이후에 나타난 크리스

텐덤Christendom 역시 베드로처럼 그 의미를 거부했다. 두 사람의 언쟁은 서로를 날카롭게 비난하면서 고조되다가, 예수가 베드로의 정체를 "폭로counter-naming"하면서 끝난다.

베드로: 예수는 메시아입니다.

예수는 베드로를 침묵시킨다.

예수: 인자는 반드시 고난받아야 한다.

베드로는 예수를 침묵시킨다.

예수는 다시 베드로를 침묵시킨다.

예수: 베드로는 사탄과 한 편이다.

가엾은 베드로가 무엇을 잘못했기에 그토록 심한 비난을 받아야 했을까. 베드로가 전통 메시아 각본을 고수했기 때문이다. 그 전통은 영웅이 월등하고 "정당한" 힘을 사용하여 적을 이긴다는 "구속적 폭력의 신화myth of redemptive violence"를 주장한다.Wink, 1992; Baili, 1995; Beck, 1996 사탄은 가장 오래된 이 거짓말로 역사를 다스려 왔다. 마치 나라와 민족들이 하나님을 들먹이며 "정당한 전쟁"과 십자군으로 그들의 적을 죽인 것처럼 말이다. 이 전략은 인자의 비폭력 전략, 곧 폭력 그 자체가 적이라는 전략과 충돌한다.

본문 읽기 : 마가복음 8장 34-9:1절

예수의 제자도를 향한 첫 번째 부르심은 지배적인 사회, 경제 질서 속에 있는 그들의 자리를 "떠나" 희년의 비전과 하나님의 통치를 되찾는 예수를 "따르라"고 사람들을 초대했다.1장 참고 이제 두 번째 부르심은 그에 따르는 정치적 결과가 무엇인지를 분명히 말해준다.8:34 예수의 초대는 베드로와의 언쟁이 멈춘 지점에서 시작한다.

“내 뒤로 물러가라…” 8:33

“내 뒤를 따라오려고 하는 사람은…” 8:34

제자도의 두 가지 조건이 명시되었다. “자기를 부인하고, 자기 십자가를 져라.”

1세기 팔레스타인에서 십자가는 종교적 상징이 아니었다. “십자가를 지다”라는 말은 개인적 고난을 뜻하는 비유도 아니었다. 십자가형은 단 한 가지만을 뜻했다. 로마 제국이 정치적 반체제 인사에게 내린 잔인한 사형 방식이었다. 마가가 글을 쓸 당시에는 유대인들의 반란이 진행 중이었기 때문에 십자가를 흔히 볼 수 있었다. 유대 민족주의자들은 로마를 향해 “칼을 들라”며 애국지사를 불러 모았다. 그에 반해 마가복음의 예수는 “십자가를 들라”고 제자들을 초대한다. 결국 “자기 부인”이라는 말은 개인적인 금욕에 관한 것이 아니라 정치적 시련으로 이해해야 한다. 국가 보안대의 심문에도 “야훼의 통치”에 충성을 고백하는 행위는 가이사Caesar만이 주님일 수 있는 세상에서 반역으로 고발된다. 자기 부인은 값비싼 정치적 선택이다.

그 다음 예수는 이 문제를 다른 방식으로 표현한다. 예수와 희년 계획을 부인하면서 “제 목숨을 구하고자” 하는 사람은 그래서 “나와 내 말을 부끄럽게 여기는” 사람, 8:38전은 참 생명을 잃을 것이다.8:35 반대로 “나와 복음을 위하여” 살고 죽는 사람은 진정한 “생명”을 경험할 것이다. 이 두 가지 선택은 마가복음의 수난 서사 속에 극적인 모습으로 나타난다. 베드로는 가야바의 대궐 안뜰에서 “제 목숨을 구했지만”, 결국 예수를 배신하고 스스로 무너져내렸다.14:66-72 바로 문 뒤편 법정에서 예수는 자신이 인자임을 고백하고14:55-65, 그 결과 “십자가를 진다.”15:25

그리고 예수는 경제적 비유를 든다. 배신으로 자신을 보호하는 것은 어리석은 투자다. 그 결과는 “이익”이 아니라 “몰수”다.8:36f 나중에 유다가 돈

몇 푼을 얻으려 자신의 영혼을 "팔아넘기는" 모습을 보게 될 것이다.14:21 그래서 예수는 "잃고" "얻음"은 지배 문화의 거래명세서 방식에 따라 계산하면 안 된다고 세 번 반복한다. 안타깝게도 대부분 그리스도인은 예수의 신비로운 비폭력 미적분학을 실험해보지 않는다.

예수는 정의에 관한 다른 비전을 언급하며 설교를 마친다.8:38 전통적인 성서 주해는 이 구절을 예수가 최후 승리를 거두러 "재림"한다폭력적인 재림을 추측 측면에서 해석해왔다. 하지만, 이 "종말론적" 각본을 이해하는 열쇠는 다니엘서 7장에 나오는 천국의 법정 환상 속에 있다.

배경: 다니엘서의 "인자"

다니엘서는 예수와 마가가 살던 시대보다 2세기 전, 그리스 폭군인 안티오쿠스 에피파네스 4세의 박해가 있던 시대에 쓰인 유대 저항 선언문이다. 다니엘서 전반부에는 영웅담이 담겨있다.단2-6 후반부는 요점은 같지만, 묵시적 이야기로 장르가 바뀐다. 묵시는 현재 일어나는 정치적 사건을 은밀히 해석하고자, 천국의 환상과 천사의 해석을 사용한 매우 상징적이며 자주 쓰이는 문학 장르였다.

현대 독자들은 흔히 묵시적 환상을 미래에 대한 예언으로 오해한다. 묵시적 환상은 역사를 또 다른 차원, 곧 하나님의 관점에서 보게 한다. 묵시적 이원론은 우리가 "장차 올 시대"의 관점으로 "이 시대"를 비평할 수 있도록, 실재를 보는 이중 시각을 가질 것을 요구한다. 하지만, 실제로 이 두 영역은 공존하고 있다. 우리에게는 두 영역을 모두 "볼 수 있는 눈"이 필요하다.

본문 읽기 : 다니엘 7장

예언자는 먼저 유대인을 박해하는 폭군들다니엘 7장 2-8절의 "짐승들"을 "본다." 그러나 믿음의 눈으로 보면 진정으로 일어나고 있는 일이 무엇인지 드러난다. "내가 보니…" 7:9 환상의 중심에는 "옛적부터 계신 분"이 짐승들을 심판하고7:9-12, 26f "성도들"에게 진정한 권위를 주는 법정 장면이 담겨있다. "하늘 구름을 타고" 오는 인자를 위해 심판이 열린 것이다. 그리고 마가는 이 이미지를 복음서에 담았다.막 14:62 참고

비록 안티오쿠스는 그리스 법정에서 피고가 된 핍박받는 유대인들에게 유죄 판결을 내렸지만, 다니엘의 묵시적 환상은 그들의 무죄를 입증해줄 "진정으로 정의로운 더 높은 법정"이 있음을 확언했다. 마가는 이러한 다니엘의 "이중 초점" 묵시적 관점을 차용했다. 기독교인들이 서 있는 법정은 하나가 아니라 둘이다. 권세자들 앞에서 무죄 선고를 받는 것은, 인자의 법정에서는 "창피를 당할" 일이다. 그게 아니라면 그 반대다. 이 때문에 마가는 인자를 피고8:31인 동시에 검사8:38로 표현했다! 묵시적 믿음은 의미를 줄 뿐 아니라 비폭력적 고난의 신비로운 결과를 가르쳐준다. 역사에서 정의를 위해 죽이는 것 대신 죽는 것은 천국 법정에서 있을 무죄 선고를 앞당기는 일이다.

또한, 묵시적 믿음은 "이 세대는 죽기 전에 하나님나라가 권능을 떨치며 와 있는 것을 볼 것이다."9:1라는 예수의 마지막 약속을 이해하는 데 도움을 준다. 또한, 우리가 나중에 보게 될24장 마가의 "세 번째 묵시적 순간"인 예수의 십자가 사건을 암시한다. 묵시적 믿음만이 우리의 눈을 열어, 권세자들이 승리를 이룬듯한 순간에 예수의 비폭력적 권능이 지배 체제를 해체하는 장면을 보게 해준다.

세상 속 말씀

"자기를 부인하고, 자기 십자가를 지고, 나를 따라오라"는 말씀은 자원을 움켜쥐고, 다른 민족의 자기 결정권을 짓밟고, 정치적, 경제적 손을 세

계에 뻗치친 제국에 사는 우리 기독교인에게 무슨 뜻일까? 미국 시민으로 사는 우리에게 자기를 부인하고, 자기 십자가를 지고, 처형당했지만 살아계신 예수를 따라간다는 것은 무슨 의미일까? 이 질문을 회피하는 것은 오늘날 우리가 사는 세상을 향해 도전하는 강력한 말씀에 직면하길 거부하는 것이다.

우리는 말씀을 읽으면서 "십자가를 진다"는 표현의 구체적인 정치적, 물리적 함의를 살펴보았다. 십자가를 진다는 것은 각자의 인생에 놓인 개인적 짐을 어깨에 짊어지고, 천국의 보상을 바라면서 사는 것을 의미하지 않는다. 말씀을 연구해보면 이런 영적이고 사적인 해석을 거부하게 된다. 예수가 말한 십자가는 집권층을 위협한 결과로 주어진 "사형대"였다. 그러나 예수는 모든 이를 위한 생명을 낳았다. 사형대를 향해 가는 예수를 따르라는 부르심이 어떻게 생명을 향한 부르심이 될 수 있을까?

십자가를 삶에 대한 긍정으로 이해하려면, 먼저 십자가를 상징으로 남용한 역사를 알고, 거부해야 한다. 예를 들어서, "자기를 부인하라"는 예수의 부름은 기독교의 전통 가르침 속에서 여성에게 적용되어왔고, 여성들은 그것을 내면화했다. 그러면서 그 말은 예수가 약속한 생명의 씨앗이 아니라 8:35b 억압과 굴레의 원천이 되었다. "십자가를 져라"는 개인의 경험, 필요, 고통, 기쁨, 권리를 부인하라는 경고가 되었다. 또한, 섬김의 정신servanthood 이라는 뜻으로 사용되었는데, 섬김Diakonia의 의미가 아닌 남자보다 못한 돕는 이, 혹은 노예의 의미로 사용되었다. 심지어 미국 백인 우월주의는 유색인종 여성에게 더 심하게 노예의 삶과 섬김을 강요했다. 이처럼 복음을 오용하고 여성을 학대한 역사를 통해서 헤아릴 수 없는 사회적·인적 비용이 소모되었다.

교회에서 지내고 있는 어떤 노숙 여성이 자기중심적인 삶을 우상화하는 것에 대한 설교를 듣다가 고민에 빠졌다. 마약 중독의 지옥에서 나와 자신의 삶을 찾으려 노력한 시간에 대해 죄책감을 느꼈다. 이 여성은 한 번도 스스로 인식할 수 있는 자기 자신을 가져본 적이 없다. 그 대신 다른 사람이 기대하고 요구하는 사람으로 살았다. 결국 자기를 비하하게 되었고, 중독에 빠지게 되었다. 이러한 여성이 여성과 같은 많은 사람을 향한 하나님의 말씀은 자신을 부인하고 생명을 저버리는 것이 아니다. 삶을 찾고 치유받고, 온전함을 회복하고 자신을 사랑하는 것이다. 그러려면 전통 기독교 가르침이 이해한 자기 부인이 아니라고 말해야 한다.

자기 희생을 자기 부정이라 정의하는 것은 사회에 의해 "자기가 없는 삶 selflessness"을 살도록 길든 여성과 사람들에게 파괴적인 영향을 미친다. 특히 유럽이나 유럽계 미국의 가부장 전통이 기독교의 사랑을 이런 식으로 이해하게끔 하였다. 예를 들어서, 남성 신학자들은 죄가 자기주장, 자만, 권력에의 의지에 뿌리를 박고 있다고 정의한다. 그들에게 사랑의 가장 고귀한 형태는 자기희생, 곧 자기 사랑을 부정하는 것과 같다. 신학자 앤더스 니그렌Anders Nygren이 말한 관점이 전형적인 예다. "기독교는 자기 사랑을 정당한 사랑이라고 생각하지 않는다. 기독교 사랑은 두 방향을 향한다. 하나님은 하나님을 향한 사랑, 다른 하나는 이웃을 향한 사랑이다. 자기 사랑은 싸워서 정복해야 할 주된 적이다."

신학적 담론에 더 많은 여성이 참여하게 되면서, 죄와 기독교 사랑에 대한 근본적으로 다른 정의가 나오고 있다. 많은 사람이 모든 존재를 향해 식을 줄 모르는 하나님의 사랑을 강조한다. 하나님이 사랑하시는 것처럼 사랑하도록 창조된 우리는 우리 자신을 포함한 모든 존재를 사랑하도록 부름 받았다. 죄는 자기 부정, 파괴된 인성, 깨어짐을 포함하는 것이다. 따라서 기독교 사랑은 우리가 누군가를 깊이 사랑하고 다른 사람과 사회를 치유할 수 있는 사람이 될 수 있도록, 우리 자신을 치유하고 세워주는, 참된 자기 사랑을 포함하는 것으로 재정의된다. 자기 사랑과 이웃 사랑은 더는 상충

하지 않는다. 반대로, 자기 사랑은 이웃을 깊이 사랑하기 위한 필수 전제 조건이다.

그렇다면, 자기를 부인하라는 복음의 초대는 개인의 경험, 개성, 인권, 온전한 몸을 부정하라는 뜻이 아니다. 오히려 자신의 세계 중심에 서 있는 자아에 도전하는 것이다. 개인주의와 사리사욕에 갇힌 삶에서 나와 하나님의 사랑에 따라 살라고 부르고 있다.

따라서, 나를 따르라는 부르심은 억압적인 권력 구조를 도전하는 급진적 사랑의 길을 걸으라는 부르심이다. 우리는 위험과 죽음에 처할 수도 있다. 거대한 탐욕과 폭력의 세력 속에서 이 부르심을 살아내는 것이기 때문이다. 마가는 고난과 죽음이 예수나 제자들을 향한 하나님의 뜻이라고 말하지 않았다. 예수의 고난을 "따라 하라는" 말이 아니다. 예수는 처형을 원하지 않았고, 희생을 미덕으로 생각하지도 않았다. 예수는 모두를 용납하는 사랑을 살아내고자, 권력 구조를 도전했다. 그 결과 죽음이 불가피하게 찾아왔고, 분명히 두려움과 떨림으로 받아들였다. 그러므로 상실과 박해의 모습으로 나타난 고난은 제자도의 결과였다.

자기 부인의 기독교 윤리를 비판하는 것은 비판하지 않는 것만큼이나 위험한 일이다. 비판이 누군가의 사리사욕을 정당화하는 데 쉽게 쓰일 수 있다. 이것은 분명 우리가 의도하는 바가 아니다. 자기 사랑을 아우르는 참된 기독교적 사랑은 세상의 중심에 자기 자신을 두는 것을 거부한다. 이 사랑은 결국 세상에 침투하는 하나님의 통치를 좌절시키려는 역사적 세력에 맞서 싸우게 한다. "십자가를 지라"는 불의를 만들고 영속화하는 체제와 구조에 저항하라는 뜻이다. 결국, 정의, 평화, 온전한 창조에 기반을 둔 체제를 세우는 일이다.

이 길에 전심으로 헌신하는 것이 진정한 생명이다. 이 길을 선택하지 않는 것은 살아도 죽은 목숨이다. 하나님께서 부활의 생명을 허락하시는 것으로 이 이야기가 마무리된다는 사실을 알 때에만, 이 길을 성실하게 따른 뒤 찾아오는 결과를 온전히 품을 수 있다.

이제 예수는 당신에게 어디에서 십자가를 지고 따라오라고 부르고 있는가? 당신 삶의 어느 지점에서 자기 부정, 폭력과 소비주의 문화, 여러 불의의 세력에 저항하라고 부르고 있는가? 구체적으로 생각해보자. 이 길을 따를 때 어떤 결과가 예상되는가? 가장 두려운 것은 무엇인가? 마가복음의 예수는 제자의 길을 혼자 걸으라 하지 않고 사랑의 공동체와 함께 불렀다는 점을 기억하자. 당신과 함께 이 길로 부름 받은 공동체는 누구인가?

예수를 따른다는 것은 그의 길을 걸어가는 것뿐 아니라 예수와 예수께서 기도를 올린 하나님과 친밀한 관계를 맺는다는 것을 뜻한다. 곧, 하나님의 자비롭고, 자기를 내어주는 사랑의 품에 안겨, 하나님의 약속을 받으며, 성령으로 충만한 것을 뜻한다. 당신은 살면서 이런 선물들을 공동체와 함께, 혹은 홀로 어떻게 경험했는가?

12장•비전과 무능력 사이

마가복음 9:2-29

문맥 속 말씀

본문 읽기 : 마가복음 9장 2-8절

바로 다음에 나오는 변화산 환상을 통해 제자도를 향한 두 번째 부르심은 더욱 명확해진다. 이 본문의 배경을 보면, 이스라엘 출애굽 이야기 중 핵심적인 장면 하나가 생각난다.

주님께서 모세에게 말씀하셨다. "너는 내가 있는 산으로 올라와서, 여기에서 기다려라. 그러면 내가 백성을 가르치려고 몸소 돌판에 기록한 율법과 계명을 너에게 주겠다." 모세가 일어나서 하나님의 산으로 올라갔다; 주님의 영광이 시내 산 위에 머무르고, 엿새 동안 구름이 산을 뒤덮었다. 이렛날 주님께서 구름 가운데서 모세를 부르셨다. 출24:12, 16

예수의 변모는 마가 이야기에 나오는 두 번째 "묵시적 순간"이다. 제자 중 핵심 구성원은 마치 다니엘 환상에 나오는 영광스러운 옷을 입은 사람처럼단10:5ff 흰옷을 입은 예수를 본다. 흰옷은 순교를 뜻하는 묵시적 상징이다. 계3:5, 18; 4:4; 6:11; 7:9, 13

예수는 이스라엘의 두 위대한 영웅인 율법 대표 모세와 예언자 대표 엘리야와 함께 대화한다.9:4 마치 좌절의 시간에 하나님의 음성을 통해 격려받았던 두 사람이 예수를 격려하는 듯하다. 모세는 그의 백성에게 거절당했고, 다시 산에 올라가야 했다. 하지만, 얼굴이 빛나는 모습으로 변하여 산에서 내려왔다. 엘리야는 그가 비판한 권력자들을 피해 도망가던 중에 "너는 나가서, 산 위에, 주 앞에 서 있어라."라는 음성을 들었다. 힘든 싸움을 다시 하라고 권고받았다. 왕상 19장 참고

한편, 이를 본 베드로는 또다시 오해한다.9:5 여전히 전통과 승리주의라는 틀에 갇혀있는 베드로는 세 지도자를 위해 "장막"을 만들어서 그 순간을 제도화하려 했다. 숭배 집단을 만드는 것은 아주 오래된 인간의 종교적 충동이나 마가복음은 이를 단호히 거부한다.9:6 이번에는 하나님의 음성이 베드로에게 도전한다.

마가복음 이야기에서 구름 속에서 소리가 난 첫 사건은 예수의 세례였다. 1:11; 1장 참고 이번에는 "이는 내 사랑하는 아들이다"9:7라는 똑같은 증언이 어리둥절한 제자들에게 선포된다. 하지만, 여기서는 특별히 "너희는 그의 말을 들어라"는 말로 예수의 제자도를 향한 두 번째 부르심을 승인한다. "그들이 문득 둘러보았으나 아무도 없고, 예수만 그들과 함께 계셨다"9:8는 본문의 결말은 예수의 가르침이 믿을 만 한 것임을 강조한다. 반면, 변화산 환상The Presence을 제도화하려는 베드로의 시도는 묵살된다.

본문 읽기 : 마가복음 9장 9-13절

예수와 제자들이 산에서 내려오는 모습을 보면, 모세가 시내산에서 내려오면서 보았던 장면이 떠오른다. 출 32 하지만, 이번에는 금송아지 앞에서 춤추는 이스라엘 백성은 없다. 무척이나 당황한 제자들이 있었을 뿐이다.

예수는 함께 내려온 제자들에게 인자가 죽은 사람들 가운데서 살아날 때까지는 방금 본 환상을 이해하지 못할 것이라고 경고한다.9:9 마가복음은

세 제자가 "이 말씀을 간직하며" 십자가에 대한 예수의 말씀이다, 8:32 "죽은 사람들 가운데서 살아난다는 것이 무슨 뜻인가를 서로 물었다"9:10고 전한다. 이 구절은 마가복음이 왜 갑작스럽게 끝나는지 궁금해할 독자들에게 실마리를 제공해준다. 우리는 예수가 부활했다는 소식에 대해 정말로 "궁금해"할 것이지만16:6, 지금 분명한 점은 우리가 제자로 부름 받았다는 사실이다.25장 참고

하늘에서 들린 음성이 예수의 말을 들으라고 지시했지만, 세 제자는 여전히 율법학자들의 권위에 사로잡혀서 "어찌하여 율법학자들은…?" 9:11이라고 묻는다. 엘리야가 사람들을 심판에서 구하러 "먼저 와야 한다"는 믿음은 말라기 마지막 구절에서 나왔다. "내가 너희에게 엘리야 예언자를 보내겠다. 그가 그들의 마음을 돌이킬 것이다… . 돌이키지 아니하면, 내가 가서 이 땅에 저주를 내리겠다."말4:5

여기서 율법학자를 언급한 이유는 지배 계층은 엘리야가 다시 오는 일이 "주의 크고 두려운 날"에 심판을 면하게 해주는 보증이라고 이해했기 때문이다.

예수는 그렇게 생각하는 자들에게 나쁜 소식을 알려준다. 복음서 서문이 주장했듯이, "엘리야는 이미 왔다."9:13; 1장 참고 그리고 마가복음 6장 13절 이하가 말해주듯이, "돌이키기"를 거부한 권력자들은 "엘리야"를 처형했다. 마가는 8장 28절에서 시작한 "예언자 각본prophetic script"에 대한 주장을 마무리한다.

A 인자에 대해 기록한 것은 어찌 된 것이냐?

　　B 인자는 많은 고난을 받고 멸시를 당할 것이라고 기록되었다.

　　　　C 하지만, 내가 말한다. 엘리야는 이미 왔다.

　　B1 사람들은 그를 함부로 대하였다.

A1 그를 두고 기록한 대로.

인자라고 알려진 예수와 엘리야라고 알려진 세례 요한, 두 사람 모두 진리를 선포하는 자들이 필연적으로 따르는 정치적 운명을 맞이했다.

본문 읽기 : 마가복음 9장 14-29절

예수는 나머지 제자들도 만나고, 율법학자들과 논쟁도 하려고 산에서 내려온다.9:14 하지만, 문제는 율법학자들의 가르침이 아니라 제자들의 무능력이다. 제자들은 귀신을 내쫓으라고 보내진 후3:15, 처음에는 곧잘 하는 듯했지만6:7, 이제 "능력이 없다고" 사람들의 조롱을 받고 있다.9:18 "더 강한 자"1:7를 따르며 "강한 자를 결박하는데"3:27 헌신한 이들에게 가혹한 평가였다. "아무도 휘어잡을 수 없었던"5:4 거라사 귀신들린 사람의 이야기를 떠오르게 한다.

하지만, 제자들은 "말을 못 하게 하는 귀신"이라는 유난히 음흉한 귀신과 맞서고 있었다. 그 귀신이 들린 사람은 땅에 거꾸러지고, 거품을 흘리고 몸이 뻣뻣해진다.9:17f 예수가 제자들에게 좌절한 모습은9:19 좀 의아하다. 아마도 이 이야기에 무언가가 더 얽혀있음을 알려주는 힌트로 봐야 할 것이다.

아이가 예수를 보자마자 귀신은 격분했다.9:20 그 다음에 나오는 예수의 질문은 아이의 상태와 "믿음이 없는 세대"가 연결되어 있음을 보여준다.

"아이가 이렇게 된 지 얼마나 되었느냐?" 9:21
"내가 언제까지 너희에게 참아야 하겠느냐? 9:19

아버지의 대답은 아주 전형적인 대답이다. 귀신은 아이를 "어렸을 때부터” 말을 못 하게 했고, “불과 물” 속에 던져 죽이려 했다. 이 말은 분명 사람을 “말 못하게” 만드는 오랜 고난과 상처의 근원을 나타낸다.

다음 나오는 대화는 복음서의 중심 주제를 날카롭게 요약한다.

> 아이의 아버지: 할 수 있으면, 우리를 불쌍히 여기시고, 도와주십시오.
> 예수: “할 수 있으면”이 무슨 말이냐? 믿는 사람에게는 모든 일이 가능하다.
> 아이의 아버지: 내가 믿습니다. 믿음 없는 나를 도와주십시오.

따라서 귀신을 내쫓는 이 이야기는 믿음을 얻고자 애쓰는 투쟁을 극화한 것이다. 말 못하게 하는 귀신을 이기고 죽음에서 삶으로 변화한 이 사건은 믿음을 향한 투쟁을 상징한다.9:26f

본문에는 비유적 특성이 있다. 이 본문의 결말은 축귀 사역이 아니라, “왜 우리는 귀신을 쫓아내지 못했습니까?”라고 물으며 자신들의 무능력에 계속 절망하는 제자들에게 초점을 둔다.9:28 이야기의 구조를 다시 보면 그 의미를 해석하는 데 도움이 된다.

9:14-19	율법학자와 군중이 제자들의 무능력을 비난한다.
9:20-27	예수는 귀신들린 아이, 아이의 아버지, 귀신과 만난다.
9:28f	예수는 제자들과 무능력에 대해 논한다.

이러한 구성을 보면, 이야기의 주인공이 제자들임을 알 수 있다. 그들은 십자가의 길에 대해 “못 듣고, 못 말하기” 때문에 무능하다. 다시 말해서, 우리는 우리 자신을 사로잡은 귀신을 내쫓을 수 없다!

이야기를 마치면서, 마가복음에서 처음으로 예수는 제자들에게 기도하라고 충고한다.9:29 그런데 마가복음에서 기도란 무슨 의미일까? 예수는 한적한 장소에서 기도했다.1:31; 6:46 대중의 시선을 이용하는 대적자들과는 다른 모습이다.12:40

예수는 앞으로 두 번 더 제자들에게 기도하라고 요청할 것이다. 예수는 성전에서 격렬한 행동을 한 뒤, 제자들에게 성전-국가의 착취에서 벗어난 세상이 존재할 수 있음을 믿으라고 촉구한다.11:23-25; 16장 또한, 예수가 보안대에게 잡히기 바로 전에 제자들을 불러 모아, 기도는 십자가의 길에서 "깨어있게 하는" 방법이라고 알려준다.14:32-42; 22장 참고 다음 구절들이 가진 공통점을 주목해보자.

"믿는 사람에게는 모든 일이 가능하다."9:23
"나는 너희에게 말한다. 너희가 기도하면서 구하는 것은 무엇이든지, 이미 그것을 받은 줄로 믿어라." 11:24
"아버지께서는 모든 일을 하실 수 있으시니… ." 14:36

권세자들은 개인이나 정치가 진정으로 변하는 것이 불가능하다고 속삭이는 절망감을 이용해 우리의 마음과 세상을 통치한다. 우리는 "어렸을 때부터"9:21 그러한 체념 속에서 사회화되었다. 기도하는 것은 우리의 초점을 다시 믿음으로 옮기는 것이다. 진정한 변화가 필요할 뿐 아니라 가능하다는 믿음이다.

기도는 자기를 이해하는 묵상훈련으로 우리의 무능력의 뿌리가 무엇인지 살피는 활동이다. 우리가 이 귀신을 내쫓고 싶다면, 우리를 무감각하게 만드는 환상과 우리를 침묵하게 하는 무의식 속에 억눌린 상처의 영향력에 직면하는 힘든 과정을 겪어야 한다.

세상 속 말씀

때로 주변 사람이나 사랑하는 사람 중 살면서 무척 기쁘고 강렬한 일을 경험해서 얼굴과 눈에서 광채가 날 때가 있다. 마가복음에 나오는 예수의 변모에 비하면 빈약한 비유다. 아주 드물게 마치 뭉게구름 사이를 뚫고 나오는 햇빛처럼 선명하게, 새 창조의 영광스러운 순간이 인간의 삶 속으로 파고들 때가 있다. 크로노스Chronos로 가득 찬 시간이 과거, 현재, 미래를 초월하는 카이로스Kairos가 되는 순간이다.

그러나 그게 다 무엇이며, 우리와 무슨 상관이 있단 말인가? 이것은 우리가 결코 경험할 수 없는 신비주의에 불과한 것이 아닌가? 세상과 서로에게서 동떨어져 사적이고 주관적인 체험을 하게 만드는 종교성 아닌가? 현대 영성의 상당 부분이 그러하다. 공동체와 분리되거나 역사의 투쟁과 결별했다. 그게 아니라면 변화산 이야기는 우리 역사를 진정으로 이해하는 관점을 마련해주고 있는 것일까?

우리 이야기가 복음서 이야기의 가장 핵심 중 하나가 될 때, 변화산의 순간이 일어난다. 변화산에서 하나님의 음성은 다시 우리에게 귀 기울이라고 말한다! 우리가 제자도의 여정을 진지하게 받아들인다면, 급진적으로 신실하게 살아간다면, 우리의 이야기는 위대한 이야기 속으로 합쳐질 것이다. 마치 작은 물방울이 도랑이 되고, 시내가 되고, 강이 되어, 마침내 바다로 흘러가듯이 말이다. 우리의 이야기가 그 위대한 이야기에서 떨어질 수 없음을 은혜로 받을 때, 우리는 영광을 경험한다.

우리는 혼자가 아니다. 구름같이 허다한 증인들로 둘러싸여 있다. 엘리야와 모세뿐 아니라 이 여행을 함께 한 모든 사도들이 있다. 성 프란치스코와 성 클라라Francis and Clare, 소저너 트루스Sojourner Truth, 마틴 루터 킹Martin Luther King, 스티브 비코Steve Biko, 도로시 데이Dorothy Day, 피터 모린Peter Maurin,

로메로 대주교Archbishop Romero 및 복음에 신실하고자 애쓴 모든 사람이 함께 한다. 그 위대한 이야기는 수많은 사람과 공동체가 살고 씨름하며, 소망하고 꿈꾸며, 성공하고 실패하며, 아무 영광도 공로도 인정받지 못했지만, 결국 이 모든 역사를 통과해서 만든 이야기다.

당신이 구름같이 허다한 증인이라고 생각하는 사람들의 이름을 말해보자. 그들의 신앙과 삶의 어떤 부분이 중요하게 다가오는지 이야기해 보자. 아마도 당신은 제자도 여정을 어떻게 신실하게 걸어갈 수 있을지 그들에게 상담을 요청해 대화하고 싶을지도 모르겠다.

마가복음 이야기는 마가복음 9장 14-20절 장면처럼 "높은" 산 위에서 낮은 골짜기로 우리를 데려간다. 우리가 예수와 함께 산에서 내려오며 마주하는 장면은 어린아이를 위험에 빠뜨리는 귀신을 내쫓지 못하는 제자들의 갈등과 논쟁의 대혼란이다. 기독교인으로서 우리는 모두 실패나 패배를 경험한 적이 있을 것이다.

악에 맞서거나 문제를 해결하려 했으나 아무리 노력해도 실패와 패배를 경험할 때, 우리에게 무슨 일이 벌어졌는가? 예수 공동체는 이 본문뿐 아니라 복음서 곳곳에서 행동-성찰 과정action-reflection process의 본을 보여준다. 그러므로 누구도 성공하거나 실패하지 않았다. 다만 여정의 한 지점일 뿐이다. 우리 중에는 다음 행동이나 계획으로 넘어가기 전의 성찰을 힘겨워하는 사람들이 있다. 반면 행동하기 전에 충분한 정보를 끌어모아야만 하는 사람들도 있다.

하지만, 공동체 속에서 일어나는 우리의 일상적인 사역을 행동-성찰의 과정으로 볼 수도 있다. 아무리 고통스러운 순간이라도, 모든 순간 속에 배움이 있음을 발견하게 된다. 실제로 실패는 성공보다 더 좋은 스승일 수 있다. 성공은 우리가 대단하다는 환상을 심어줄 때도 있지만, 실패는 우리의 한계, 실제 동기, 예상치 않은 결과에 관한 뼈아픈 교훈을 가르쳐준다. 궁정적으로 말해, 실패는 환상을 깨는 과정이다. 우리 자신과 세상에 대한 환상을 포기하는 고통스러운 과정일 때도 있다.

지속적인 평가는 신앙공동체의 영성 훈련 중 중요한 요소이다. 실패의 경험은 인내를 배우고, 근본 원인을 깊이 자각하며, 더 효과적인 전략을 개발할 수 있는 중요한 순간이다. 실패는 우리 자신과 서로를 용서하는 법을 가르쳐준다. 당신이 공동체에서 경험한 실패를 떠올려보고, 무슨 일이 일어났었는지 재구성해본다. 스스로 질문한다. 왜 그런 일이 일어났는가? 그 일이 우리에게 무슨 의미였을까? 우리는 무엇을 할 수 있을까?

쓰라린 실패나 패배는 사후 평가를 통해 만회할 수 있다. 실패는 우리 영혼과 우리 사회의 깊은 곳에 있는 핵심 사안을 더 분명하게 보게 해주는 렌즈가 된다. 이것이 예수가 공동체를 따로 불러모아 하루를 돌아보는 시간을 가졌던 일이 아닐까? 우리의 사역을 두고 열심히 이런 성찰을 한다면, 우리가 마주한 문제를 깊이 분석할 수 있을 것이다.

더 깊은 차원으로 들어가자면, 본문은 우리에게 우리 자신을 사로잡고 있는 불신의 귀신과 싸우라고 권고한다. 우리가 잡혀있는 귀신을 우리가 내쫓을 수는 없기 때문이다. 당신의 제자 일기에 당신이 중독된 것과 특권을 누리려 하는 사욕을 적어본다. 당신이 사로잡혀 있는 파괴적인 삶의 방식과 존재 방식이 무엇인지 서로 나눈다. 실체가 무엇인지 말하는 것naming은 우리를 사로잡는 귀신을 내쫓고, 변화되려면 반드시 우리의 무력함을 정직하게 고백해야 함을 뜻한다. 이것은 12단계 프로그램3)에 담긴 지혜다. 우리의 무력함을 고백할 때 나오는 치유의 능력을 발견하기 시작한 것이다.

자비를 구하는 아비의 가슴 아픈 부르짖음은 가장 진솔한 기도이다. "내가 믿습니다. 믿음 없는 나를 도와주십시오." 우리는 기도를 하면서 우리

---

3) 역주: 알코올 중독자 갱생회(Alcoholics Anonymous)에서 사용하는 회복 프로그램

존재의 감추어진 곳을 향해 여행한다. 우리가 스스로에게 정직한다면, 우리 안에 깨어지고 자유롭지 못한 부분을 마주하게 될 것이다. 사람 마음의 알 수 없는 깊은 곳에서, 우리는 믿음 없음을 마주한다.

마가복음에서 믿음 없음은 그릇된 신조나 불완전한 자세가 아니다. 마가복음에서 믿음 없음은 이 세상 통치자들과 권력자들이 우리에게 명령한 절망이다. 믿음 없음은 아무것도 바뀔 수 없다고 말하는, 정해진 인생 각본이다. 우리가 이 인생 각본과 그에 따르는 절망을 받아들인다면, 복음서의 혁명적 비전과 실천은 무력해지고 만다.

마가복음에서 기도는 개인과 공동체가 절망의 유혹에 맞서는 싸움이다. 예수의 길을 저버리라고 유혹하는 우리 안에 있는 귀신과의 씨름이다. 기도는 나 자신과 사회의 권력을 유지하라는 유혹 앞에서 우리를 침묵케 하고 길들이는 귀신을 명명하고name 내쫓는 행위다.

기도와 영적 토대가 없다면, 예언자적 분노는 사랑에서 멀어지고, 이상은 공허한 습관이 되고, 사회 분석은 냉소가 되고, 가치관은 열정을 잃어버린다. 우리를 소망 없는 상태로 유혹하는 절망과 불신은 그 실체가 무엇인지 함께 명명하고 직면할 때에만 무력화할 수 있다.

자신을 따르려면 기도 생활을 깊게 해야 한다는 예수의 권고는 사회적 행동을 할 수 있는 영성을 키우라는 요청이다. 각 사람과 공동체가 하나님과 특별한 관계를 맺고 있듯이, 각 사람과 공동체마다 하는 기도도 다르다. 당신이 속한 공동체가 공적 제자도를 활성화하는 기도 생활을 탐구하고 개발하기를 바란다.

13장•가장 작은 자를 위한 변호

마가복음 9:30−10:16

문맥 속 말씀

마가복음의 제자 교육은 이제 다른 양상으로 펼쳐진다. 이전처럼 대단하지는 않지만, 더 어려운 훈련인 일상에서 그 길the Way을 실천하는 훈련이다. 십자가는 권력자들에게 비폭력으로 저항하는 것을 넘어, 대인관계나 사회관계 속에 존재하는 지배 체계에 맞서는 것이다.

세 번의 가르침 중 두 번째 가르침이 가장 길다. 첫째와 꼴찌9:36f, 외부인과 내부인 9:38-41, 가해자와 피해자9:42-50, 남성과 여성10:2-12, 어린이와 어른10:13-16, 부자와 빈자10:17-31의 신분 문제를 다루기 때문이다. 이 점은 신약 성서의 다른 부분에서 가정과 공동체 생활에서의 권력관계에 관한 문제를 다루고 있는 교리 교육 전통과 비슷하다.예를 들어, 골로새서 3장 12절-4장 6절에 나오는 이른바 "가정 규례"와 비슷하다.

이 단락은 "첫째가 꼴찌가 되고 꼴찌가 첫째가 된다."9:35; 10:31는 후렴으로 틀이 짜인다. 이 구절은 신비로운 역설이 아니다. 각각의 사회관계 속 "꼴찌"들이 처한 상황에서 예수의 희년 논리를 바탕으로 시작하는 구체적인 윤리를 나타낸다. 앞서 소개된 야이로와 혈루증을 앓는 여자의 이야기5:21-43; 7장 참고처럼, 예수는 사회가 변하려면 반드시 아래에서 위로 시작해야 한다고 가르친다.

본문 읽기: 마가복음 9장 30-41절

본문은 두 번째 예고로 시작한다.9:30-32 바로 다음 예수는 제자들의 "눈 멀고 귀 먹은 상태"를 다시 드러낸다. 이 짧은 이야기에 담긴 신랄한 풍자를 놓치지 말자.9:33f 그들의 제자도 여정"길에서"가 두 번 나온다은 내부 권력 다툼으로 얼룩진다. 더 심각한 것은 마가복음 3장 4절에서 군중이 "잠잠하였다"라고 비판받았듯이, 제자들이 "잠잠하였다"고 기록된 점이다.

예수는 어린아이를 구체적인 사례로 들어 새로운 표현으로 제자도를 향한 두 번째 부르심을 확대한다.

> 나를 따라오려는 사람은 자기를 부인하고, 자기 십자가를 지고, 나를 따라오너라. 8:34
>
> 누구든지 첫째가 되고자 하면, 그는 모든 사람의 꼴찌가 되어서 모든 사람을 섬겨야 한다.9:35

교회는 구성원의 세력 기반이 아니라, 배척된 사람들에게 권력을 나눠주는 공동체다.

다음에 나오는 본문도 이 점을 강조한다. 요한은 "우리를 따르지" 않는 어떤 사람이 귀신들을 쫓아내는 것을 못하게 막았다고 자랑했다.9:38 하지만, 지금은 "우리가 누군데" 하면서 신분을 따질 때가 아니다! 예수가 요한을 꾸짖고 나서9:39 하는 말은 구약 성서에서 왔다. 민수기 11장 24-30절에서 여호수아는 모세에게 이스라엘 공동체에서 "공식적으로 안수받은 장로"가 아닌 두 젊은 남자가 영을 받아 예언하는 것을 막아야 한다고 항의한다. "내 주 모세여 금하소서!" 민11:28 모세의 대답은 마가복음 본문의 논점과 밀접한 관련이 있다.

네가 나를 두고 질투하느냐? 나는 오히려 주님께서 주님의 백성 모두에게 그의 영을 주셔서, 그들 모두가 예언자가 되었으면 좋겠다! 민11:29

예수는 어디에서든지 "능한 일"이 일어나면 환영해야 한다고 주장한다. 왜냐하면 "우리를 반대하지 않는 사람은 우리를 지지하는 사람"이기 때문이다.9:39f 예수는 "우리"의 범위를 확대함으로써, 교회가 정의와 자비를 실천하는 데 있어 배타적인 독점권을 내세우지 못하게 막는다. 예수는 독점하는 권력과 권력의 독점 간의 관계를 잘 알고 있었다! 예수는 초점을 더 분명히 하고자, "그리스도의 사람들"에게 그들도 때로는 자비를 받는 자리에 서게 될 것이라고 알려준다! 9:41

본문 읽기 : 마가복음 9장 42-50절

예수는 "나를 믿는 이 작은 사람들"을 "죄짓게 하는" 사람들을 향해 매우 가혹한 말을 던진다. 마치 "바다"와 "꺼지지 않는 불 속"9:43은 말 못하게 하는 귀신이 했던 "물과 불" 고문을 생각나게 한다.9:22

43-48절에서 예수는 죄짓게 하는 손과 발과 눈을 절단하라고 말하는데, 이 구절은 어떻게 해석해도 괴상하고 불편하다. 마가는 공동체를 "몸"이라고 한 바울의 비유와고전12:14-26 "손, 눈, 발" 참고 "연약한 형제자매"를 실족시키지 말라는 바울의 원칙롬14 참고을 결합한 듯하다. 현대적인 비유로 중독을 끊으려는 시도를 생각해보자. 중독에서 회복되는 과정은 마치 자신의 일부중독되고 종속된 일부가 잘려나가는 것처럼 느껴진다. 제랄드 메이Gerald May는 『중독과 은혜』라는 책에서 "모든 중독과의 전쟁은… 박탈감과 연결된다," "모든 거짓된 버팀목은 쉽게 부서질 것이다"라고 말했다. "절단"은 우리가 가진 환상과 욕구라는 암을 제거해서 생명을 구하는 수술이다.

마가복음은 우리 개개인과 사회가 지배하려는 의지에 가장 많이 중독되어 있다고 말한다. 제자들은 사회가 자연스럽게 생각하는 방식에서 떠나라는 부름을 받는다. 즉 계층과 배제의 패턴에 따라 일상적으로 "작은 사람들"을 희생시키는 모든 방법에서 떠나라는 것이다. 지배 문화는 이런 모습에 문제가 있다고 생각할 것이다. 그렇다면 결국 예수의 괴상한 말은 공동체body politic에서 더 연약한 구성원을 억압하는 일에 동조하느니 기형적인 몸body을 갖는 것이 낫다는 주장이다.

폭력과 제도화된 불평등의 세계에서 선택은 극명하다. 회복의 "불"9:49을 받든지, 중독의 "지옥"에서 살든지.9:48은 이사야 66장 24절을 암시한다 소금은 고대에 의술에서 사용되었기 때문에, 이 과정의 목적은 치유다.9:49 그 치유에는 신앙 공동체 안에서 서로 화목하게 지내는 것이 포함된다.9:50

본문 읽기: 마가복음 10장 1-16절

남쪽 유대 지방으로 향하는 여정이 계속된다. 천천히 가고 있지만 분명 예루살렘을 향하고 있다.10:1 마가복음은 이제 결혼과 이혼이라는 주제를 다룬다. 정의justice와 권력의 문제가 흔히 간과되는 주제다. 바리새인들이 예수와 벌이는 논쟁은 이혼의 도덕성에 관한 문제가 아니다. 남자가 그의 아내를 버릴 수 있는 합법적 근거가 무엇인가이다.10:2

이 주제를 놓고 당시 힐렐Hillel과, 샤마이Shammai라는 두 랍비 학파가 격렬하게 논쟁했다. 예수는 이런 법적 논쟁에 얽히기를 거절했다.10:3-5; 9장 참고 그 대신 남편이 "버린" 여성을 생계 수단도 없이 사회에서 버려지게 하는 남성 중심의 권력과 특권 체제를 언급한다. 예수는 창세기의 원래 비전은 남자와 여자의 동등성을 명시한다고 주장한다. 결혼 언약은 남자의 권력에 여자를 넘기는 것이 결코 아니며, 남자가 그의 아내와 "한 몸이 되려면" 가부장적인 "집"을 떠나야 한다고 가르친다.10:6-8 10장 9절에서 예수는 동등성을 산산이 깨뜨리는 것은 이혼이 아니라 가부장제라고 결론짓는다.

이전에 바리새인들과 논쟁했을 때처럼, 예수는 제자들에게만 따로 설명해준다.10:10; 7:17 참고 예수는 이혼의 실상을 인정하지만, 동등성의 원리를 고수한다. 첫 번째 구절10:11은 당시 유대법보다 앞서간다. 당시 유대법에서 간음한 남자는 상대방의 남편에게 죄를 범한 것이었지, 자기 아내에게 범한 것이 아니었다. 하지만, 두 번째 구절에서는 여성이 이혼 절차를 시작할 수 있는 권리를 주장하는데, 이는 남성만의 권리를 옹호한 랍비들의 가르침을 정면으로 반박하는 것이다.10:12

"한 몸"이 찢어지는 고통을 겪은 사람에게 이혼의 아픔이 작아지지는 않는다. 하지만, 여기서도 예수는 실제 권력관계를 간과하지 않는다. 여성은 더는 사물로 여겨져서는 안 된다. 여성은 상호 책임감을 가진 완벽하게 동등한 주체다.

논쟁이 있은 후에 예수는 부모가 이혼할 때 늘 희생자가 되기 마련인 아이들에 관해 이야기한다.10:13-16 공연히 한 이야기가 아니다. 예수는 아이들에게 관심을 두는데, 이 단락에서 두 번째 있는 일이다. 하지만, 이번에는 제자들을 나무란다.10:13 예수는 그들에게 노했다. 그리고 어린아이를 받아들이는 것이야말로 "하나님나라에 들어가는 열쇠"라고 분명히 선언한다. 앞서 긍정문으로 서술된 용납의 원칙은 이제 부정문으로 되풀이된다.

누구든지 내 이름으로 이런 어린이들 가운데 하나를 영접하면, 그는 나를 영접하는 것이요, 누구든지 나를 영접하는 사람은, 나를 영접하는 것보다, 나를 보내신 분을 영접하는 것이다.9:37
누구든지 어린이와 같이 하나님나라를 받아들이지 않는 사람은 거기에 들어가지 못할 것이다.10:15

두 본문에서 아이들을 따뜻하게 감싸 안아주는 모습과는 달리, 예수는 어른인 제자들에게 냉정하게 선언한다. 제자들이 "해방 사역9:39"을 막아서는 안 됐듯이, 아이들도 "막아서"는 안 됐다.10:14

아이들을 "영접하라"는 단호한 요구는 무엇을 뜻할까? 대부분의 주석가들은 아이들을 "순수함과 믿음"의 상징으로 보는 기이하고 이상적인 해석을 내놓는다. 이와는 정반대로, 1세기 팔레스타인에서 아이는 가장 힘없는 계층이었다. 아이들은 고대 사회 질서에서 신분도 권리도 없는 "작은 자 중에서 가장 작은 자"였다.

마가는 이 단락 전체에 걸쳐서 십자가의 길이 일상에서 "작은 자들"과 연대하는 훈련이라고 분명히 말한다. 모든 사회관계 속에서 권력은 불공평하게 편중되어있다. 희년의 과업은 결혼과 가정이라는 전통적인 상황 속에서도 권력을 재분배하는 것이다. 또한, 마가복음은 제자 공동체가 내세우고 싶어 한 "특허권"도 허락하지 않는다. 우리가 속한 신앙 공동체 밖에도 훌륭한 예시가 아주 많다. 공동체 안에서 문제가 되는 행동도 아주 많다. 교회의 소명은 도덕적 비난이 아니라 안팎으로 정의를 찾는 것이다.

세상 속 말씀

오늘날 소외계층 중에서 어린이들은 여전히 가장 연약하다. 아이들은 빈곤, 질병, 추방, 전쟁, 사회 분열의 첫 번째 희생자다. 이 때문에 예수는 아이들을 조건 없이 받아주라고 요구한다.

우리 주변 아이들에게 관심 두는 일은 세대 간에 존재하는 폭력의 악순환을 해결하고 아이들과 우리를 위한 새로운 미래를 여는 것이다. 만약 성적, 신체적 폭력이 조금이라도 눈에 드러난다면, 가정 안에 깊은 폭력의 뿌리가 있다는 뜻이다. 폭력을 당한 사람이나 폭력을 외면하는 가족 모두 끔찍한 고통 속에 산다.

앨리스 밀러Alice Miller는 폭력의 "침묵의 드라마silent drama"를 짧게 요약했다. 드라마는 어린아이가 아무도 모르게 상처받거나 강간당하는 경험에서 시작한다. 아이는 그 상처에 감정적으로 대응할 수가 없으므로 배신감을 내면화한다. 결국, 학대받은 경험을 완전히 억눌러 잊을 때까지 합리화를 통해 기억을 덮어버린다. 하지만, 트라우마의 기억은 몸 안에 살아있고, 무의식적으로 자신과 다른 사람을 향한 분노로 표출된다.

용기를 내준 생존자들 덕분에 어린 시절 성적 학대를 당한 사람들이 어떻게 끔찍한 심리적 영적 피해에서 벗어나 치유를 받는지 알려지기 시작했다. 마리 포춘Marie Fortune의 책 『가정 폭력: 워크숍 커리큘럼Violence in the Family: A Workshop Curriculum』에서 크리스티 스완슨Christy Swanson은 "거짓의 힘을 꺾다: 성인 생존자를 배려하는 윤리Breaking the Power of the Lie: An Ethic of Just Regard for the Adult Survivor"라는 글 속에 생존자의 신학적 간증을 담았다. 생존자의 경험을 바탕으로 한 이야기는 치유 과정에 있어 중요한 단서를 알려준다.

마리 포춘은 신체적 폭력을 경험한 여러 생존자가 치유로 가는 여정에서 어떤 단계를 거치는지에 대한 중요한 작업을 했다. 그 단계는 1) 진실을 말하기, 2) 가해자를 대면하기, 3) 가해자의 참회, 4) 용서와 화해로 이루어진다. 크리스티 스완슨은 이를 바탕으로 글을 썼다.

스완슨은 대부분의 성적 학대 생존자들이 지속적인 부정denial을 해결해야 한다고 말한다. 성적 학대의 상처가 완전히 치료되는 순간은 자신 안에서와 관계 안에서 정의감이 회복될 때이다. 생존자의 치유는 내면에 억눌리고 부정된 무언가를 고통스럽게 기억해내면서 시작된다. 대부분 노련하고 배려심 많은 치료사의 도움이 필요하다. 기억이 되살아날 때, 생존자들은 현재 있는 가족 관계 중 누구에게 말해야 할지를 선택하게 된다. 범죄를 감추었던 침묵을 깨는 것은 매우 중요하다. 그렇게 함으로써 대부분 가해자는 진실에 직면하게 된다. 하지만, 생존자에게 진실을 대면해야 한다는 의무감을 주어서는 안 된다. 생존자는 다음 질문에 반드시 답해야 한다. 나 자신을 치유하고 싶다면, 나는 누구에게 말해야 할까?

용서와 화해는 진실을 부정하지 않고, 진정한 참회를 한 후에야 가능하다. 여전히 부정하는 가해자를 "용서"하는 것은 "값싼 은혜"다. 생존자를 돕고 싶다면 이런 태도를 거부해야 한다. 하지만, 가해자가 진실을 인정하고 참된 회개를 한다면, 생존자가 준비되고 다시 시작할 마음이 있을 때 화해는 가능하다. 하지만, 스완슨은 생존자의 치유가 누군가의 참회에 달린 것은 아니라고 말한다.

다른 사람이 어떤 결정을 하든지, 생존자들은 진실에 대한 헌신을 관계 세우기의 주춧돌로 삼을 수 있다. 진실을 살아내는 것은 사랑을 실천하는 방법이다. 생존자들은 불의에 분노하는 감정을 가지는 동시에 누군가를 사랑해야 한다는 압박에서 자유로워진다. 그 대신 어떻게 사랑할지, 만약 사랑한다면 어떻게 모두의 자아를 성장시키는 방법으로 사랑할지 고민한다. 이렇게 함으로써 생존자들은 자기 자신과 진실을 외면했던 가족들을 깊이 사랑하게 된다.

스완슨은 생존자들이 치유를 향한 영적 여정을 내디딜 때, 교회가 그 길을 함께 걸어가야 한다고 말한다. 그들이 슬픔의 단계를 지나갈 때, 가혹한 배신에 맞서 다시 신뢰하는 법을 배울 때, 가족 안의 깨어지고 진실을 부정하는 현실을 대할 때, 누군가는 그들을 지지해주어야 한다.

교회가 생존자들의 영적 성장을 돕는 가장 좋은 방법은 진리의 해방하는 힘을 믿는 것이다. 우리가 어떤 행동을 하든지 생존자들의 슬픔과 분노에 귀기울이시는 하나님을 증거해야 한다. 교회가 슬픔과 분노를 통한 새로운 삶의 가능성을 알고 생존자 곁에서 함께 슬퍼하고 분노한다면, 생존자는 치유를 향해 나아갈 수 있게 된다.

마가복음은 쉽게 다가갈 수 있고 누구나 용납하는 사회, 교회, 가정에 대한 비전을 담고 있다. 아이처럼 된다는 것은 우리 주변에서 가장 연약한 자인 어린아이들이 어디에서 어떤 상황에 있는지 살피는 것이다. 자비로운 마음으로 아이들과 연대하는 것은 우리 사회 폭력의 근원에 맞서는 일이다. 여성과 아이에 대한 폭력을 낳는 권력 남용을 정당화하고, 남성 특권을 조장하는 가부장적 사고방식에 맞서 목소리를 내는 것이다. 비폭력적인 삶을 이루려면, 가장 기본적인 인간 공동체 단위에서부터 폭력의 구조와 실행을 근절해야 한다. 부모, 가족, 신앙 공동체로서 우리는 아이들이 마땅히 누려야 할 삶을 살 수 있도록 하나님이 주신 아이들의 축복을 전하겠다고 다시 다짐해야 한다.

현재 당신이 속한 공동체가 아이들에게 관심을 두고자 실천하는 바가 있다면 함께 격려하는 시간을 갖는다. 마가복음 본문에서 예수가 아이들에 대해 가르치는 바를 더욱 잘 실천하려면 당신의 신앙 공동체는 무엇을 할 수 있을까? 제자 공동체인 우리의 과제는 우리 아이들을 향한 뜨거운 사랑을 우리 아이들만이 아닌 세상 모든 아이에게 쏟으며, 구체적 실천을 마련할 수 있는 공공 안건에 관심을 두는 것이다. 아이들을 소외시키는 체제와 아이들을 위협하는 폭력에 맞서 싸울 수 있도록 복음서의 비전은 당신에게 어떤 모습으로 더 넓은 지역 사회를 섬기라고 부르는가?

이 장에서 담고 있는 관점으로 당신의 가계도를 다시 살펴보자. 가족 이야기 속에 이혼이나 심각한 관계 단절, 신체적 또는 성적 학대, 중독, 파괴적인 대화, 트라우마, 억압, 폭력이 있다면 표시해본다. 이런 것들이 세대를 거쳐 어떻게 전해졌는가? 계속해서 어떤 영향을 미치고 있는가? 어린 시절 트라우마를 다른 사람들에게 나눠야 할지, 어떻게 나눌지, 무슨 일이 일어날지를 당신이 결정할 수 있다는 점을 기억한다.

부모가 어렸을 때 누렸던 세상보다 더 나은 세상을 주는 것이 부모들의 소망이다. 하지만, 우리는 세대를 걸쳐 고통스럽게 한 폭력의 패턴을 재현하고 만다. 당신의 가족사에서 어떤 악순환을 깨뜨리라는 부름을 받았는가? 악순환을 끊고 새로운 치유의 바람을 불어오게 하려면 당신은 무슨 일을 할 수 있을까?

14장 • 회개는 곧 손해 배상

마가복음 10:17-31

문맥 속 말씀

마가는 두 번째 주기를 마치면서 복음서에서 유일하게 제자도를 거부한 사람에 관해 이야기한다.[10:16-30] 본문 구조를 보면 중심 주제를 알 수 있다.

A 영원한 생명에 대한 부자의 질문 [10:16]

    B 재물을 버리고 예수를 따를 수 없는 부자 [10:22]

        C 예수의 가르침, 제자들의 반응 [10:23-27]

    B1 재물을 버리고 예수를 따르는 제자들 [10:28]

A1 영원한 생명에 대한 대답을 들은 제자들 [10:30]

여기서 첫째와 꼴찌의 대조[10:31]는 나아가 경제적 계층으로 정의된다.

본문 읽기: 마가복음 10장 17-22절

"길 위에서" 장면이 시작한다. 예수에게 직접 다가오는 남자의 모습은 그가 사회에서 영향력 있는 사람임을 말해준다. 그는 원하는 바가 있었고, 그 대신 예수에게 경의를 표할 생각이었다.[10:17] 하지만, 예수는 심드렁하게 반응하고, 이야기에는 긴장감이 감돈다. 남자는 근본적인 신학적 고민을 하는 듯 보이지만"영원한 생명"은 마가복음의 이 본문에서 단 한 번 등장한다, 예수의 반응이 매우 평범하다는 점은 그 긴장감을 고조시킨다.

예수는 십계명의 "짧은 목록"을 인용하면서, 처음 네 개의 "신학적" 계명은 제쳐놓고, 여섯 개의 "윤리적" 계명에 집중한다.10:19; 출20 참조 유대인들에게 첫 네 계명의 의미는 논쟁거리가 아니었다. 하지만, 자세히 살펴보면, 마지막 계명인 "너희 이웃의 소유는 어떤 것도 탐내지 못한다"출20:17가 "속여서 빼앗지 말아라"로 바뀌어있다. 토라의 한 부분에 나오는 레위기 견책으로 안식 공동체 안에서의 사회 경제적 행동 양식에 관한 내용이다.

> 너는 이웃을 억누르거나 이웃의 것을 빼앗아서는 안 된다. 네가 품꾼을 쓰면, 그가 받을 품값을 네가 가지고 있어서는 안 된다.레19:13

예수는 이 구절을 편집했고, 남자의 경건한 주장보다 그가 어떻게 부자가 되었는지에 더 관심이 있음을 내비쳤다.

남자의 원래 질문으로 돌아가 보자. 질문을 보면 자신이 영원한 생명을 받을 수 있다고 가정하고 있다. 그 점이 문제다. 헬라어 동사의 뿌리는 땅의 구획에 관한 용어다. 곧바로 이 남자는 "재산이 많았다"10:22라고 나온다. 그는 마치 재산처럼 영원한 생명도 상속받을 수 있다고 가정하고 있다! 사회 경제 체제 속 많은 수혜자처럼 종교를 자신의 계급 특권을 늘리는 수단으로 생각하고 있다.

실제로 1세기 팔레스타인에서 땅은 부의 기반이었다. 부자들의 소유지는 다양한 방법으로 불어났다. 때로는 결혼이나 정치적 동맹으로 집안이 합쳐지면서 자산이 증가했다. 때로는 몰수된 땅이 정치 후원을 통해 배분되었다. 하지만, 대부분은 씨뿌리는 자의 비유에서 논의했듯이 빚을 갚지 못한 소작농들에게 얻은 땅이다. 이 때문에 예수가 살던 시대에 사회 경제적 불평등이 심각하게 만연했다. 이렇게 해서 남자는 결국 "많은 재산"을 갖게 되었다.

적은 땅을 가진 계층은 소유권을 대대로 보존하고자 많은 노력을 기울였다. 나중에 예수는 세 놓은 땅을 놓고 싸우는 비유를 이야기한다. 비유에서 반란을 일으킨 소작인들은 자리를 비운 주인에게서 "유산"을 받아내려고 애쓴다. 비유처럼 그런 일은 피비린내 나는 장사였다.막12:1ff; 18장 마가는 소유권에 대한 관념ideology of entitlement에 대한 간결한 그림을 보여준다. 그리고 예수는 자산가들이 이웃의 땅을 불법으로 속여 빼앗아 이익을 남기고 지켰다는 것을 분명히 알고 있었다.

"모든 법을 다 지켰다는"10:20 남자의 의심쩍은 주장은 "하나님 한 분 밖에는 선한 분이 없다"10:18는 예수의 주장에 반대되는 것이었지만, 예수는 그를 정면으로 반박하지 않았다. 그 대신 예수는 "그를 눈여겨보시고, 사랑스럽게 여기셨다." 왜냐하면, 받아들이기 힘든 사실을 이야기할 참이기 때문이다.10:21

이것이 바로 모호함을 거부하는 긍휼이다. "너에게는 한 가지 부족한 것이 있다." 여기서 쓰인 동사는 부자는 그가 속여 빼앗은 가난한 사람들에게 빚을 지고 있다는 뜻을 암시한다. 예수는 "가서"라고 요청한다. 마가복음의 치유 사건에 등장하는 동사다. "네가 가진 것을 다 팔아서, 가난한 사람들에게 주어라." 남자는 자신이 특권을 얻어낸 체제를 해체해야만 한다. 예수의 희년 논리에서 남자는 부정하게 얻은 이익을 재분배해야 "하늘에서 참된 보화"를 받을 수 있다.여기서 보화는 본문에 부를 뜻하는 단어들과는 다른 단어가 사용되었다.

"그리고 와서, 나를 따라라." 예수는 남자에게 부에 대한 태도를 바꾸거나, 종들을 잘 대해주거나, 개인적인 삶을 고치라고 요구하지 않는다. 예수는 제자도의 전제조건을 단호하게 주장하고 있다. 경제적 재분배다. 남자의 경건은 무너졌다. 충격을 받은 그는 혼란스러워하다가 슬그머니 도망친다. 마가는 그 이유를 있는 그대로 설명한다. "그에게는 재산이 많았기 때문이다."10:22 계급 불평등이라는 맥락 속에서 예수가 던진 회개의 메시지는 남에게 끼친 손해를 배상하라는 뜻이다. 희년의 재분배 정의 실천이다.

본문 읽기: 마가복음 10장 23-31절

마가복음은 이 이야기가 정확히 무엇을 말하고자 하는지 독자들이 알기를 바랐다. 그래서 예수는 시적인 짧은 구절로 요점을 설명한다. 그 구절에는 터무니없지만 날카로운 유머가 담겨있다.

> 재산을 가진 사람은, 하나님나라에 들어가기가 참으로 어렵다. 이 사람들아, 하나님나라에 들어가기는 참으로 어렵다. 부자가 하나님나라에 들어가는 것보다 낙타가 바늘귀로 지나가는 것이 더 쉽다.10:23-25

마가복음의 낙타와 바늘 농담에 찔리고 싶지 않은 주석가들은 이 구절을 왜곡했다. 그 악랄한 시도가 바로 중세에 나온 예루살렘에 낙타가 "무릎을 꿇고"서만 들어갈 수 있는 작은 문이 있다는 주장이다. 실제로 예수가 쓴 이미지는 가장 크다고 알려진 동물과 가장 작다고 알려진 구멍을 떠오르게 한다. 불가능하다는 말이다. 프레드릭 뷰크너가 내놓은 현대식 비유는 예수의 재미있는 풍자를 정확히 담아냈다. "넬슨 록펠러Nelson Rockefeller가 퍼스트 내셔널 씨티 은행 야간 예금 창구 통과하기!"

예수가 요점을 반복해서 말할수록, 제자들은 점점 더 놀라서 결국 항의한다. "그렇다면 누가 구원을 받을 수 있겠는가?"10:26 그들이 염려하는 이유는 부가 하나님의 은혜의 표징이라고 생각하기 때문이다. 이런 생각은 미국인들의 신앙 속에도 만연하다. 크리스텐돔은 본문에서 예수가 부자들에 대해 배타적이고 비판적인 말을 했을까 봐 몹시 염려한 나머지, 이 무시무시한 세 문장이 부자들에 관한 것이 전혀 아니라는 사실을 놓치고 말았다. 직설법으로 쓰인 이 문장들은 부자도 빈자도 없는 시간과 공간인 하나님나라에 관한 주장이다. 부자가 재산을 그대로 두고는 당연히 하나님나라에 들어갈 수 없다. 손해 배상을 해야만 들어갈 수 있다.

예수는 경제적 평등을 바탕으로 한 진정으로 새로운 사회 질서라는 개념이 우리에게 "불가능하다"는 것을 인정했다.10:27 자본주의 문화와 종교 속에서 재분배 정의를 전제로 한 경제 모델은 심각한 이단으로 여겨진다. 같은 이유로, 현대 신학자들은 레위기 희년 전통을 상당히 회의적으로 대했다.3장을 보라

하지만, 희년의 성경적 비전은 유토피아적인 계획도, 종말론적 희망도 아니었다. 그것은 이스라엘 공동체 안에서 불가피하게 발생할 부와 권력의 집중에 대비한 실용적인 방책이었다. 이 비전은 사회적 이상주의가 아닌, 하나님의 성품에서 비롯되었다. 가난한 사람들이 빚을 탕감받은 이유는 "나는 너희를 이집트 땅에서 이끌어 낸 주 너희의 하나님"레25:35-38이기 때문이다. 땅을 되돌려주는 이유는 "땅은 나의 것이고, 너희는 다만 나그네이며, 내 집에 사는 임시 거주자일 뿐"이기 때문이다.레25:23-28 이 비전은 명백하게 부의 편중을 유발하는 체제에 반대하고 있다. 하지만, 예수가 단지 재분배 정의가 가능하다고 주장하는 것만은 아니다. 재분배 정의 없이는 하나님나라를 말할 수도 없다는 것이다.

마침내 베드로는 이해했다. 그리고 제자 공동체는 부자가 할 수 없었던 "버리고," "따르는"일을 했다고 자랑했다.10:28; 1장 참고 하지만, 예수는 부자에게 했던 것처럼 베드로의 말에 긍정도 부정도 하지 않는다. 다만, 모든 사람을 향해 가정생산 경제의 기본 단위, 가족상속 재산, 땅부의 기본 단위의 사적 권리를 포기하라고 초대한다.10:29 예수는 그러한 희년 경제를 실천하는 사람은

새로운 생산과 소비 공동체에서 풍성하고 충분하게 받을 것상속이 아닌이라고 단언한다.10:30

신성한 은혜의 경제를 암시하는 이 구절은 "백 배"의 수확을 약속한 씨 뿌리는 자의 비유4:8가 가난한 농민들에게 던진 몽상이 아니라 부를 재분배한 구체적 결과임을 시사한다. 잉여는 사유 재산이 공동체 자산으로 재구성될 때 생겨난다. 예수는 이미 광야에서 무리를 먹인 사건을 통해 실천했듯이6:35-42; 8장 참고, 나눔을 통해 풍성해지는 "기적"이 먼 미래가 아닌 "지금, 이 시간에" 일어나고 있음을 분명히 밝힌다. 또한, 현실적으로 이러한 실천이 "박해"를 불러올 것이라고 덧붙인다. 하지만, 영원한 생명의 문제는 "오는 세대"에 남겨두었다.10:30

이것이 부자의 질문에 대한 대답이다. 부자는 듣지 않고 이미 떠났지만 말이다. 마가복음에서 제자도를 거부하는 유일한 이야기는 예수의 씨 뿌리는 자 비유에 담긴 또 다른 요점을 보여준다. 부자는 "말씀을 듣기는 하지만, 세상의 염려와 재물의 유혹과 그 밖에 다른 일의 욕심이 들어와 말씀을 막아서 열매를 맺지 못한다."4:19

그 대신 경제 정의의 비전을 실천하고자 노력하는 사람들에게 "영원한 생명"이 약속된다. 이 본문과 전체 단락은 희년 논리를 단순하게 반복하면서 결론을 맺는다. "첫째가 꼴찌가 되고 꼴찌가 첫째가 되는 사람이 많을 것이다."

세상 속 말씀

마가가 그린 부자의 모습은 마치 그가 가진 "소유물에 사로잡힌 듯하다." 요즘 말로 하자면 풍요에 중독된 것이다. 마가복음에서 예수가 그 부자를 사랑했음을 강조하는 이유는 경제적 욕심이 인간에게 매우 어렵고 흔한 중독이기 때문이다. 하지만, 사랑은 진실을 말한다. 이 중독에서 "회복"되었다면 반드시 손해 배상이 있어야 한다.

복음서에서 부라는 주제는 가장 어려운 주제다. 문제는 이것이 매우 은밀하다는 점이다. 우리는 부를 어떻게 정의해야 할지 모른다. 그러나 예수의 충고를 진지하게 받아들이지 않는다면, 부를 좇는 것이 우리 삶의 중요한 목표가 되어버리고 만다.

부는 우리 사회에서 어떻게 나타날까? 한 가지 명확한 모습은 당신과 당신이 사랑하는 사람들이 삶의 방향을 결정할 수 있는 기회로 나타난다. 언제, 어디서, 어떤 환경 속에 태어났는가는 우리가 살면서 무언가를 선택할 수 있을지, 할 수 있다면 무슨 선택을 할 수 있을지를 결정한다.

하나님의 자녀 중 대부분이 다음에 나오는 항목을 선택해본 적이 없다. 아래 목록을 천천히 읽어보고, 당신과 당신의 가족이 사는 맥락 속에서 해석해보자.

당신은 다음을 선택할 기회를 가져본 적이 있는가?
-어디에 살 것인가
-어떻게 생활비를 벌 것인가
-자녀들을 어느 학교에 보낼 것인가
-오늘 무엇을 입을 것인가
-오늘 밥을 먹을 것인가, 말 것인가
-오늘 어디에서 먹을 것인가
-오늘 어디에서 잠을 잘 것인가
-난방 시설이나 에어컨을 갖출 것인가
-내가 먹거나 가족을 먹일 처방 약을 살 것인가
-정신과나 심리 상담을 받을 것인가

–돈을 저금할 것인가, 한다면 얼마나 할 것인가

–전화기를 살 것인가

–텔레비전이나 케이블을 설치할 것인가

–휴가를 어디로 갈 것인가

–어떻게 우리 집과 사물실을 더 예쁘고 편안하게 만들 것인가

–집이나 주변에 고장 난 물건을 수리할 것인가

–차를 살 것인가

–내가 받은 유산으로 무엇을 할 것인가

필수품과 사치품을 구분하기는 어렵다. 실제로 우리가 사는 상황에 따라 필수품을 다양하게 정의할 수 있다. 예를 들어 음식, 옷, 주거지, 여가, 안전은 기본적인 인간의 필요다. 하지만, 우리가 살면서 그런 필요에 대한 만족감을 어떻게 해석하는지 생각해본다면, 복음서 이야기를 오늘날에 적용할 수 있다.

예를 들어, 우리는 앞서 "공정한 식탁"3장 참고에 관해 고찰했었다. 부잣집 애완동물의 식단이 가난한 집 아이들의 식단보다 훨씬 더 좋은 세상이라면, 무언가 심각하게 잘못되었다. 가난한 나라에 살던 사람이라면 누구나 제1세계 슈퍼마켓에 들어갈 때 분노와 슬픔이 가득 차오른다. 미국의 평범한 중산층 사람들이 괜찮은 레스토랑에서 한 끼에 쉽게 쓰는 돈이 세상 대부분 사람이 일주일 동안 가족을 먹이는데 쓰는 돈보다 더 많다.

특권층에게 배고픔이란 다음에 나올 요리를 맛볼 즐거움을 기다리는 상태다. 가난한 사람들에게 배고픔이란 항상 따라다니는 두려움이자, 질병의 근원이며, 정신적 신체적 무감각과 피로다.

옷 역시 부자와 가난한 자에게 그 의미가 크게 다르다. 하나님의 자녀들 가운데 누구는 천 만원짜리 유명 브랜드 시계를 차고, 누구는 칼바람에도

부르튼 발을 덮을 것이 없다면, 그들 사이에 있는 간극은 메울 수 있는 것일까? 누군가의 패션쇼가 버려진 옷 봉지를 줍는 이의 헐벗음을 모욕한다면 어떠한가? "잘 보여야 한다"는 사회적 압박 때문에 십대들이 십만 원짜리 운동화를 사려고 마약을 팔고, 가죽 재킷을 사려고 사람을 죽이는 이 시대에, 오늘날의 부유한 청년에게 예수는 뭐라 말하겠는가?

이와 비슷하게 거주지 역시 부유함과 가난의 상징이다. 거주지라는 단어만 들어도 미국 안에 셀 수 없이 많은 노숙자와 노숙 가정이 생각난다. 대부분의 미국 도시에는 서너 가구가 살기에도 충분히 넓은, 10억이 넘는 단독 주택에 서너 명이 살고 있다. 같은 도시에서 가난한 가정들은 방 한두 개짜리 아파트에서 비좁게 산다. 집의 넓이만이 부잣집과 가난한 집을 나누는 기준은 아니다. 안전, 미관, 편의, 사생활 보장 등 부잣"집"이 가진 일반적인 특징이 가난한 사람들의 "집"에는 거의 없다.

안전한 삶의 범위나 질에도 엄청난 차이가 있다. 건강보험, 생명보험, 저축 및 투자, 고용 보장, 심지어 신변 안전 역시 부자들만 마음껏 누릴 수 있다. 그러나 안전한 삶은 확대 가족, 공동체, 이웃과 내가 누구인지를 알고, 어떤 가치가 내 삶을 인도하는지를 아는 것을 통해서도 훨씬 많이 얻을 수 있다. 안타깝게도 이런 것들은 빠른 속도로 돌아가는 부유한 서구 세계에서 쉽게 희생되고 말았다.

경제 정의 실현의 핵심은 특권을 누리고 사는 사람들의 "의식화conscientization" 과정이다. 우리는 부유함과 특권이 그저 운이 좋거나, 열심히 일했거나, 혹은 하나님의 뜻으로 "일어난 일"로 믿으라고 배웠다. 하지만, 재물을 지니고 제자도 여정에 함께 오를 수 없는 이유는 재물이 불의 위에 쌓인 것이기 때문이다. 부유함은 사람들 사이의 거대한 장벽과도 같다.

사람 모양의 그림을 반으로 나눈다고 상상해보자. 한쪽은 경쟁적인 소비 사회에 서 있는 "당신"을 상징한다. 사랑하는 사람들에게 어느 정도 편안한 삶을 주고자 열심히 일하는 솔직한 "당신"의 모습이다. 이러한 당신은 예수가 젊은 부자에게 한 초대가 "별로 기쁘지 않은 소식"으로 들린다. 이쪽 편에 서 있는 당신의 모습을 생각해보라. 어떤 느낌과 생각이 드는가?

사람 모양 그림의 나머지 반쪽은 부자 청년처럼 반응하고 싶어 하는 "당신"이다. 이쪽 편에 있는 "당신"은 끔찍한 불의와 그 결과로 나타나는 고통을 보았다. 이쪽 편에 선 "당신"은 불의에 동참한 자신의 모습을 인정하고, 이제 예수의 초대를 받아들여 변화할 준비가 되어있다. 이쪽 편에 서 있는 당신의 모습을 생각해보라. 어떤 느낌과 생각이 드는가?

하지만, 부와 가난은 단지 개인만의 현실이 아니다. 우리는 갈수록 소수만 극도로 잘 살고, 대다수는 생존하기 힘든 세상에 살고 있다. 부자 청년에 대한 마가복음 이야기는 오늘날 우리 사회와 세상 속에 부와 가난을 생산하고 특권을 유지하는 체제와 구조를 변화시키라는 초대로 해석해야 한다.

15장●리더십과 섬김

마가복음 10:32-52

문맥 속 말씀

본문 읽기: 마가복음 10장 32-45절

제자 교리문답 학교의 세 번째이자 마지막 주기 역시 "길 위"에서 시작한다. 드디어 예루살렘으로 향하는 길이라는 언급이 나온다.[10:32] 이야기가 끝날 때까지 32절에 나오는 제자 공동체의 모습을 기억할 필요가 있다. 예수가 "앞장서서 가는데", 뒤따라가는 사람들은 놀랐으며 두려워하였다. 마가복음 16장의 빈 무덤에서 예수는 "앞서 가고" 제자들은 충격을 받고 두려워한다.[16:7f]

마지막 예고는 예수의 고난 이야기가 어떻게 펼쳐지는지 가장 구체적으로 묘사한다. 인자가 공동체에 의해 산헤드린에 "넘어갈" 것이다. 그다음 로마 권력자들에게 넘어가고, 고문과 조롱을 받은 후 처형될 것이다.[10:33] 예수는 다시 약속한다. "사흘 후에 살아날 것이다."[10:34] 제자들은 이 말의 뜻을 알아듣지 못했다.[9:10 참조] 그들은 그 길이 무엇인지 이해했을까? 마지막 교리문답 본문을 보면 그들은 여전히 이해하지 못한다. 마가의 풍자는 점점 싸늘해진다.

베드로[8:32; 9:5]와 요한[9:38]처럼, 이제 야고보도 예수의 길을 반대한다.[10:35ff] 제자 공동체의 핵심 세력이 모두 연루된 것이다. 그들은 메시아의 쿠데타를 고대했고, 새로운 정권 "내각의 첫째와 둘째 자리"에 앉기를 열망했다.10:37; 시110:1 "가장 작은 자"와 연대하라고 두 번 가르친 후였기에, 예수의 분노가 느껴진다. 예수는 늘 그랬듯이 그들에게 되묻는다. 그들은 예수의 "세례"와 "잔"을 받을 수 있을까? 세례와 잔은 이야기 속에서 십자가의 길을 상징한다.10:38 마가가 비웃을 수밖에 없는 상황이다. 세배대의 꼬맹이들이 이렇게 대답한다. "물론이지요."10:39a

지칠 대로 지친 예수가 제자들에게 설명한다. 하나님나라의 리더십은 행정상 임명되는 자리가 아니다. 십자가의 훈련을 온전히 마친 사람에게 주어진다.10:39f 권력power과 무력powerless의 변증dialectic에 담긴 역설이다. 예수는 제자들이 고난받을 것이지만, 통치권을 달라는 요구는 받아들일 수 없다고 말한다.10:40 실제로 마가복음에서 예수의 오른편과 왼편에 서는 사람은 제자들이 아니라 십자가에 못 박힌 두 강도다.15:27 참조 마가의 신랄한 어조는 이어지는 예수의 가르침에서 절정에 달한다.

> 너희가 아는 대로, 이방 사람들을 다스린다고 자처하는 사람들은, 백성들을 마구 내리누르고, 고관들은 백성들에게 세도를 부린다. 그러나 너희끼리는 그렇게 해서는 안 된다.10:42f

이 부분에서 제자들은 자신들이 무엇을 원하는지 "알지" 못할 뿐 아니라, 예수의 실천을 이해하지도 못한다는 점이 재차 증명되었다.10:41

이제 새로운 스타일의 "아래에서 위로" 리더십을 구상하면서, "누구든지"를 향한 제자 학교의 마지막 초대가 나온다.10:43f 예수는 "위대한" 사람과 "종"의 역할을 뒤바꾸면서, 고대 세계 계급 제도를 정면으로 공격했다. 이것으로 예수는 권력에 대한 전통적 이해를 모두 비판했다. 지금까지 개인적, 사회적, 경제적 권력을 비판했고, 이번에는 정치적 권력을 비판한다.

인자는 대안의 길을 구현한다. 모든 사람을 위해 자신의 삶을 내어줌으로 빛 체제debt system를 한 번에 전복하려 한다. 인자는 종이 된 모든 사람의 생명을 "되사려는" 종이다.10:45

이 단락에서 예수를 따르는 남자들의 우둔한 모습은 마가복음 이야기의 시작1:31과 끝15:41에 예수가 말하는 섬김을 실천하는 사람들이 여자라는 점을 더욱 부각시킨다. 마가복음은 가부장제에서 오직 여자만 지도자가 되기에 적합하다고 넌지시 제안하고 있는 것일까? 고대뿐 아니라 현대에 들어도 세상을 극도로 뒤흔드는 제안이다.

본문 읽기: 마가복음 10장 46-52절

본문에는 우리의 상식을 뒤흔드는 역할 전환이 또 한번 논란을 일으키고, 치료받은 시각장애인은 우리에게 또 한번 희망을 준다. 예루살렘에 도착하기 바로 전, 여리고 변두리에서 가던 길을 멈춘다. 그리고 "길 가"에 앉은 가엾은 눈먼 거지를 만난다.10:46 앞에서 "제자도가 아닌" 모습으로 등장한 부자 청년과 야망에 찬 제자들의 이야기는 바디메오 이야기와 극명하게 대비될 것이다. 바디메오는 마가복음의 "진정한 제자"를 상징할 것이다.

부자 청년과 달리, 바디메오는 땅이 없고 장애를 가졌다. 바디메오는 체제의 수혜자가 아닌 희생자였다. 제자들과 달리 그는 감히 예수에게 직접 다가가 도움을 청하지 못했다. 그는 영원한 생명의 신비를 묻지 않았다. 새로운 정권의 높은 직책도 요구하지 않았다. 다만 자비를 구했다. 조용히 하라고 꾸짖는 사람이 있어도 구했다.10:47f 부자 청년은 제자도를 향한 부르심에서 도망쳤지만, 바디메오는 그가 가진 작은 것마저 포기했다.그가 벗어 던진 겉옷은 구걸하는 용도였다; 10:50 마가는 바디메오와 제자들의 간청을 의도적으로 배치했다.

예수께서 그들에게 말씀하셨다. "너희는 내가 너희에게 무엇을 해주기를 바라느냐?" 그들이 그에게 대답하였다. "선생님께서 영광을 받으실 때, 하나는 선생님의 오른쪽에, 하나는 선생님의 왼쪽에 앉게 하여 주십시오." 10:36f

예수께서 그에게 말씀하셨다. "내가 너에게 무엇을 하여 주기를 바라느냐?" 그 눈먼 사람이 예수께 말하였다. "선생님, 내가 다시 볼 수 있게 하여 주십시오." 10:51

예수는 부자 청년이 다른 사람에게 배상하지 않을 것이었기 때문에 그의 질문에 대답할 수 없었다. 예수는 제자들의 요청이 과대망상에 근거했기 때문에 받아줄 수 없었다. 하지만, 예수는 거지 바디메오를 도울 수 있었다. 그는 자신의 눈이 먼 것을 알았기 때문이다.

마가복음의 제자 교리문답 여정이 시작할 때, 베드로는 예수를 "정확한" 이름으로 불렀지만, 십자가의 길을 거절했다.8:29ff 그 여정의 끝에서 바디메오는 예수를 "틀린" 이름으로 불렀지만10:47f; 예수는 12장 35-37절에서 "다윗의 자손"이란 이름을 거부한다; 19장 참조 결국 "예수가 가시는 길을 따라나섰다."10:52 첫째가 꼴찌가 되고, 꼴찌가 첫째가 된다. 교리 문답의 교훈은 다음과 같다. 오직 제자도의 신앙만이 우리를 온전하게 한다.

세상 속 말씀

예수의 "십자가 교리문답"은 우리의 마음, 가정, 공동체, 세상 속에서 갈등상태에 있는 두 종류의 힘을 드러낸다. 또한, 개인적, 정치적으로 비폭력을 실천할 때에만 근본 지배 구조를 전복할 수 있다고 주장한다. 하지만, 이 길은 사회적, 경제적 안정에 관한 모든 정통 관념과 모순된다. 뿐만 아니라 역사 속에서 기독교인들도 거의 받아들이지 않았다.

여전히 많은 사람이 이 진리를 실험하고 있다. 한 예로, 최근 워싱턴 디씨에 있는 로마 가톨릭 주교 토마스 검블턴Thomas Gumbleton은 게이와 레즈비언에 대한 목회적 관심을 인정받아 빌더 오브 브릿지Builder of Bridges상을 받았다. 시상식에 참석한 사람들은 참된 섬김의 지도자에게 영예를 안기는 특별하고 유익한 경험을 했다. 단지 검블턴 주교가 게이와 레즈비언을 예언자적으로 지지했기 때문만이 아니다. "너희 가운데서 누구든지 위대하게 되고자 하는 사람은 너희를 섬기는 사람이 되어야 하고"막10:43라는 예수의 말씀을 살아낸 모든 기독교 목회자들의 반열에 올릴만한 많은 활동을 했기 때문이었다.

가톨릭 교회에서 미국 주교가 섬김의 지도자라는 칭호를 받았다는 사실 자체로 세간의 이목을 끌었다. 오스카 로메로Oscar Romero와 엘데르 카마라Helder Camara처럼 우리 시대에도 예언자들이 가톨릭 진영에서 나왔다. 하지만, 오늘날 북미 가톨릭 교회에서 주교가 된다는 것은 일반적으로 깐깐한 정통과 대단한 권력의 자리에 앉는다는 것을 상징한다. 예언자 같은 사람일 필요는 없다.

토마스 검블턴 주교라는 이름은 수십 년 동안 평화 문제와 동의어로 여겨졌다. 그는 가톨릭 평화 단체 팍스 크리스티Pax Christi의 일원으로서 비폭력을 대변하여 말하고 행동했다. 최근에는 게이나 레즈비언 관련 사안 등 정의에 관한 문제를 다루고 있다. 로마 가톨릭 신학이 동성애에 대해 침묵하는 상황에서 검블턴 주교의 사역은 주목할 만하면서도 위험하고, 예언자적이었다. 공식 교회 문서는 게이와 레즈비언에게 목회적 관심을 가지라고 요청하지만, 가톨릭 안에서 많은 사람이 동성애를 혐오해왔다. 이제 우리에게 교회 안팎에서 정의를 위해 싸우는 동성애자들을 공개적으로 지지하는 주교가 나타났다.

이 과정에서 검블턴 주교는 "성숙"이라는 단어로 요약할 수 있는 지도자의 필수 자질을 보여주었다. 진정한 섬김의 지도자는 위험을 감수하고, 새로운 것을 시도하며, 실패에 대한 두려움에 사로잡히지 않을 줄 알아야 한다. 섬김의 지도자는 잘 들을 줄 알아야 한다. 검블턴 주교는 그의 게이 형제 단Dan 때문에 던진 어머니의 고통스러운 질문을 새겨들었다. "단은 지옥에 가는 거니?"

섬김의 리더십의 또 다른 자질은 언제 이끌고, 언제 따라갈지를 아는 것이다. 검블턴 주교는 필요하다면 자신의 안건과 일정을 기꺼이 미룬다. 한번은 살해된 남편에 대한 진실을 찾으려는 여성을 돕고자 통보한 지 이틀 만에 중미로 향했다.

어떤 주교는 검블턴은 치열한 경쟁의식을 정의로운 평화를 향한 최우선의 열정으로 바꾼 사람이라고 표현했다. 이것이 섬김의 리더가 가져야 할 마지막 자질이다. 바로 분노할 수 있는 능력이다. 어느 정도 세상과 거리를 둘 수 있어야 세상이 더 좋아질 수 있고, 좋아져야 한다는 생각을 할 수 있다. 그렇지 못하면 리더십을 발휘할 수 없다. 검블턴 주교가 불의한 상황에 관해 이야기할 때 이런 자질을 엿볼 수 있다. 그는 자기의 의도를 이해시키고자 위험을 감수하고 예언자적인 행동을 한다.

게이와 레즈비언을 위해 사역한 토마스 검블턴 주교에게 영예를 주는 시상식장에서 수백 명의 사람이 오랫동안 기립박수를 보냈다. 선한 마음을 가진 사람들이 섬김의 리더십이라는 귀한 은사를 인정하고 축하해주었다.

제자도의 모든 영역에는 경쟁하거나, 질투하거나, 텃세를 부리고 싶은 유혹이 있다. 예수를 따르는 모든 사람은 양심의 시험을 받게 된다.

자신에게 질문해본다.

●현재 나는 제자도 여정을 시작했을 때보다 권력에 덜 관심을 두고 예

루살렘을 향하고 있나?

- 예수가 말했듯이 나 자신보다 더 위대한 가치를 추구하며 산다는 의미에서, 내 목숨을 기꺼이 버릴 수 있나?

- 지도자의 자리에 있는 사람도 때로는 따라갈 줄 알아야 한다는 생각에 동의하는가?

- 지도자의 자질에는 반드시 섬김이 있어야 한다고 생각하는가?

- 시간이 지날수록 점점 사람을 새로운 시각으로 보게 됨을 느끼는가? 사람의 신분, 지위, 직책에 덜 관심을 두게 되고, "타자" 특히 가난한 사람들에게 더 관심을 두게 되는가?

- (남자만) 나는 여성이 제자로서 가진 은사를 진정으로 귀하게 여기는가?

- 베드로처럼 제자도에 담긴 섬김의 본질을 잘못 이해해서 "침묵당한" 적이 있는가?

- 나는 고통을 통해 정결해지고, 겸손하게 되고, 구원받을 수 있다는 점을 이해하는가?

- 예수의 다른 제자들과 헛된 경쟁을 하고 있지는 않은가?

- 나는 사회 변화를 위해 일할 때, 승리주의 의식에 빠져 있는가? 내가 원하는 선을 실현하고자 정치적 힘을 사용하는가? 그것이 예수의 방식인가?

- 나는 사회 변화를 위해 일할 때, 십자가 위의 예수보다 변화산의 예수를 나와 연결짓고 있지는 않은가?

- 이 세상의 악령을 쫓아내고자 할 때, 나는 기도하지 않으면서 오직 인간의 자원에만 의존하고 있지는 않은가?

- 나는 사회 정의를 향한 모든 투쟁을 빛의 세력과 죽음의 세력 사이에 있는 영원한 묵시적 대결의 예시로 이해하는가?

- 나는 세상의 변화가 아래에서 위로 성취됨을 믿는가?

● 사회 변화에 있어, 내가 "선"이라고 생각하는 것을 강요하는 경향이 있지는 않은가?

● 나는 하나님의 통치가 결국에는 내가 아닌 하나님께 달려있다고 확신하는가?

가정, 직장, 사회생활, 교회, 여가 등 내 삶에서 일어나는 모든 활동을 목록으로 만든다. 위에 나오는 질문에 비춰 각각의 활동을 평가한다. 특별히 직장 생활에 초점을 맞춘다. 많은 제자가 직장을 하나님나라를 세우려고 노력해야 할 주 무대라고 생각하지 않는다. 직장 환경의 좋은 점과 나쁜 점을 적어본다. 직장이 예수의 가치를 담고 있다면, 그것에 당신이 기여하는 바가 있는가? 예수의 가치에 반대되는 모습에서 당신이 하는 일이 있는가?

우리가 걷는 제자의 길

예수께서 그에게 말씀하셨다. "내가 너에게 무엇을 하여 주기를 바라느냐?" 그 눈먼 사람이 예수께 말하였다. "선생님, 내가 다시 볼 수 있게 하여 주십시오."

마가복음 10장 51절

도덕적 용기는 하나님의 사랑의 눈으로 지각하는 능력, 하나님의 긍휼로 나와 남을 느끼는 능력, 불의를 향한 하나님의 슬픔과 진노를 아는 능력에서 나온다. 우리는 모두 분명하게 보게 되는 아주 드문 순간, 모든 인간과 모든 살아있는 생명이 신성하다는 것을 깊이 알게 되는 순간을 마주한 적이 있다.

이러한 깨달음의 순간에 우리는 모든 사람이 하나님의 사랑, 정의, 평화의 일부로 살아가도록 하나님의 형상으로 창조되었음을 깨닫게 된다. 모든 사람은 풍성한 삶을 누리도록 창조되었다. 하지만, 이러한 순간은 매우 짧고, 드물게 일어난다! 평소 우리의 시력은 일상의 사소한 것들, 우리 앞에 놓인 과제, 우리의 두려움과 욕망 때문에 침침해져 있다.

마음속으로 당신의 하루나 일주일의 일상을 되돌아보자. 당신의 삶에 자주 등장하는 사람들을 천천히 신중하게 생각해보자. 집, 직장, 학교 등 자주 가는 장소를 생각해보자. 일하러 차를 타고 가는가? 아니면 대중교통을 이용하는가? 자주 이동하는가? 당신이 사는 세상에 대해 어떤 정보를 어떤 매체를 통해 받고 있는가? 신문을 읽거나 라디오 토크쇼를 듣거나 텔레

비전을 보는가? 인터넷을 하는가?

이제 당신이 돌아다니면서 무엇을, 누구를 보는지 생각해보자. 노숙자나 걸인과 소통하는가? 당신은 가난하게 살고 있는가? 르완다, 아프가니스탄, 치아파스, 동티모르, 미국 원주민, 도시 학교, 지구 온난화, 당신의 옷을 만드는 공장의 근로 조건에 대해 무엇을 알고 있는가?

우리가 사는 시대의 한 가지 특징은 "우리가 몰랐다"는 말을 더는 할 수 없다는 점이다. 평범한 사람들이 지금까지 은폐되어 온 정보에 접근할 수 있다. 멕시코 치아파스에 있는 산 크리스토 발 라스 카사스에서 성난 군중이 성당을 에워쌌을 때 전 세계 지역 사회는 어떤 일이 벌어지고 있는지 즉각 알게 되었다. 인도네시아에서 어린이 노동 학대를 폭로한 청년이 살해되었을 때, 워싱턴 디씨에 있는 단체들은 암살에 대한 상세한 내용을 몇 시간 만에 팩스로 받았다. 우리는 모두 소련이 붕괴하고, 소말리아에 군대가 상륙하고, 중국 천안문 광장에서 민주화 운동이 탄압받는 광경을 목격했다. 어떤 면에서 우리는 지나치게 많은 정보와 이미지를 받고 있다. 하지만, 우리는 보고 있는가? 이해하고 있는가?

우리는 왜냐고 묻고 있는가? 우리는 정보의 출처를 비판하는가? 우리는 명확한 그림, 정직한 이미지, 진실을 요구하는가? 어떤 렌즈를 끼고 우리 주변의 현실을 바라보는가? 우리 관점에 묻어 있는 편견에 의문을 제기하는가? 우리가 보는 것에 영향을 받을 수 있도록 마음과 생각을 활짝 열 수 있는가?

가난한 자와 소외된 자의 관점에서 보면 세상은 어떻게 생겼을까? 그것을 발견하려면 우리 자신을 어디에 놓아야 할까?

예수는 보는 것을 넘어서는 시력을 준다. 우리는 성령의 은사, 특히 지혜와 이해력과 지식에 대해서 얼마나 자주 성찰하는가? 이러한 은사는 두렵지만, 세상을 바라보는 방식을 고치는 통찰력을 준다. 우리는 이 은사를 받아들일 용기를 가졌는가?

이렇게 기도하자. 예수여, "다시 볼 수 있게 하여 주십시오." 당신이 가시는 길을 따라갈 수 있도록 당신의 사랑의 눈으로 보게 하여 주십시오.

4부. 예수가 묻다

생각 열기

예수의 예루살렘 입성은 최종 대결이 펼쳐질 무대를 마련하는 극적인 공개의식Public liturgy이었다. 새로운 권위를 가지고 권력의 중심에 들어온 예수는 종교 지도자와 국가 지도자 모두에게 도전장을 내민다.

의식은 중요한 행동과 함께 행해지는데 행동을 상징적으로 만든다. 이는 여러 중요한 의미를 지니고 있다. 오늘날 미국의 수도인 워싱턴 디씨만큼 공공 예전을 치르기에 적합한 장소는 드물다. 다음에 나오는 예를 읽으면서 당신이 사는 마을이나 도시에서 행해진 공개의식을 떠올려보자.

히로시마와 나가사키에 원자폭탄 투하가 있은 지 40주년이 되는 해, 핵무기 경쟁이 한창일 때, 3만 명의 사람이 워싱턴 디씨에 평화의 리본을 들고 왔다. 전 세계 수십만의 사람이 "차마 생각조차 하기 어려운, 핵전쟁으로 잃어버린 것"을 리본으로 생생하게 표현했다. 시대의 두려움을 채색하고, 수 놓고, 꿰매고, 염색하고, 덧댄 수많은 조각으로 이어진 리본이 펜타곤 주변, 포토맥 강 건너편, 링컨 기념관 주변, 워싱턴 기념탑을 가로지르는 대로, 미국 국회의사당 주변을 지나고, 대로 반대편을 내려와, 백악관 옆에 있는 타원형 공원 주변, 베트남 기념관, 다시 강 건너 펜타곤까지 그야말로 강대국 권력의 상징물을 둘러쌌다. 이 엄청난 공개의식이 던지는 메시지는 분명했다.

"핵무기 제조와 사용 위협을 중단하라."

몇 년 후, 미국이 지원하는 니카라과 전쟁이 격렬해지자, 교구장, 주교, 수백 명의 다양한 교단 사람들이 사순절 기간의 매주 수요일마다 워싱턴 디씨에 있는 미국 국회의사당에 모였다. 그들은 전쟁에서 죽은 니카라과 사람들과 아이들의 이름이 적힌 하얀 나무 십자가를 손에 들었다. 국회의사당 계단에서 기도한 뒤, 글로벌 권력 중심의 또 다른 상징인 로턴다The Rotunda 건물로 천천히 들어갔다. 그들은 곧바로 체포되었다. 이 공개의식의 메시지는 단순명료했다.
"미국은 니카라과 전쟁 지원을 중단하라."

미국이 이라크 전쟁을 발발하기 전날 밤, 만 명의 사람은 「소저너스Sojourners」의 초대를 받아 워싱턴 국립 성당에 기도하러 모였다. 거대한 건물을 가득 채운 이들이 밖으로 쏟아져 나왔다. 예배가 끝난 후, 그들은 매사추세츠 길을 따라 촛불 행진을 했다. 백악관을 지나 그곳에서 몇 블록 떨어진 곳에 있는 메트로폴리탄 AME 교회에서 모여 철야 농성을 했다. 그들의 메시지는 다음과 같다.
"이라크 전쟁을 시작하지 말라."

며칠 후 전쟁이 시작하자, 수백 명의 종교 지도자와 신앙인이 다시 모였다. 이번에는 '미국 팍스 크리스티Pax Christi USA'가 주최한 기도 모임과 백악관을 향한 행진이었다. 그들은 이렇게 말했다.
"우리는 침묵하지 않을 것이다. 전쟁을 멈춰라!"

그 후 얼마 지나지 않아, 의회가 빈곤층을 지원하는 프로그램을 중단하자, 노숙인들과 노숙인을 돕는 이들이 국회의사당 대로 한복판에 판자촌을 세웠다. 캠페인 도중, 활동가들은 국회의사당 잔디밭에서 가난한 어린이들에게 음식을 제공했다.

"쉼터는 어디에 있단 말인가? 우리 아이들에게 무엇을 먹이란 말인가?"

우리는 다니고 있는 교회의 상징적 배치에 익숙해져 있다. 대부분 교회는 강대상에서 설교하고, 식탁에 모여 생명의 빵을 나누는 성찬을 한다. 예수의 예루살렘 입성은 우리가 때로는 공공 광장에서도 의식을 거행할 수 있음을 시사한다.

당신은 그러한 예전에 참여해 본 적이 있는가?

16장 • "이 산을 명하여"

마가복음 11:1–25

문맥 속 말씀

예루살렘을 향하는 예수의 긴 행진을 따라 마가복음 이야기는 팔레스타인 사회 변두리에서 중심으로 이동한다. 베다니 가까이에 이르자[11:1], 예수는 거룩한 성에 들어갈 채비를 한다. 성전에 충성을 보이려는 경건한 순례자가 아니라 국가 권력의 기초를 흔들어 뒤엎으려는 예언자로서 들어가려 한다.

마가복음 11–12장은 예수의 두 번째 "직접 행동 운동"을 이야기한다. 갈릴리에서 있었던 첫 번째 운동[1:20-3:35]에서, 예수는 귀신 축출과 치유라는 강력한 행동으로 체제를 유지하려는 세력에 맞섰다. 그는 이제 성전 체제와 성전의 청지기인 예루살렘 성직자 계층과 싸운다. 첫 번째 운동처럼 이번 운동도 결국 대립과 분열로 끝날 것이다. 그리고 예수가 혁명적 인내Revolutionary patience에 대한 두 번째 설교를 통해 자신의 사역을 더 깊이 성찰하고자 물러서면서 마무리된다.[13:1ff;4:1ff참고]

본문 읽기: 마가복음 11장 1–11절

예루살렘 이야기는 이른바 "승리의 입성"[11:1-10]으로 시작한다. 하지만,

메시아 승리주의Messianic triumphalism를 거부하고자 치밀하게 연출된 길거리 정치극에 어울리는 명칭은 아니다.

마가복음의 원래 독자들이 볼 때, 이 장면은 정치적으로 중요한 의미를 담고 있었다. 예수가 입성하자 소작농 부대가 따라간다.[11:7f] 그들의 환호성은 바디메오의 칭송[10:47f]을 "복되다! 다가오는 우리 조상 다윗의 나라여!"라는 완벽한 혁명 구호로 발전시킨다.[11:10] 이 행진에 담긴 이미지들은 성경에 이미 나온 몇몇 사건들을 떠오르게 한다. 승리한 유다를 뜻하는 나귀[창49:11], 이스라엘로 돌아온 궤[삼상6:7ff], 예후를 왕으로 선언한 사건[왕하9:13], 왕의 행진 찬송[시118:25f]이 떠오른다. 또한, "올리브산 가까이"에서[11:1] 행진이 시작한다는 점에는 스가랴가 말한 이스라엘과 원수 사이의 마지막 종말론적 전투를 암시했을 것이다.[슥14:1-5참고]

이 장면은 비교적 최근에 일어난 사건도 암시한다. 약 2세기 전, 팔레스타인을 그리스 통치에서 해방한 위대한 게릴라 장군, 시몬 마카비의 개선 행진을 상기시킨다. 마카베오상 13장 51절에서, 시몬이 예루살렘에 입성할 때, 사람들은 "종려나무 가지를 흔들며 환호 소리도 드높게… 찬미와 노래를 불렀다." 또한, 마가가 살던 시대에도 메시아 행세를 하는 사건이 있었다. 유대 역사가 요세푸스에 따르면, 로마에 대항한 유대 반란 도중, 게릴라 장군 므나헴은 결국 실패로 돌아가기는 했지만, 반란군 임시 정부의 유일한 지도자가 되려고 많은 군사를 이끌고 "왕처럼" 예루살렘을 지나 행진했다.[20장 참고]

하지만, 마가는 이처럼 사람들이 좋아했던 메시아 이미지를 깨뜨리고자 그 이미지를 본격적으로 사용한다. 이것이 바로 행진 이야기의 반을 차지했던, 새끼 나귀를 "징발"하는 이상한 이야기의 핵심이다.[11:2-6] 마가는 명백하게 반군사적anti-military인 스가랴의 또 다른 이미지를 중심으로 이 행진의 상징을 의도적으로 재구성했다.

도성 예루살렘아, 환성을 올려라. 네 왕이 네게로 오신다. 그는 공의로 우신 왕, 구원을 베푸시는 왕이시다. 그는 온순하셔서 나귀 곧 나귀 새끼인 어린 나귀를 타고 오신다. 에브라임에서 병거를 없애고 예루살렘에서 군마를 없애며… 이방 민족들에게 평화를 선포할 것이다. 슥9:9f

그리스 권력 정치를 이미 거부했던[10:42ff] 이 왕은 비무장 상태로 예루살렘에 입성한다. 그래도 여전히 위험한 인물로 보인다.

예수의 "비폭력 포위 작전"은 다윗 성전-국가의 회복을 통해 국가를 해방하는 메시아 각본을 따르지 않는다. 예수는 성전을 지키려고 온 것이 아니라 망가뜨리려고 왔다. 예수는 이제 분명하게 다윗 이데올로기Davidic ideology와 자신을 분리할 것이다.[12:35-37; 19장 참고] 그때를 위해 행진 이야기는 마가복음에서 또다시 실망스러운 결말로 마무리된다. 예수께서 성전에 들어가셨다. 그는 거기서 둘러보신 뒤, 나가셨다.[11:1]

본문 읽기: 마가복음 11장 15-19절

"성전 정화"라는 유명한 이야기는 마가의 샌드위치 구조로 구성되어 있다. 예수가 성소에서 하는 행동[11:15-19]은 무화과나무를 저주하는 독특한 이야기 사이에 끼어 있다.[11:12-14, 20-25] 무화과나무의 상징을 제대로 이해해야 성소에서 행한 격렬하고 위대한 행동을 해석할 수 있다. 먼저 성전 정화를 살펴보도록 하겠다.

11장 11절에서 성전을 간략하게 돌아봤던 예수는 다시 성전 뜰 시장에 들어가 행동을 시작한다. 목표는 상인들이었다. 예수는 그들을 "내쫓았다". 내쫓았다는 동사는 마가가 귀신 축출 장면에서 가장 흔하게 사용하는 동사다. "사고팔고"라는 말은 포도주, 기름, 소금뿐 아니라 성전 제사에서 사용하는 새와 동물을 매매했다는 뜻이다.

몇몇 사람들의 해석과 달리, 예수는 이러한 시장의 존재 자체에 놀라지도 분개하지도 않았다. 상업 활동은 고대 성전 중심 신앙에서 매우 평범한 일이었다. 실제로 성전은 도시 전체가 의존하는 예루살렘 주요 경제 기관이었다. 예수의 쟁점은 성전 신앙의 정치 경제가 가난한 사람들을 억압하는 방식이었다는 점이다.

대제사장 가족은 성전 매매의 높은 수익을 관리했다. 예수는 이러한 금융 세력을 대표하는 두 부류를 지목한다. "돈을 바꾸어 주는 사람들"과 "비둘기를 파는 사람들"이었다.11:5 전자는 환전 및 거래를 관장했다. 순례자들이 가져온 모든 돈은 성전 회비나 십일조를 내기 전에 유대 동전이나 두로 동전으로 환전해야 했다. 지중해 전역의 유대인들이 예루살렘에 쏟아붓는 돈으로 생겨나는 금융 수익은 상당한 권력이었다.

비둘기 파는 사람들은 가난한 사람들이 종교 의무를 다하는 데 필요했던 주요 물품을 밀거래한 사람들이다. 예를 들어 여성의 정결과 나병 환자의 정결 과정에는 희생 제사를 위한 비둘기가 필요했다.레12:6, 14:22; 눅2:22-24참고 그래서 예수는 이류 시민 취급을 받는 이들의 돈으로 이윤을 취했던 그들의 장사판을 엎어버렸다.

다음으로 예수는 "성전 뜰을 가로질러 물건을 나르는 것을 금하셨다.11:16"고 마가는 기록했다. 그 날 더 이상의 활동을 하지 못하도록 막았음을 의미한다. 정말로 예수가 이 일을 이루었다고 믿을 수 있을까? 어쨌든 유대인 경비대와 로마 수비대는 성전의 기능이 순조롭게 돌아갈 수 있도록 가까이 서있었다. 이 본문은 목적을 알리는 상징적 직접 행동이라고 해석할 수 있다. 예수가 성전을 닫은 것은 오늘날 비폭력 봉쇄를 통해 일시적으로 국방부를 "폐쇄"했다고 말하는 것 그 이상, 그 이하도 아니었다.

이처럼 용감한 행동을 하려면 이를 확실하게 정당화할 수 있어야 한다. 그래서 곧 나오게 될 예수의 "가르침"은 예언자 전통의 위대한 두 본문을 인용한다.11:17 예수는 먼저 성전의 모습이 어떠해야 하는지를 보여주는 이사야의 환상을 인용한다. 성전은 모든 사람, 특히 외국인과 쫓겨난 사람들의 피난처이다.사56:3-8참고 그런 다음 실제로 성전이 어떻게 변했는지를 묘사한 예레미야 본문을 가져온다. "강도들의 소굴"은 구약 선지서에서 성전 체제를 비판하는 가장 신랄한 표현 중 하나다.렘7:1-14 참고 신탁은 "주님의 성전이라고 믿지" 말라고 충고하고, "나그네, 고아, 과부"를 향한 정의를 실천하지 않으면 성전은 무너질 것이라고 경고한다. 예수는 이 최후통첩이 이제 이루어진다고 말한다. 예수는 곧 어떻게 성전이 가난한 사람들을 착취하는지 구체적인 사례를 보여줄 것이다.12:41ff; 19장 참고

본문 읽기: 마가복음 11장 12-14, 20-25절

이제 예수의 성전 행동 앞뒤에 있는 무화과나무 저주 이야기를 살펴보자. 예수는 예루살렘을 가는 길에 자신의 "배고픔"을 해결해주지 못하는 나무를 저주한다.11:12-14 무화과 "철"이 아니라는 사실을 통해 독자들은 이 행동이 상징임을 알 수 있다. 마치 이스라엘의 배교 행위에 대한 미가의 애가가 재현된 듯하다.

> 아, 절망이다! 나는 가지만 앙상하게 남은 과일나무와도 같다… 내가 그렇게도 좋아하는 무화과 열매가 하나도 남지 않고 다 없어졌구나. 이 땅에 신실한 사람은 하나도 남지 않았다. 정직한 사람이라고는 보려야 볼 수도 없다.미7:1f

성전 축귀exorcism가 있고 난 뒤, 제자들은 무화과나무가 "뿌리째 말라 버린 것"을 발견한다.11:20f 구약 성서에서 무화과 나무는 이스라엘의 평화, 안전, 번영의 상징이었다. 열매가 많은 무화과 나무는 하나님의 축복을 뜻했

고, 메마른 나무는 심판을 상징했다.렘9:13; 사28:3; 욜1:7, 12 또한, 마가는 심판
에 관한 호세아의 신탁을 염두에 두고 있는 듯하다.

> 하는 짓이 악하니, 그들을 나의 집에서 쫓아내겠다…… 지도자들도
> 모조리 나를 거슬렀다… 뿌리가 말라 버렸으니 열매를 맺지 못할 것이
> 다.호9:15f

그 다음에 나오는 예수의 저주는 정치적 은유다. "집"에서 이익을 얻는
"지도자들"은 반드시 "쫓겨나야" 한다. "열매 없는" 성전-국가는 회복되지
않고 "말라 버릴 것이다."

하지만, 성전은 유대 사회 질서의 핵심을 나타낸다. 무엇이 그 자리를 차
지할 수 있을까? 사람들은 하나님께서 성전에 거하신다고 믿었기 때문에,
예수의 말과 행동은 사람들 가운데 계신 하나님의 임재에 관한 문제를 유발
했다. 이 때문에 예수는 행동을 취한 뒤 곧바로 제자들에게 "하나님을 믿으
라!"고 권면한다.11:22 즉 그들은 현 체제에 순응하지 않으시는 출애굽 하나
님의 신학을 회복해야 한다.

예수는 계속해서 성전-국가에서 해방된 세상을 믿으라고 촉구한
다.11:22-25 예수는 제자들에게 전통적으로 "성전 산mountain of the house"으
로 알려진 이 거대한 돌덩이가 던져질 수 있다고 확언한다.11:23 "들리어 바
다에 던져지라"는 말은 5장 9-13절에서 예수가 군대 귀신을 내쫓은 장면
을 떠오르게 한다. 여기에서 믿음은 로마 군사든 유대 귀족 계층이든 권력
자로부터 해방된 사회가 가능하다고 주장하는 정치적 상상력으로 정의된
다.11:24

"기도하는 집"은 이제 버려졌고, 예수는 공동체에 새로운 상징적 중심을
제시하면서 설교를 마친다. 그것은 제도화된 장소가 아니라 도덕의 장, 곧

공동체 안에서 서로 용서를 실천하는 것이다.[11:25] 마태복음과 누가복음에서 주기도문으로 알려진 기도의 핵심 내용을 인용한 이 구절은 예수가 성전 중심의 빚 체제를 마지막으로 거부했음을 나타낸다.

성전에서 행한 예수의 행동은 마가복음 처음에 암시된 말라기의 심판 경고를 실현했다.

> 너희가 오랫동안 기다린 주가 갑자기 자기의 궁궐에 이를 것이다… 내가 억압하는 자들의 잘못을 증언하는 증인으로 기꺼이 나서겠다… 너희 온 백성이 나의 것을 훔치니, 너희 모두가 저주를 받는다.[말 3:1, 5, 9]

그러고 나서 예수는 "한 가정이 갈라져서 싸우면, 그 가정은 버티지 못할 것이기" 때문에 "강한 자"의 세간을 금지하는 자신만의 비유를 실행한다.[막 3:24-27]

세상 속 말씀

예수가 유대 사회의 중심인 성전에 입성해 상을 뒤엎는 마가복음 이야기를 오늘날의 맥락에서 해석한다면, 우리 사회와 세계 속에 빈부를 만드는 체제와 구조를 변혁하라는 초대로 볼 수 있다. 예수가 "믿음으로 옮길 수" 있다고 말한 산은 세계 인구의 대다수에게 효과적이지 않은데도 갈수록 고집불통인 세계 경제 상황에 딱 맞는 비유다.

세계 금융기관, 특히 세계은행과 IMF[International Monetary Fund]를 개혁하려는 전 세계적인 노력은 현대판 "산 옮기기"의 흥미로운 사례다. 금융 기관들이 내놓은 파괴적인 기획과 정책을 향해 빈곤국들의 다급한 아우성이 수년간 이어지고 있다. 또한, 빈곤국들이 다국적 기관에 진 빚 부담에 대한 우려가 점차 커진 지 10년이 지나면서, 1990년대 중반에 변화를 외치는 광범위하고, 다양하고, 다국적이며, 효율적인 시민연대가 등장했다.

세계은행과 IMF창립 회의가 열린 뉴햄프셔주의 지역 명칭을 따라 브레턴우즈 기관〈Bretton Woods Institutions〉으로 알려져있다는 50년 동안 세계 경제를 주름잡았다. 1944년에 국제 개발 자금 조달의 원천으로 설립된 세계은행은 175개국 이상의 회원국을 두고 있다. 회원국은 먼저 IMF의 승인을 받아야 하며, 각 국가가 세계은행에 행사하는 투표권은 재정 기여도에 비례한다.

세계은행은 국제 개발 자금을 공급하는 가장 큰 단일 원천으로 전 세계 빈곤국에 매년 200억 달러 규모로 대출하고 있다. 세계은행은 수백만 명의 사람들에게 전기, 물, 운송, 기타 생활 필수품을 제공하는 엄청난 규모의 프로젝트를 수년간 수행했다. 하지만, 이는 환경과 원주민의 생활 방식에 해가 되는 등 막대한 비용을 초래했지만, 도로와 댐, 관개시설과 우물을 건설한 부유한 국가의 계약자들에게는 상당한 이익을 안겼다.

세계은행의 협력 기관인 IMF는 국가 간 통화 교환을 감독하려고 설립되었다. 하지만, 얼마 되지 않아 회원국의 국제 수지 및 관련 내부 경제 정책을 감시하기 시작했다. 실제로 IMF는 세계 경제에 참여할 수 있는 "입학시험"을 개발했다. 빈곤국은 자유 시장 자본주의 규칙에 맞게 경제를 재구성해야 한다. 인플레이션을 통제할 수 있는 능력을 입증하고, 중앙 정부의 역할을 축소하며, 예를 들어 국영 기업의 민영화와 시민을 위한 서비스 축소 조세 제도를 개선하고, 화폐 가치를 낮추고, 외국 상품에 시장을 개방하고, 수출용 생산에 중점을 두어야 한다. 시험에 합격한 빈곤국은 세계은행에서 대출, 보조금, 투자를 새로 받을 뿐 아니라 미국 같은 국가 정부와 민간 은행에서 국제 기금을 받을 수 있는 문이 열린다. 불합격하면 그 문은 굳게 닫힌다.

수년간 IMF의 승인을 받는 대가로 사회 복지 프로그램의료 보험과 교육 포함의 와해, 실업, 더 높은 역진세, 내수용 식량 생산의 감소가 나타났다. 인플레이션 감소의 혜택이 가난한 사람들이 받은 치명적 타격을 완화할 수는 없었다.

브레턴우즈 기관은 50년 넘게 운영되면서 한 번 이상 큰 개혁을 단행했다. 특히 세계은행은 변화하는 세계 현실에 적응해왔다. 세계은행의 사명은 제2차 세계 대전 이후 유럽과 일본의 재건에서 이른바 개발도상국의 대규모 토목 사업 지원으로 변화했다. 1970년대에 영양, 인구, 빈곤에 중점을 두었다면, 1980년대와 1990년대 초에는 니카라과나 필리핀 같은 빈곤국의 경제 정책 "조정"으로 관심을 옮겼다.

20세기 말에 전 세계 사람들과 단체들은 세계은행과 IMF가 다시 한번 변화해야 한다고 요구하고 있다. 비평가들은 브레턴우즈 기관 내부, 다른 금융 기관과의 관계, 그들이 도와야 할 빈곤층과의 관계 속에서 책임성과 투명성 및 참여도에 관한 큰 변화가 필요하다고 주장한다. 세계은행과 IMF의 프로그램은 빈곤층의 경제적, 정치적 권리 행사를 활성화해야 한다. 빈곤층, 특히 여성들은 세계은행과 IMF의 모든 대출 운영 계획 및 이행 과정에 참여해야 한다. 세계은행과 IMF가 추진하는 정책과 프로그램은 인간 중심이어야 하며, 얼마나 빈곤과 기아 문제를 해소하고 환경친화적인 방식이었는가에 따라 평가받아야 한다.

시민 단체들은 세계은행과 IMF의 정책, 프로그램 및 계획을 자세히 조사했다. 특히 공중 보건, 교육 서비스의 축소와 융자 제한, 내수보다 수출용 생산 강조를 통해 빈곤층에 손해를 입히는 가혹한 구조 조정 프로그램을 비판했다. 비평가들은 부족한 자원을 효율적으로 관리할 수 있는 대출 조건을 제안했다. 불필요한 군사 인력 및 장비 지출을 삭감하고, 지속 가능하고, 공정하며, 책임 있고, 참여 가능하고, 자립 가능한 개발을 지역 개발을 도모하는 것이다. 브레턴우즈 기관은 채무국에 자국민의 가장 기본적인 필요를 희생하면서까지 빚을 갚으라고 요구하기보다는 자신들이 부채 위기를 조성하고 있음을 인식하고, 가난한 사람들의 부채 부담을 해소하려는 실질적 조치를 취해야 한다는 요구를 받는다.

이 거대한 기관들이 조금씩 움직이기 시작했다. 세계은행은 사회복지비 삭감에 따르는 부정적 영향을 완화할 방법을 모색했다. 세계은행과 지역 개발 은행들은 정보에 훨씬 쉽게 접근할 수 있도록 개방했다. 또한, 비정부 단체들과 유익한 대화를 나누었고, 차용국의 지역 공동체와도 어느 정도 소통하였다. 세계은행은 감독 패널Inspection Panel이라는 독립적인 책임 장치를 설립하고, 포괄적인 부채 탕감 전략 제안을 시작했다. 모두 긍정적인 움직임이다. 어떤 산들은 옮길 수도 있다.

하지만, 주로 정책이나 체제보다는 프로그램이나 계획 수준의 변화가 많다. 자유 시장이라는 산의 최후 수호자인 IMF는 가장 변하지 않는다. 경제 체제 자체를 비판할수록 대화하기가 더욱 어려워진다. 정부들은 어느 정도의 사회 보장비 지출을 유지하거나 군사비 낭비를 줄이려 할 수는 있으나, 시장 개방이나 수출 지향 생산에 대한 비판은 수용하지 않을 것이다. 어떤 산들은 아직 꼼짝도 하지 않는다!

17장•되묻기

마가복음 11:27–33, 12:13–17

문맥 속 말씀

예루살렘 귀족 계층은 예수가 성전에서 한 행동에 주목했다. 그들은 예수가 자신의 권위에 정면으로 도전했다고 생각했다. 하지만, 대중의 예측할 수 없는 정치적 충성 때문에 예수에 대항할 수는 없었다.[11:18] 마가복음은 이제 예수와 집권층 사이에 벌어지는 세 가지 갈등 이야기를 다룰 것이다. 요한의 세례에 관한 논쟁[11:27-33], 포도밭 비유[12:1-12], 가이사의 동전에 관한 논쟁[12:13-17]이다. 세 본문에서 예수는 팔레스타인 식민지를 공동 관리하는 유대인과 로마인 모두를 거부한다.

두 비유 모두 똑같은 구조로 되어 있다. 예수는 정치적 권위에 관한 질문을 던지는 대적자를 만나게 된다.[11:28; 12:13f] 예수는 그들에게 질문으로 맞서는데, 대적자들이 먼저 하나님의 권위에 충성을 선언하게 만드는 질문이다.

요한의 세례가 하늘에서 온 것이냐, 사람에게서 온 것이냐?[11:30]
이 초상은 누구의 것이며, 적힌 글자는 누구의 것이냐?… 황제의 것은 황제에게 돌려주고, 하나님의 것은 하나님께 돌려드려라.[12:16f]

먼저 이 두 가지 이야기를 살펴본 뒤, 다음 장에서 두 이야기를 틀로 삼는 정치적 비유를 살펴보겠다. 두 이야기는 예수가 적대적인 지도자들의 "함정" 전략에 직면했을 때 방어적으로 반응하지 않는 모습을 보여준다. 그 대신 예수는 상대방의 의도를 드러내는 "심문 신학interrogatory theology"의 힘을 보여준다.

본문 읽기: 마가복음 11장 27-33절

예수가 다시 성전에 나타나자 대제사장들, 율법학자들, 장로들은 당연히 예수를 불쾌하게 여긴다.11:27 유대에서 가장 높은 집권층인 산헤드린을 대표하는 이들의 모습은 나중에 있을 일의 전조다. 왜냐하면 예수가 예고했듯이 인자를 심문할 바로 그 일당이기 때문이다.8:31; 10:33

그들은 예수에게 왜 성전에서 "이런 일을" 하는지 해명하라고 요구한다. 분명 그 전날 있었던 행동에 대한 질문이다.11:28 예수는 당황하지 않고 각본을 뒤집는다. "나도 너희에게 한 가지를 물어보겠으니 나에게 대답해 보아라. 그러면 내가 너희에게 말하겠다."11:29 예수는 그들의 약점인 요한의 세례 문제로 재치있게 초점을 옮긴다.11:30 유대 권력자들은 살해당한 예언자 요한을 칭송할 수 없었다. 요한을 반대하고 투옥하는데 동의했기 때문이다. 하지만, 순교한 뒤 엄청난 인기를 얻게 된 요한을 공개적으로 비난할 수도 없었다.11:32

그들은 예수에 관해서도 마찬가지로 대외적 이미지라는 딜레마를 겪고 있었다. 이야기를 보면 알 수 있듯이, 예수가 요한을 자신과 동일선상에 두고 있기 때문이다! 권력자들이 말을 얼버무리자 예수는 빠져나간다. 그들 생각대로 피고인이 되기를 거부한다. 그 대신 권력자들이 가진 전제를 계속 고발한다. 예수는 도덕적 토대에 의문을 제기하고자 법률을 어기며 긍정적인 정치 행동을 하는 "시민 불복종 운동"의 모델이 된다.

본문 읽기: 마가복음 12장 13-17절

포도밭 비유를 잠시 건너뛰고, 세금에 관한 악명 높은 본문을 다루도록 하겠다. 이 본문은 "두 왕국" 신학 교리를 주장하는 사람들에 의해 오랫동안 잘못 해석되었다. 우리는 묵시적 "이중 초점bi-focal vision"의 관점에서 이 원론을 읽어야 한다.[11장 참고] 이 본문이 요한의 세례 문제와 수사적 쌍을 이루듯이, 여기서도 문제는 "하늘"의 권위와 "인간"의 권위가 양립 가능한지가 아니라, 두 권위가 충돌하는가이다.

마가가 복음서를 쓴 시기는 유대 혁명 말기로, 로마에 공물을 바치는가 마는가의 문제가 실제로 유대 민족주의자와 로마 식민 통치 부역자를 가르는 "시험"[12:13, 15]이었다.[20장 참고] "바쳐야 합니까, 바치지 말아야 합니까?[12:15] 예수는 이 질문이 자신이 아닌 그들에게 필요한 질문이라고 생각했다. 그래서 그들이 동전을 만들어 부역한 일을 "자백"하게 한다. 로마 동전에 새겨진 초상과 문구는 이야기의 중심이 된다.[12:16]

유대 민족주의자는 우상을 숭배하는 그런 동전을 사용하지 않았기 때문에 황제의 형상만으로도 이미 결론은 나 있었다.[팔레스타인 혁명 임시 정부는 자체 동전을 발행했다] 황제를 "아우구스투스와 신성한 아들"이라고 칭송하는 동전에 새겨진 문구를 보면 더 확실해진다. 기독교인에게 그 구절은 예수의 정체성이다. 따라서 12장 17절 하나님의 권위와 황제의 권위 중 선택하라는 요구는 예사로운 말이 아니다. 황제의 것을 황제에게 주라는 말을 세금을 내라는 권고로 해석할 근거는 없다. 동전을 갖고 다니지 않는 예수는 대적자들의 정치적 충성을 폭로함으로써 함정을 빠져나갔다. 예수의 질문은 그들의 불신앙을 드러냈다. 순종적인 시민이 되는 방법을 깔끔하게 정리해 놓은 교리로는 결코 할 수 없는 일이었다.

마가복음 대부분의 본문은 처음부터[1:24] 끝까지[16:3] 예수를 향한 질문, 예수가 던진 질문, 예수에 관한 질문으로 구성되어 있다. 예수는 인생의 신비를 설명하는 현인이 아니라 특권과 권력의 공적, 사적 배분을 심문하는 자로 등장한다. 그의 질문은 제자들과 대적자들 모두의 내적 갈등을 적나라하게 드러낸다.2:8; 8:16; 9:33f; 11:31 때로는 질문이 매우 수사적이다. "사탄이 어떻게 사탄을 쫓아낼 수 있느냐?"3:23 "포도원 주인이 어떻게 하겠느냐?"12:9 때로는 비유적이다. "사람이 등불을 가져다가 말 아래에 두겠느냐?"4:21 "혼인 잔치에 온 손님들이 신랑과 함께 있는 동안에 금식할 수 있느냐?"2:19

예수의 질문은 지배 문화"어찌하여 율법학자들은…?"12:35와 예수의 제자들이 "너희가 아직도 깨닫지 못하느냐?" 가진 전제를 뒤흔든다. 무엇보다 우리의 성서 독해력에 문제를 제기한다. "너희는 성경에서 이런 말씀도 읽어 보지 못하였느냐?"2:25; 12:10 "… 이라고 기록한 것은, 어찌 된 일이냐?"9:12; 11:17 심지어 법적으로 곤경에 처하거나, 공개적으로 궁지에 몰렸을 때도 예수는 피고인이 아니라 검사로서 행동한다. "안식일에 선한 일을 하는 것이 옳으냐? 악한 일을 하는 것이 옳으냐?"3:4 예수가 질문을 능수능란하게 받아치기 때문에 마가는 결국 이렇게 말한다. "그 뒤에는 감히 예수께 더 묻는 사람이 없었다.12:34

예수의 교수법은 사람들을 사로잡고 있는 사회 질서에 대한 맹목적 믿음을 깨뜨려 신앙의 위기를 불러일으킨다. 예수는 그의 제자인 독자들에게 논리적으로 만족스러운 답으로 평안을 주기보다는 변화를 향해 나아가게 하는 성가신 난제를 던져준다. 교회 안의 신학적 담론 또한 선언적이기보다는 질문하는 형식이어야 한다고 제안하는 것은 아닐까?

세상 속 말씀

세상을 변화시키려면 먼저 세상을 의심해야 한다. 이 때문에 예수는 현대의 대중 교육자 파울로 프레이리Paulo Freire가 말한 "의식화conscientization"를 실천했다. 프레이리는 교육에는 기본적으로 두 가지 접근법이 있다고 생각했다. 첫 번째는 은행 방식banking method으로 모든 중요한 정보를 가진 교사의 지식이 담기길 기다리는 빈 그릇과 같은 학생들에게 예금하는 방식이다. 두 번째는 교사가 학습 과정에 적극적으로 참여하는 학생들에게 생각의 틀을 제공해주는 방식으로, 학생들은 실생활의 맥락에서 나오는 질문들에 창의적이고 적극적인 자세로 참여한다. 교사 역시 배움의 과정에 있으며, 교사는 누가, 무엇을, 왜, 어떻게라는 질문을 던진다. 프레이리에게 좋은 교사란 답을 주기보다는 학생들이 좋은 질문 던지는 방법을 배울 수 있도록 도와주는 선생님이다.

글을 읽고 쓰는 능력은 단순히 읽고 쓰는 것 이상의 능력이다. 세상을 이해하는 능력이며, 삶의 사회적 맥락에 비판적 질문을 던질 수 있는 능력이다. "질문하기"는 제자로서 사회 변혁을 실천하려는 우리에게 필요한 가장 기본적인 도구다. "되묻기"의 가장 유명한 예시는 마틴 루터 킹 박사의 "버밍엄 감옥에서 보내는 편지"에 나온다. 자유주의 백인 성직자들이 1963년 버밍엄 시민권 운동을 비판했고, 이에 킹 박사가 답변했던 상황이 잘 기록되어있다. 성직자들은 지역 흑인들에게 "어리석고, 시의적절치 못하다"고 비난하면서 킹 박사가 도시 상점의 간이 식당에서 시작한 시위에 가담하지 말라고 공개적으로 촉구했다. 그들은 시민 불복종 운동에 반대하면서 자신들의 종교적 권위를 주장했다. 킹 박사는 연좌 농성을 주도해서 들어간 감옥에서 다음과 같은 통렬한 글로 그들의 비판에 응수했다.

기독교인과 유대인 형제 여러분, 제가 두 가지 고백을 하겠습니다. 먼저 지난 몇 년간 저는 백인 온건파에 크게 실망했습니다. 저는 흑인들 앞에 놓인 커다란 걸림돌이 백인 시민 협회원The White Citizen's Council이나 케이케이케이The Ku Klux Klanner가 아니라, 정의보다는 "질서"에 더 헌신하며, "당신이 추구하는 목표에는 동의하지만, 당신의 수단이나 직접 행동에는 동의하지 않는다"라고 늘 말하며, 다른 사람의 자유에 시일을 정할 수 있다고 가부장적으로 생각하는 백인 온건파라는 아주 유감스러운 결론에 도달했습니다.

민주주의 시민으로서 우리에게는 권력자에게 의문을 제기하고, 질문을 통해 공상과 현실의 차이, 명시된 가치와 실천의 차이를 조사할 책임이 있다. 모든 정치 단체는 공개 토론의 틀을 설정하는 데 있어 질문 구성이 가진 힘을 알고 있다.

오늘날처럼 "권력에 진실을 말하기"가 적합하고 필요한 때는 없었다. 하지만, 이 세상 권력 구조는 예언자적 발언이나 올바른 질문을 저항하는 것처럼 보인다. 예를 들어, 1990년대 초반 걸프전 기간에 평화 단체들이 던진 다음의 질문을 생각해보자. "이라크를 향한 군사 행동만이 유일한 행동 방침인가?" 혹은, 최근에 세계은행과 IMF를 향해 던진 다음 질문을 생각해보자. "50년간의 개발 노력을 통해 세계 2/3 지역 상황이 그 전과 같거나 더 나빠졌다면 어떻게 된 일인가?" 정부들과 대출 기관들은 그런 질문을 듣기 싫어했다. 그들이 순진하고, 부적절하며, 반항적이라고 비웃었다.

권력을 가진 사람들은 질문을 받고 싶어하지 않는다. 하지만, 올바른 질문을 던지는 것은 언제나 의로움을 낳는다. 권력이 도전받는다는 사실만으로도 더 건강하고 동등한 인간 관계를 만들 수 있다. 다음은 우리가 세상에 던질 수 있는 질문이다.

● 공산주의가 더 나은 경제 체제인 자본주의에 패배했다면, 전 세계 삶의 질이 현저하게 나아지지 않는 이유는 무엇일까?

- 누가 미국에 세계 경찰이 될 권리를 주었는가?

- 왜 강대국들은 UN을 무시할까?

- 왜 점점 더 많은 여성과 아이들이 가난하게 살아갈까?

- 왜 부유한 사람만 미국 공직에 선출될까?

- 미국에서 매우 부유한 계층과 중산층 사이의 격차가 벌어지는 것을 어떻게 설명할 것인가? 국내 빈곤의 지속적인 증가를 어떻게 설명해야 할까?

- 미국은 그토록 재정의 어려움을 겪고 있으면서 왜 군인과 무기에 대한 지출을 삭감하지 않는가?

- 미국은 왜 산업화한 나라 중에서 유일하게 사형을 집행하는가? 그리고 왜 유독 유색인종이 주로 사형 선고를 받는가?

- 같은 도시와 지역인데도 왜 학교 시스템 간에 불균형이 존재하는가?

- 왜 그렇게 많은 교회가 지배 문화를 그대로 반영하는가?

- 왜 제도화된 교회의 가장 중요한 의제는 자기 보존일까?

- 종교 단체들의 엄청난 투자 목록은 어떻게 정당화될 수 있을까?

예수가 세상을 향해 질문을 던졌듯이, 우리에게도 질문한다. 아마도 우리의 눈이 보이지 않고, 귀가 들리지 않아서 그의 질문은 고통스럽고 불편한 불확실성을 가져온다. 마가복음에서 우리는 우리의 질문에 대답하는 예수가 아닌, 우리의 대답에 질문을 던지는 예수를 만난다.

18장 • 다시 쓰는 포도원의 노래

마가복음 12장 1-12절

문맥 속 말씀

예수의 능숙한 비유 사용이 고도의 정치술이라는 점을 앞서 살펴보았다. 3:23, 4장 참고; 4:30-32, 5장 참고 여기서 권력자에게 제시하는 비유도 마찬가지다.

예수는 이사야의 "포도원을 향한 사랑 노래" 사5:1ff를 바탕에 두고 말한다. 이 신탁은 땅을 갈고 농사짓고 투자했으나 좌절한 농부의 고된 노동을 회상하며 시작한다. 5:2 하지만, 노래는 소산물이 없는 땅을 버려야 하는 슬픔을 노래하는 일인칭 애가로 바뀐다. 5:3-6

이사야는 5장 6절 후반절에서 이것이 우화라고 밝힌다.

> 무릇 만군의 여호와의 포도원은 이스라엘 족속이요 그가 기뻐하시는 나무는 유다 사람이라 그들에게 정의를 바라셨더니 도리어 포학이요 그들에게 공의를 바라셨더니 도리어 부르짖음이었도다. 5:7

예수의 비유를 해석한 사람들은 여기서 단서를 얻어서 마가복음 12장 6절의 "사랑하는 아들" 예수의 죽음을 우화로 표현했다고 즉시 결론 내렸다. 하지만, 이사야서와 마가복음에 나오는 비유가 단순한 우화에 그치는 것은 아니다. 마가복음 4장의 씨앗 비유처럼 청중의 실제 경험을 반영하기도 한다.

팔레스타인 농부들은 돌이 많은 토양을 경작하느라 고생했다. 때로는 생계를 이어가지 못했다. 그러나 무엇보다 농부들은 비정상적인 경제 요인, 특히 소수의 땅 부자에게 농경지가 집중되었기 때문에 땅에서 쫓겨났다.5장 참고 이 때문에 이사야의 사랑 노래는 "더 차지할 곳이 없을 때까지, 집에 집을 더하고, 밭에 밭을 늘려 나가, 땅 한가운데서 홀로 살려고 하며,"사5:8 호화로운 삶을 살고5:11f "악한 것을 선하다고 하고 선한 것을 악하다고 하는"5:20 부자를 향한 분노의 고발로 바뀐다.

예수는 예언자적 비판을 강조하고자 이사야 노래를 편집해서 인용한다. 예수는 이사야서가 땅을 묘사한 내용에 "그것을 농부들에게 세로 주고, 멀리 떠났다."라고 덧붙인다.막12:1 이 점이 핵심이다. 마가복음의 독자들은 대부분의 유대 지배 계급이 부재지주임을 알았다. 씨뿌리는 자의 비유처럼, 이 이야기도 역할 전환에 관한 이야기다. 씨 뿌리는 자의 이야기는 소작농들에게 들려주는 소작농들에 관한 이야기로 그들에게 자신들이 노동을 통해 얻은 잉여물을 관리하는 상황을 상상해보라고 초대한다.5장 참고 반대로 포도밭 이야기는 예루살렘 권력자들에게 들려주는 권력자들에 관한 이야기로 반항적인 소작농의 억울한 입장에서 삶을 생각해보라고 도전한다.

"소작농들"은 부재지주의 대리인에게 노동의 열매를 넘겨주는 것에 분노했고, 잉여물을 거두러 오는 모든 사람에게 폭력으로 저항하기로 한다.12:2-5 결국 그들은 "상속자"를 죽이면 땅문서가 자신들에게 넘어올 것이라고 정확히 예상하고, 땅을 "소유"하기로 공모한다.12:6-8

여기에는 두 가지 차원이 함께 작동하고 있다. 문자적 차원에서 이야기는 권리를 박탈당한 소작인과 억압적인 지배자 사이의 폭력 투쟁을 정확하게 묘사한다. 이러한 소작농 혁명은 결국 지주들이 가진 우세한 병력에 진압되고 만다.[12:9] 비유적 차원에서, 이야기는 지배계층에 관한 이야기다.[12:12] 이사야서에서 포도밭은 하나님 소유다. 레위기에서도 비슷하게 하나님만이 유일한 지주라고 주장한다. "땅을 아주 팔지는 못한다. 땅은 나의 것이다. 너희는 다만 나그네이며, 나에게 와서 사는 임시 거주자일 뿐이다."[레25:23]

12장 9절에 나오는 예수의 수사적 질문은 다음과 같다. 지주의 폭력을 받는 입장이 되어보니 어떠냐? 이것은 이야기의 뜻밖의 반전이다. 결국 "참 주인에게 보냄 받은" 모든 이들, 즉 여러 예언자들을 처참히 살해한 지배 계층에 대한 고발이다. 또한, 모든 사람에게 주는 하나님의 선물을 상업적 이윤을 위해 "소유"할 음모를 꾸민 그들에게 유죄 판결을 내린다. 이 비유는 나아가 이미 예수에 대한 음모를 꾸미고 있는 권력자들의 경제적, 정치적 허세를 무너뜨린다.

끝으로, 마가는 시편 118편 22절[12:10f]을 인용하면서 다른 은유로 전환한다. "집 짓는 사람들"과 "모퉁이의 머릿돌"에 대한 언급은 나중에 예수가 성전-국가가 "돌 하나도 돌 위에" 남지 않고 무너질 것이라고 예언할 때와[13:2] 나중에 성전을 허물고, "새로 세우겠다"는 말에 법적 혐의를 물을 때[14:58] 역설적 중요성을 갖는다. 하지만, 예수의 도전을 정확히 이해한 권력자들은 또다시 그를 체포하지 못한다. 예수의 권력자 비판을 지지하는 사람이 많았기 때문이다.

세상 속 말씀

이사야와 예수의 포도밭 비유 모두 당시 토지 분배 정책에 항의한다. 오늘날 부유층과 기업의 이해관계에 따라 토지 소유권 통합이 늘어나면서 전 세계와 미국의 수많은 사람들이 살 곳을 잃고 있다. 몇 해 전, 노벨 평화상

수상자 리고베르타 멘추Rigoberta Menchu는 그녀의 고향 과테말라에서 많은 비판을 받던 한 정치인을 칭찬했다. "그는 우리 사회의 가장 중요한 문제를 다루고 있습니다. 바로 땅입니다." 과테말라의 쓰라린 30년 전쟁의 핵심은 땅과 그 소산물에 대한 국민의 권리에 있었다. 그 작은 나라에서 약 십만 명의 마야족 소작농이 조상들의 유산인 땅의 소유권을 주장하다가 잔혹한 군인의 손에 죽었다. 땅은 경계를 설정하고, 전쟁을 일으키고, 부를 일으키는 모든 국가의 기본 현실이다.

마가복음의 소작농 비유는 오늘날에도 반복되고 있다. 미국 역사는 제국주의 역사다. 영토를 보호하고 넓히려고 미국은 공격적으로 행동해왔다. 미국이 동부 해안에 있는 13개의 작은 식민지였을 때, 미국은 "바다에서 빛나는 바다"로 뻗어 나간다는 운명적 선언Manifest Destiny이 초기 역사 수십년 간의 외교 정책을 주도했다. 그 정책을 추구하면서, 알레게니 산맥Allegheny Mountains 서쪽의 광활한 지역에서 수 세기를 살아온 원주민은 거의 사라졌다.

텍사스와 남서부는 상당히 미심쩍은 군사 행동을 통해 멕시코로부터 빼앗은 것이다. 미국에서 내전이 일어난 이유 중 하나는 어떤 주state도 한 번 가입하면 국가the Union를 떠날 수 없다는 것을 증명하려 함이었다. 팽창주의 비전 아래 쿠바와 필리핀은 침략당했고, 하와이는 합병되었다. 최근 미국은 도미니카 공화국, 파나마, 그레나다에 군대를 파견했고, 니카라과와 엘살바도르가 자국의 이익이 위협받는다고 판단 될 때 그곳에 물자를 공급했다.

미국에서 종교는 지나치게 자주 영토에 대한 집착을 축복해왔다. 미군이 아직도 논란이 될만한 명분으로 파나마에 크리스마스 공격을 가했을 때 예언자의 아우성은 어디에 있었는가? 해병대가 작은 섬의 "해방"을 명분으로 그레나다 해변을 향해 전진할 때 누가 목소리를 냈는가? 우리는 하나님이

땅의 진정한 주인이라고 선포할 용기가 있는가? "포도원 주인이 어떻게 하겠는가?"막12:9

　미국 땅에 사는 사람들의 이야기는 끊임없는 이주와 투쟁의 역사다. 원주민에게 빼앗은 땅은 유럽 이민자에게 주어졌다. 이민자 중 많은 사람이 그 땅에 작은 농장을 개척했다. 오늘날 그러한 농장은 농기업이 사들이면서 사라지고 있다. 노예의 자녀들은 남쪽 지역의 빈곤을 피해 북쪽 지역으로 희망을 품고 떠났다. 그들 자녀의 자녀들은 도심 속 열악한 공간에서 북적북적 살아간다. 상인들과 직장인들이 도시로 이주하자, 중산층은 그곳을 버리고 주변 교외로 "탈출"했다. 요즘 몇몇 교외 거주자들은 다시 도시로 돌아와서는 낡은 동네를 "고급화"해서 저소득층 거주자를 내몰고 있다.

　당신의 조상들은 이번 세기와 그 전 세기에 어떤 이주의 경험을 했는가? 당신 가족 중 시골에서 도심으로 이주한 사람이 있는가? 당신은 살면서 어떤 이주의 경험을 했는가? 그렇게 움직여야 했던 이유를 생각해보자.

19장 • 성서 논쟁

마가복음 12장 18절–13장 2절

문맥 속 말씀

본문 읽기: 마가복음 12장 18–27절

이번에는 사두개인이 예수를 공박하고, 예수는 권력자들과의 논쟁을 이어간다. 사두개인은 지배 계층 중에서 가장 보수적인 집단이었다. 역사가 요세푸스는 그들이 "부자들에게 신임을 받았지만, 대중들은 그들을 따르지 않았다"라고 기록한다. 사두개인은 죽은 자가 부활한다는 개념을 거부했으며 예수를 조롱하려고 터무니없는 각본을 만들었다.12:19-23 이 대화에는 역연혼형사취수제, 곧 자손를 남기지 않고 남자가 죽었을 때 그의 형제는 죽은 자의 아내와 결혼할 의무를 진다는 관행이 전제되어 있다.신25:5-10 참고 이 관행은 가부장 제도를 영속하고 가산을 물려주는 수단이었다.

물론 사두개인이 반대하는 이유는 사람들이 내세라고 믿는 곳에서 일곱 형제 중 누가 그 여자를 "소유"할지를 결정할 올바른 방법이 없다는 점이다. 예수는 여성을 도구로 대하는 그들의 태도와 계급을 세습하는 전체 제도에 맞서 새롭게 변할 세상에 대한 비전을 주장한다. 여자는 누구에게도 "속하지" 않을 것이다. 부활한 삶 속에는 가부장적 결혼이 없기 때문이다.12:25 이어서 예수는 후대의 축복은 남성 승계 구조가 아닌 하나님의 약속 때문에 보장된다고 주장한다.12:26f

이번 생애에서 특권을 누리는 사두개인은 이 세상이나 다음 세상에서 자신에게 이익이 되지 않는 사회 질서의 가능성을 거부한다. 반면, 예수는 "부활의 세상"이 지배적인 권력관계를 단순히 반영할 것이라는 생각을 공격한다. 예수는 모세와 불타는 떨기나무 이야기를 가져오면서, 이름을 붙일 수 없는 하나님을 근거로 제시한다.출3:2-14 이것은 "궁극적 실재"가 현 상태를 정당화하지 않고, 새롭게 변화된 인간관계의 비전을 바탕으로 현 상태를 뒤엎을 것을 시사한다. 예수는 사두개인의 주장이 시작부터 끝까지 "잘못" 되었다고 단호하게 지적하고, 학식이 높지만 "성경과 하나님의 능력"을 무시하는 이들을 비난한다.12:24

본문 읽기: 마가복음 12장 28-40절

예루살렘 이야기는 예수의 최대 대적자인 율법학자들과의 일련의 충돌로 마무리된다. 본문은 랍비 사이에서 논란의 중심인 가장 으뜸이 되는 계명을 설명하라는 도전으로 시작한다.12:28 예수는 "정통적인" 답인 쉐마Shema를 알고 있다.12:29f; 신6:4참고 하지만, 예수는 하나님을 사랑한다는 것은 곧 이웃을 착취하지 않는 것을 뜻하는 레위기 정의의 규칙을 담대하게 적용한다.12:31; 레19:9-17

마가복음 이야기에서 착취는 바로 율법학자들이 고수하는 체제에 의해 영속되는 것이다. 그래서, 율법학자가 호세아 6장 6절을 인용하면서 이론상 동의를 표했어도, 예수는 그를 받아들이지 않는다.12:34a 예수는 아첨을 의심하는 법을 배워왔다!10:17, 12:14 참고 하나님의 통치는 정통과 지적 동의 이상을 요구한다. 정의의 실천이 반드시 있어야 한다. 예수는 비판하는 자들을 침묵시킨 후, 율법학자들을 향한 공격을 시작한다.12:34b

다시 성전에서, 예수는 마침내 다윗 자손 메시아관Davidic Messianism에 관한 질문을 직접 언급한다.12:35-37 여기서 "자손"는 족보와는 상관이 없는정치적 사상과 관련된 말이다. 율법학자들은 메시아가 다윗의 군주제를 회복할 것이며 이를 통해 자신의 지위가 더 공고해지리라 생각했다. 하지만, 시편 110편을 인용하면서, 예수는 그 공식을 뒤집는다. 다윗조차 하나님의 통치에 종속됐다는 것이다. 예수는 다윗 왕국의 옛꿈을 되살리는 데 관심이 없었다. 그것은 지배의 정치이며, 그것이야말로 문제기 때문이다.

예수는 이제 사회적 지위와 특권 유지에만 관심을 기울이는 율법학자들의 허위를 경고하면서, 군중들에게 비판적 사고를 가르친다.[12:38f] 그들의 모습은 "꼴찌"이자 "종"이 되라는 예수의 부르심과 대조된다.[10:43f 참고] 이것은 참 어려운 말이다. 그리고 점점 더 어려워질 것이다.

율법학자들이 부유한 이유는 "긴 기도를 구실로 과부들의 가산을 삼켰기" 때문이다.[12:40] 이것은 아마도 법적 신탁 관리 업무를 일컫는듯하다. 과부는 그런 일을 처리하기에 부적합하다고 여겨졌고, 서기관이 죽은 남자의 재산을 관리했다! 신탁 관리자는 보상으로 일정 비율을 받았고, 그 과정에서 횡령과 남용은 흔한 일이었다. 앞서 고르반에 대한 논쟁[7:9 ff]과 성전 행동에서도 그랬듯이, 예수는 "강도질"을 포장하는 "경건"을 비난한다.

본문 읽기: 마가복음 12장 41절–13장 2절

성전 이야기의 마지막 본문에서 예수는 과부를 착취하는 것에 대한 구체적인 사례를 든다.[12:41-44] 예수는 헌금함 "맞은쪽에" 앉는데[12:41], 잠시 후 성전의 멸망을 이야기할 때도 성전 건물 전체를 향해서 이와 똑같은 적대적 태도를 보일 것이다.[13:2 참고] 지금까지 계속 계급 의식을 보여준 마가는 헌금함에 부자가 넣은 큰 액수와 빈자의 얼마 되지 않는 전 재산을 강조해서 대비한다. 십일조 의무 때문에 곤경에 처한 과부를 보고 격분한 예수는 제자들을 불러 엄숙하게 가르친다.[12:43f]

예수의 말은 오랜 세월 동안 가난한 사람의 독실한 신앙심을 칭찬하는 진부한 말로 여겨졌다. 하지만, 실상은 신랄한 비난이었다. 예수는 이것이 바로 "과부의 가산을 삼키는" 예시라고 생각했다. "이 과부는 가난한 가운데서 가진 것 모두 곧 자기 생활비 전부를 털어 넣었다." 율법학자들처럼 성전은 이제 가난한 사람을 보호하지 않는다. 오히려 짓밟는다. 예수는 성전의 정치 경제와 그 청지기들을 향한 비난을 마치고 넌더리를 내며 성전 마당을 마지막으로 나간다.13:1

방금 예수가 외면한 성전의 건축물을 보고 제자들이 경탄하는 모습"선생님, 보십시오!" 13:1과 앞서 저주받은 무화과나무를 보고 놀라는 모습"랍비님, 저것 좀 보십시오!" 11:21 사이에는 의도적인 대칭이 있다. 주요한 사회 기관들은 늘 "허세"를 부리기 마련이다. 실제로 헤롯의 제2 성전은 고대 지중해 세계에서 불가사의한 건축으로 여겨졌다. 게다가 성전은 우주론, 정치학, 경제학을 포함하는 유대 세계의 모든 분야를 결정했다. 따라서 예수가 성전의 완전한 붕괴를 말했을 때, 제자들이 두려워하며 "세상의 종말"13:4을 묻는 것은 당연한 반응이었다! 또한, 예수는 대안적인 비전을 제시하고자 묵시적 언어를 사용해야만 했다.다음 장 참고

세상 속 말씀

예수는 권력자들과 함께 성서를 두고 논쟁을 벌인다. 권력자들이 자신의 사회적 지위를 보장하고자 성서를 일상적으로 사용했기 때문이다. 이에 맞서 예수는 "성서에 반대되는 성서"를 사용한다. 우리도 그래야만 한다.

마가복음 12장 18절 이하의 논쟁의 대상인 여성에 대해 생각해보자. 사두개인의 눈에 여성은 인간으로서 가치를 가진 존재인가? 그들에게 여성은 재산이며 본남편의 자녀를 낳는 존재로만 평가된다. 인류의 절반이 다른 절반의 재산으로 여겨지고, 여성의 가치가 오직 자녀 출산에만 있다는 것은

무슨 뜻인가?

우리를 불편하게 하는 다음 질문을 생각해보자. 우리는 "테러의 텍스트 texts of terror, 특정 집단의 학대를 지지하는 듯한 몇몇 성서 구절"를 어떻게 대하나? 예를 들어 교회 역사에서 성경은 여성을 비하하고 복종시키는 데 사용되었다. 다음 구절을 보자.

> 여자는 조용히, 언제나 순종하는 가운데 배워야 합니다. 여자가 가르치거나 남자를 지배하는 것을 나는 허락하지 않습니다. 여자는 조용해야 합니다. 사실, 아담이 먼저 지으심을 받고, 그다음에 하와가 지으심을 받았습니다. 아담이 속은 것이 아니라, 여자가 속고 죄에 빠진 것입니다. 그러나 여자가 믿음과 사랑과 거룩함을 지니고 정숙하게 살면, 아이를 낳는 일로 구원을 얻을 것입니다. 딤전 2:11-15

이 본문은 교회의 억압적이고 가부장적 전통 속에서 해석되었으며, 유명한 신학자들이 쓴 다음 인용문에 분명히 드러난다.

> "여성은 몇몇 사람들이 말하는 것처럼 다른 일을 하기 위한 배우자로서가 아니라, 성경이 말하는 조력자로서 반드시 창조되어야만 했다. 다른 일을 위해서라면 남성은 다른 남성에게 더 효율적인 도움을 받을 수 있으므로, 여성은 후손을 낳는 의미에서 조력자로 창조되었어야 했다.… 개별적 본성의 관점에서, 여성은 결핍되고 우연히 잘못된 어떤 것이다. 남성의 정자 안에 있는 능동적인 힘은 남성이라는 성에 따라 자신과 완전히 유사한 것을 생산하려 하므로, 여성의 출생은 능동적 힘의 결여 때문이거나 질료의 잘못된 상태 때문이거나 외부에서 가해진 어떤 변화 때문이다. 예를 들어 철학자 아리스토텔레스가 관찰한 바와 같이 습기가

많은 남풍에 의해서다."

—토마스 아퀴나스, 『신학대전』

하나님께서 우리의 의지와 소망과는 달리, 우리를 위해 여성을 보존하심은 큰 은총이다. 원래 그랬듯이 출산과 간음죄를 막는 약으로써 말이다… 여성은… 해독제이자 약이다. 우리는 부끄러움을 느끼지 않고 여자에 관해 이야기 할 수 없고, 부끄러움 없이 여자를 사용할 수도 없다. 그 이유는 죄 때문이다. 낙원에서는 연합이 하나님이 창조하시고 축복하신 활동으로서 부끄러움 없이 행해졌다. 그것은 먹고 마시는 시간처럼 고귀한 기쁨을 주는 것이었다. 아! 지금 그것은 의사들이 간질이나 낙상과 비교하는 끔찍하고 무서운 즐거움이다. 따라서 질병 자체는 출산 활동과 깊은 관련이 있다. 우리는 죄와 죽음의 상태에 있다. 그러므로, 우리는 이 처벌을 받아야만 한다. 곧 끔찍한 정욕의 열정, 말하자면 간질 없이는 여성을 사용할 수 없다는 것이다.

—마틴 루터, 『창세기 강론』

우리는 사무엘상 12-13장처럼 여성 및 타자를 사용하거나 학대할 수 있는 재산으로 대하는 성서 구절에 어떻게 응답해야 할까? 성서는 노예제도, 정당한 전쟁, 미대륙 정복, 유대인 박해, 게이와 레즈비언의 비인간화 등을 포함하는 다양한 형태의 억압과 불의를 허용하는 데 사용되었다. 우리는 여성 학대에 사용된 본문을 읽는 방법을 연구함으로써, 그 밖의 다른 "테러의 텍스트"를 다룰 지침을 만들고자 한다.

하지만, 이 일은 그동안 기독교인들이 서로 다른 반응을 보였듯이 극도로 어려운 딜레마다.

한 가지 흔한 방법은 "테러의 텍스트"를 못 본 척하는 것이다. 우리는 다

말의 강간, 가나안인을 향한 "성전holy war", 여성의 침묵을 못 본 척하며, 이런 본문이 옳고 그름에 대한 우리의 집단적 감각을 형성하지 않기를 바란다. 하지만, 현실은 그런 소망을 무너뜨린다. 우리가 못 본 척하고 의문을 제기하지 않는 이런 본문들은 어떤 사람들이 다른 사람들보다 더 적은 인권과 가치를 갖는다고 끊임없이 암시한다.

두 번째로 흔한 방법은 성경 일부분은 사실이고 일부분은 사실이 아니라고 암묵적으로 결정하는 것이다. 우리가 이런 선택을 하면 많은 것을 잃는다. 왜냐하면, 우리가 동의하는 부분만 "사실"로 선택하고, 문제가 되는 부분이 우리에게 도전하지 못하게 막는 것이기 때문이다. 성서는 삶을 변화시키는 하나님의 말씀이기보다는 우리의 관점을 정당화하는 수단이 된다.

또 다른 방법은 덜 흔한 방법으로, 성경은 구원하시는 사랑의 하나님을 드러내지 않으며, 우리의 삶을 인도할 수 없다고 결론 내리는 것이다.

마가복음의 예수는 우리를 다른 방향으로 인도한다! 예수도 성서가 억압의 도구로 사용되는 것을 보았다. 하지만, 위에 나온 어떤 방법도 택하지 않았다. 사두개인처럼 억압적인 본문 인용을 무시하지도 않았고, 본문을 거부하지도, 성서를 버리지도 않았다. 오히려 예수는 성서 자체를 이용해서 성서를 억압적인 사회 구조를 정당화하는데 사용하는 방식여기서는 여성의 대상화에 반기를 든다. 그리고 해방을 위해 성서로 돌아간다. 다시 말해서 마가복음의 예수는 성서의 억압적인 사용을 막으려고 성서를 사용한다!

해방하는 하나님의 사랑 이야기와 그에 따라 살라는 부르심인 성서는 우리에게 폭력적인 본문을 직시하고 재해석하라고 요구한다. 예수는 이 접근법의 선례를 보여주었다! 하지만, 우리는 어떻게 이런 방법으로 성경에 접근할 수 있을까? 평생 깊이 연구해볼 만한 질문이다.

어떻게 시작해야 할지 제안해보도록 하겠다. 어려운 본문을 직시한다. 고립된 특정 본문이 아니라 성경 전체를 감안하며, 성경 전체가 주장하는 진리를 고려한다. 억압적인 본문은 반드시 사랑과 정의를 요구하는 성경의 중심 내용을 바탕으로 평가받아야 한다. 성경의 핵심 주장을 거스르는 본문은 현대 기독교인의 삶에서 규범이 될 수 없다.

그런 다음, 본문을 그렇게 쓰게 만든 요인들을 살펴본다. 우리와 고대 문서 사이에는 거대한 문화적 격차가 있음을 명심한다. 여러 어려운 본문을 당시 사회 역사적 맥락에서 이해하면 그다지 문제가 되지 않는다. 아니면 위에서 언급한 디모데서 본문처럼 작가가 신약 본문을 불완전한 구약 성서 해석에 근거해 썼을 경우다. 마이클 러너의 『유대인의 부활*Jewish Renewal*』은 테러의 텍스트에 대한 흥미로운 근거를 제시한다. 그는 구약 성서가 두 가지 목소리를 담고 있다고 주장한다. 하나님의 목소리와 하나님의 목소리인 척하는 작가의 고통과 상처의 목소리다. 이집트 노예 생활과 광야에서 방황하는 동안 수 세대에 걸쳐 축적된 고통은 하나님에 대해 알고 생각하는 작가의 능력을 다양한 방식으로 왜곡했다. 우리가 겪는 고통과 상처가 작용하는 것과 같은 방식이다.

우리는 두 가지 다른 목소리를 어떻게 분별할 수 있을까? 러너는 만약 성서 본문이 우리에게 고통, 억압, 가부장제, 악에 지배당하는 세상을 치료하려는 하나님의 사역에 참여할 수 있다는 희망을 준다면 그 속에서 하나님의 음성을 찾을 수 있다고 말한다. 또 성서 본문이 우리에게 "타자"가 하나님의 형상으로 창조되었다는 점을 인식하도록 도와준다면 그 속에서 하나님의 음성을 찾을 수 있다. 만약 성서 본문이 사랑과 정의 안에서 함께 살 수 있는 세상을 향해 나아갈 수 있는 인간의 가능성을 의심하게 한다면, 그것은 하나님의 음성이 아니다.

당신이 어떻게 "테러의 텍스트"를 설명하든지 간에, 성경공부를 위한 몇 가지 지침을 제공하도록 하겠다. 첫째, 핵심 진리를 분별하려면 성서 전체를 읽어야 한다. 예수는 성서를 읽을 줄 모르는 종교 지배층을 비판한다.

"너희는 성경도 모르고, 하나님의 능력도 모르니, 잘못 생각하는 것이 아니냐?"막12:24 "모세의 책을 너희는 읽어보지 못하였느냐?"12:26

둘째, 우리는 성경을 공동체 안에서 읽어야 한다. 성서의 진리는 말씀, 독자, 신앙 공동체 간의 상호작용 속에서 드러난다. 여기서 공동체는 우리 지역에 있는 신앙 공동체와, 다른 시간, 장소, 사회적 위치에 있는 형제자매들이 속한 더 큰 공동체 모두를 일컫는다. 우리가 "타자"의 관점, 특히 역사의 수면 아래에 있는 사람들의 관점에서 듣지 않으면, 말씀을 온전히 들을 수 없다. 만약 우리가 오늘날 우리가 사는 세상에서 소외된 사람들의 눈으로 예수를 바라보지 않는다면, 소외된 사람들과 함께 동행한 예수에 대한 우리의 지식은 불완전한 것이다.

셋째, 우리는 성경이 쓰인 문화의 맥락에 적응하고자 노력해야 하며, 저자와 그들의 공동체가 가졌던 세계관과 처했던 상황을 발견하고자 힘써야 한다.

넷째, 우리는 한 가지 해석을 유일하게 옳은 해석으로 영원히 받아들여서는 안 된다. 우리가 성경에서 접하는 말씀은 고정된 말씀이 아니다. 살아 있는 말씀, 하나님과 함께 창조하며 생명을 불어넣는 말씀이다. 우리는 그 말씀과 살아있는 관계를 맺으며, 말씀을 놓고 씨름하며, 우리가 누구인지, 하나님을 어떻게 섬길지를 배운다. 성서 속 하나님과 오랜 시간 동안 정직한 관계를 맺는다는 맥락 속에서, 우리는 "테러의 텍스트"를 재해석할 수 있는 지혜를 얻는다.

이 접근법의 장점은 폭력적인 성경 본문을 제거하지 않는다는 점이다. 오히려 그런 본문은 신실하고자 했던 선조들의 노력이 어느 지점에서 고통과 두려움, 정체성, 안전, 특권을 보호하고 싶은 마음에 부딪혀 무너지는지를 보여줌으로써, 우리가 더욱 신실해질 수 있도록 돕는다. 그렇다면, 이런 본문은 우리가 따라야 할 모델로서가 아니라, 우리가 처한 상황 속에서 나

타나는 비슷한 행동을 인식하고, 이해하고, 바꿀 수 있는 거울로서 간접적
인 권위를 갖는다. 야1:22-25 참고

20장 • 혁명적 인내

마가복음 13장 3-37절

문맥 속 말씀

배경: 유대 혁명

예수의 두 번째 대설교[13:5ff]는 마가가 살던 당시의 역사적 순간인 기원전 66-70년 유대 혁명을 넌지시 언급한다. 66년 6월에 로마 통치를 반대하는 반란이 예루살렘에서 시작되었다. 수십 년간 지속된 사회 불안정과 점점 확산된 무장 폭동이 절정에 이르렀다. 황제를 위한 성전 제사가 중단되고, 유대인 성직자 계층과 로마 부역자들이 모두 도시에서 쫓겨나고, 공문서 보관소채무 기록 포함가 타버렸다. 반란은 주변 지역으로 퍼졌다. 11월, 주 시리아 로마 특사, 갈루스Gallus 통치 아래에 로마의 반격이 시작된다. 하지만, 민족주의 전사들은 제국의 군대를 격퇴하는 데 성공했고, 팔레스타인의 많은 지역은 몇 년 동안 로마의 통치에서 해방되었다.

치열한 내부 권력 싸움 속에서도 임시 정부가 수립되었고, 반란군은 반드시 찾아올 예루살렘 포위 공격에 대비했다. 그다음 해 여름, 로마의 대규모 반격이 시작되었다. 로마군은 갈릴리 대부분 지역을 단숨에 탈환했고, 남쪽으로 이동하며 초토화 작전을 잔인하게 진행했다. 하지만, 로마의 내전 때문에 군사 작전은 지연되었고, 예루살렘을 향한 마지막 공격은 티투스Titus가 통치했던 70년 봄까지 시작되지 않았다. 그러는 사이 급진적 반체제파와 온건 반란파 간의 쿠데타와 쿠데타 진압전이 있었다.

성전-국가에 충성하는 팔레스타인 유대인들에게 로마와의 전쟁에서 오는 끔찍한 사회적, 정치적 대변동은 "종말의 징조"임이 분명했다.[3:14 참고] 하지만, 마가의 관점에서 반란은 단순히 또 다른 폭력 순환의 "시작"을 의미했다.[13:7f] 로마의 예루살렘 포위작전[13:14a]이 임박하자, 반란군 신병 모집대는 팔레스타인을 돌며 예루살렘을 방어할 유대인 애국지사를 모집했다.[13:6, 21f]

마가에게, 입대를 종용하는 그들의 목소리에 견줄 수 있는 단 하나는 바로 예수의 목소리였다. 예수의 종말론 설교에는 "조심하여라!"[13:5, 9, 23, 33]라는 경고가 반복해서 나오는데, 마가의 공동체가 제국주의 부역자와 민족주의자 모두에게 비판적이었음을 시사한다. 유대 게릴라군이나 로마 진압군 모두와 협력하기를 거부한 그들의 비폭력적 태도는 전쟁의 양측에서 박해받는 결과를 낳았다.[13:9-13] 전쟁 한복판에 있는 공동체를 염려하는 제자들은 예수에게 두 가지 질문을 던진다.[13:4]

이런 일이 언제 일어나겠습니까?

또 이런 일들이 이루어지려고 할 때에는, 무슨 징조가 있겠습니까?

설교의 두 부분에는 질문에 대한 예수의 답변이 담겨있다. 전반부[13:5-22]는 "시간"에 대해서, 후반부는 "징조"에 대해 언급한다.[13:23-37] 두 부분 모두 예언자 다니엘의 충고를 반복한다. 다니엘은 두 세기 전, 마카비 혁명 당시 신도들에게 제국의 짐승과 전투적인 민족주의의 망상에 저항하라고 촉구했다.[단7-11] 설교의 핵심은 예루살렘을 버리라는 예수의 부르심이다.[막13:14하-20] 진정으로 정의로운 사회 질서는 칼로 세워질 수 없다는 종말론적 확신에서 나온 부르심이다. 그리고 제자들에게 권세가 추락하는 것[13:23-27]

과 세상의 참된 변화를[13:28ff] "기다리고 지켜보라"고 지시한다.

본문 읽기: 마가복음 13장 3-23절

설교의 전반부는 비판적 인식을 가지라는 권고를 중심으로 한 두 부분으로 구성되어있다.

> 너희는 여기저기에서 전쟁이 일어난 소식과 전쟁이 일어날 것이라는 소문을 듣게 되어도…[13:7]
> … 그러나 끝까지 견디는 사람은 구원을 받을 것이다.[13:13]
> 황폐하게 하는 가증스러운 물건을 보거든…[13:14]
> … 주님께서 그 날들을 줄여 주지 않으셨다면, 구원받을 사람이 하나도 없을 것이다.[13:20]

특히 종말에 메시아가 이끄는 전쟁에 참여하라며 미혹하는 사람들을 우려한다.

> "누구에게도 속지 않도록 조심하여라. 많은 사람이 내 이름으로 와서는 '내가 그리스도다' 하면서, 많은 사람을 속일 것이다.[13:5f]
> 그 때에 누가 너희에게 '보아라, 그리스도가 여기에 있다. 보아라, 그리스도가 저기에 있다' 하더라도, 믿지 말아라. 거짓 그리스도들과 거짓 예언자들이 일어나, 표징들과 기적들을 행하여 보여서, 할 수만 있으면 선택 받은 사람들을 홀리려 할 것이다. 그러므로 너희는 조심하여라. 내가 이 모든 일을 너희에게 미리 말하여 둔다.[13:21-23]

기독교 공동체는 "전쟁과 전쟁이 일어날 것이라는 소문"과 무장 투쟁이 옛 질서를 "종식"할 것이라는 약속의 격렬한 소용돌이 속에 빠져서는 안 된다.13:7 예수는 이런 일들은 진통의 "시작일뿐"이라고 단언하며, 그런 주장을 패러디한다.13:8; 사26:17; 렘22:23; 호13:13; 미4:9f 참고 이어서, 전쟁의 양편에서 오는 극심한 박해를 견디고 있는 공동체에 구체적인 지시사항을 내린다. 예수는 자신의 추종자들이 유대 회당과 제국의 총독들에게 "넘겨질" 것이라고 확언한다.13:9 대학살의 한복판에서 제자들은 하나님 통치의 기쁜 소식에 계속 집중해야 하며, 성령이 그들의 시련 가운데 동행할 것임을 믿어야 했다.13:10f 마가의 현실주의는 이 박해가 가족을 갈라놓고, 공동체는 변절자로 고통받을 것이라는 점을 인정한다.13:12f; 미7:6 참고 하지만, 예수는 이 이야기 속에서 그 자신이 겪지 않을 무언가를 제자들이 겪도록 요구하지 않는다. 예수 역시 "가족들이" 그를 배신할 때, "넘겨질 것이다."

13장 14절에 "황폐하게 하는 가증스러운 물건"단11:31, 12:11 참고과 편집자 마가의 아리송한 각주 "읽는 사람은 깨달아라"는 예루살렘을 향한 로마의 최종 포위 작전을 말한다. 예레미야 전통렘21을 따라, 예수는 가망이 없는 성전-국가의 방어를 포기하라고 말한다. 13장 15-18절에 묘사된 상황은 분명 전쟁 중 난민들이 고난을 겪는 모습이다. 마가가 보기에, 이른바 "해방 전쟁"은 모든 사람을 희생시키는 재앙이다.13:19f 인내하라는 마지막 권고와 함께 전반부는 마무리된다.13:21-23; 단12:1 참고

본문 읽기: 마가복음 13장 24-37절

설교 후반부는 세계 종말의 "진짜 징조"에 대한 요구를 다루고자 고도의 묵시적 언어를 사용한다. 묵시적 비전은 폭력 정치의 단순한 반복이 아닌, 폭력 정치의 종말을 바라본다. 예수는 정사와 권세가 "하늘의 권좌"에서 떨어질 때13:24f, 상황이 바뀔 것이라고 주장한다. 하지만, 이런 일이 어떻게 이뤄질 것인가?

우주 해체는 예언자 전통에서 심판의 징조다. 13:25; 사13:10, 겔32:7f, 암8:9, 욜 2:10 13장 24절 이하와 13장 28절에서 마가는 이사야 34장 4절을 암시한다.

해와 달과 별들이 떨어져서 가루가 되고, 하늘은 마치 두루마리처럼 말 릴 것이다. 포도나무의 잎이 말라 떨어지듯이, 무화과나무의 잎이 말라 떨어지듯이, 하늘에 있는 별들이 떨어질 것이다.

하지만, 마가는 해가 어두워지면서 인자가 나타날 것이라고 구체적으로 밝힌다. 13:26 이것은 마가복음 이야기에서 인자의 극적인 "출현"을 두 번째 로 암시하는 부분이다.

… 인자도 자기 아버지의 영광에 싸여 거룩한 천사들을 거느리고 올 때 에, 그를 부끄럽게 여길 것이다." 내가 진정으로 너희에게 말한다. 여기 에 서 있는 사람들 가운데는 … 하나님나라가 권능을 떨치며 와 있는 것 을 볼 사람들도 있다. 8:38-9:1
그 때에 사람들이 인자가 큰 권능과 영광에 싸여 구름을 타고 오는 것을 볼 것이다. 그 때에 그는 천사들을 보내어 … 13:26f

세 번째는 예수가 재판받을 때 나온다.

당신들은 인자가 전능하신 분의 오른쪽에 앉아 있는 것과 하늘의 구름을 타고 오는 것을 보게 될 것이오. 14:62f

전통 신학은 이 구절이 이야기와 역사의 경계 너머 시간, 곧 "재림"을 뜻 한다고 생각했다. 하지만, 사실 이 순간은 마가복음 이야기 속에 있다.

인자의 출현을 알리는 세 번의 "예견"은 인자의 죽음을 알리는 세 번의 "예고"와 병행한다.11장 참고 또한, 각각의 예고는 누군가가 이 광경을 "목격"할 것이라고 주장한다. 제자들과 권세들과 산헤드린이 볼 것이라고 말한다. 앞으로 보게 될, "몇몇 제자들15:40과 권력자들이15:31 실제로 십자가에 못 박힌 예수를 "본다."24장 참고 권세들도 이 장면을 목격하는가? 예수가 십자가에 매달렸을 때, 13장 24절의 우주적 징조 중 적어도 한 가지가 실제로 이루어진다. "온 땅에 어둠이 임한다."15:33; 24장 참고

이 부분이 마가복음 종말론 주장의 핵심이다. 인자가 죽는 순간과 "권능과 영광 가운데" 나타나는 순간은 같은 순간이다. 예수가 십자가에서 비폭력의 힘을 증명하자 권세들은 전복된다. 하지만, 이것을 "보려면," 종말론 신앙의 이중 초점이 필요하다.11장 참고 초대 교회는 이 십자가의 "비밀"을 이해했지만고전2:7f, 골2:13-15 참고, 현대 교회는 그렇지 못하다.

설교는 두 개의 비유로 끝난다. 첫 번째 비유는 앞서 사용한 무화과나무 이미지로 다시 돌아간다.11:13, 20; 16장 참고 예수는 잎이 무성한열매 없는 무화과나무를 종말론적 "추수"의 징조로 제시한다.13:28f; 암8:1f, 욜3:13 참고 차례로 "이런 일들이 일어나는 것을 보거든"은 예수의 성전 축귀를 뜻한다.11:28 참고 따라서, 성전-국가의 세상의 종말이 오고 있다. "이 세대"는 이 멸망을 목격할 것이다.13:30 이것은 예수가 인자 출현을 처음 예견했던 때를 다시 암시하는 말이다.8:38f 예수의 십자가 "말씀"8:32, 38은 없어지지 않는다.13:31 이것이 "우리가 반드시 "배워야 할" "무화과나무의 교훈"이다.13:28

두 번째 비유는 하나님이 "집"의 참 "주인"임을 다시 주장한다.13:34-37

우리는 역사가 권세의 지배에서 언제 결국 해방될지 알지 못하지만13:32f, 어떻게 될지는 들었다. "조심하라"는 경고는 이제 "깨어있어라"라는 명령이 된다. 이런 권고는 겟세마네에서 예수가 십자가의 길을 선택할 때 그리고 제자들은 선택하지 않을 때 다시 듣게 될 것이다.14:32-41; 22장 참고 밤중저녁녘, 한

밤중, 닭이 울 무렵, 이른 아침 녘에 "깨어 있어라"라는 말은 수난 이야기 내내 나올 것이다.

다시 말하면 세상은 겟세마네가 되었다. 진정한 변화의 가능성을 "지켜보고자" 우리는 모두13:37 역사의 어두운 밤에 깨어있어야 한다.

세상 속 말씀

오늘날 우리에게 시대의 징조를 분별한다는 것은 무슨 뜻일까? 또한, 수많은 폭력과 절망 속에서 희망을 간직한다는 것은 무슨 뜻일까?

전쟁, 기근, 난민, 빚, 환경 파괴, 가난, 무기 거래, 마약 거래, 경제 불안정. 각 나라나 지역의 삶의 현실을 나타내는 단어나 상징을 세계 지도 위에 붙인다고 상상해보자.

마가복음 13장은 우리 지구촌의 현실을 얼마나 잘 반영하는지 모른다! 지구의 모든 대륙이 기아, 빈곤, 폭력과 갈등의 절망적인 상황에 시달리고 있다. 오늘날 우리는 빈부 격차가 갈수록 심해지는 상황을 목격하고 있다. 극소수가 편안하게 사는 동안, 세상은 인류의 대다수가 살 수 없는 곳으로 변하고 있다. 오염과 파괴, 대변화를 겪고 있는 환경만 봐도 인류의 대변동을 볼 수 있다. 우리 자녀와 후손에게 어떤 미래를 남겨주게 될까?

역사가 구원을 향해 흘러간다고 믿기 힘들다. 상황은 좋아지기는커녕 점점 나빠지고 있다. 이렇게 혼란스러운 세상에 사는 감정적 비용은 막대하다. 슬픔, 놀람, 분노, 두려움, 압도적인 무기력감은 생각 있는 사람들을 항상 따라다닌다.

우리는 이러한 부정적 감정을 견딜 수 없어서, 우리의 두려움과 분노의 대상인 "적"을 공격하는 행동으로 나타낸다. 혹은, 우리의 절망감을 내면으로 돌려 술, 음식, 마약으로 고통을 줄이는 자기 파괴적인 행동을 한다.

또는, 세상의 복잡함과 골치 아픈 문제에 단순한 해결책이라는 만병통치약으로 대응하고 깊고 세밀한 분석을 회피한다. 하지만, 이 모든 것 중에 가장 위험한 유혹은 보려 하지 않고, 인식의 폭을 좁히고, 심리적 마비 상태에 들어가며, 수동적이 되고, 물러서는 것이다.

우리 문화에 만연한 습관은 문제를 부정하면서 세상을 피해 "무관심"하게 개인의 삶 속에 숨어 사는 것이다. 우리를 무감각하게 만드는 현대 사회의 도피 수단을 사용하여 주변 현실을 회피하려고 눈을 감는다. 하지만, 복음은 현실을 바라보고 세상의 고통을 느낄 때 찾아드는 슬픔과 절망을 인식하라고 요청한다.

복음의 관점에서, 이 고통과 슬픔을 경험하는 것은 그리스도의 고난에 들어가는 것이다. 신앙 공동체에서 이러한 감정을 쏟아내고 인정받아야 한다. 우리는 함께 세상의 고통이 무엇인지 말하고, 기도 가운데 하나님께 올려드려야 한다. 세상의 깨어짐을 직면할 힘을 함께 길러서, 헤쳐나갈 수 있도록 서로 격려해야 한다.

우리는 기도를 통해서 인류가 단순한 물질과 에너지의 흐름을 넘어, 단순한 전자 네트워크, 정보 체계, 시장, 정책을 넘어, 심지어 인간의 공통 본성과 열망을 넘어 연결되어 있음을 다시 발견한다. 하나님의 자녀인 우리는 본성상 우리를 창조하고, 우리의 고통을 안타깝게 여기는 신성한 존재와 연결되어 있다.

하지만, 하나님의 통치는 영혼의 변화를 훨씬 넘어선다. 하나님의 통치는 사회 질서 자체의 급진적 변화를 가져올 것이다. 모든 불의한 특권의 위계질서가 전복될 것이다. 첫째는 꼴찌가 되고 꼴찌는 첫째가 될 것이다. 온유한 사람이 땅을 차지하고, 슬퍼하는 사람이 기뻐할 것이다. 변방은 중심이 되고, 멸시당한 외톨이들이 신성한 만찬의 상석에 앉는다. 지체 장애인과 아픈 사람이 고침 받고, 노숙자와 체류자들이 집에 돌아가며. 고아와 과

부는 다시 만날 것이다. 학대받은 아이는 안전하게 살고, 가난하고 배고픈 자는 풍성하게 먹을 것이다. 억압당한 자는 하나님의 고귀한 자유를 맛볼 것이다. 부유한 자, 무관심한 자, 실권자들, 이 세상의 억압자들은 울며 이를 갈 것이다.

1990년대 중반, 기독교 공동체들은 미국 카이로스 The Kairos USA 문서를 작성했다. 이 문서는 다른 카이로스 문서들, 특히 아파르트헤이트가 한창일 때 남아프리카에서 쓴 문서를 본떠 만들었다. 미국 문서인 「길 위에서: 카이로스에서 희년으로*On the Road: From Kairos to Jubilee*」는 우리 주변에서 일어나는 위기의 징조와 조만간 우리 사회에 침투할 하나님의 통치를 나타내는 징조가 무엇인지 논한다.

- 물질적 목표보다 관계와 가족에 더 가치를 두기로 선택한 많은 사람
- 신앙을 바탕으로 정의를 위한 행동을 지조 있게 이어가는 작고 활동적인 공동체들
- 도시 내 폭력을 근절하는데 자신의 삶을 헌신한 젊은 도시 지도자들의 출현
- 개인, 대인관계, 사회의 도덕 원칙을 재정립하고 지킬 책임을 받아들이는 지역 사회와 가정
- 인종차별 반대 운동의 급성장
- 유색인, 여성, 정의와 평화 공동체들의 경험과 삶의 이야기에서 나오는 새롭고 생동감 넘치는 신학
- 땅과 문화와 주권을 되찾으려 하는 원주민 운동
- 자신만의 문화, 유산, 언어, 공동체 자결권을 되찾으려는 유색인종 운동의 자구성
- 하나님의 사랑, 긍정, 은혜의 생수에 목마르다고 교회에 간증하는 게

이와 레즈비언 기독교인들의 투쟁

● 비군사화 문제를 경제 정의와 연결하려는 노력

● 보상을 통해 빈곤과 채무의 악순환을 끊으려는 현대 희년 운동

● 토지 신탁, 노동자 소유제, 협동조합, 공동체 기반 경제와 같은 경제
적 대안을 탐구하는 운동

● 환경 문제에 대한 관심 증가와 인종 차별적 환경 보호 정책에 반대하
는 연합의 형성

● 보편적 의료 서비스를 위한 운동

하나님께서 무에서 우리를 창조하셨듯이, 하나님은 자비하심으로 다시 죽음의 공허 가운데 손을 넣어 온 세상을 재창조하실 것이다. 하나님의 심판에서 오는 부정은 결국 기쁨과 웃음으로 우주를 가득 채우는 하나님의 은혜와 자비의 넘쳐나는 긍정을 이기지 못할 것이다. 이 긍정은 치유하고 하나 되게 하는 빛으로 우주를 덮을 것이다.

부정은 삶에 대해 활짝 열린 긍정에 길을 내줄 것이다. 하나님이 삶을 끌어안으실 때, 역사를 정의하는 모든 차이, 곧 부자와 빈자, 흑인과 백인, 피억압자와 억압자 사이의 장벽은 사라질 것이다. 우리는 역사적 위기 한복판에서 이 약속을 지켜보며 기다리라고 부름 받았다.

우리는 언제 종말이 올지 모른다. 우리는 준비하며, 참된 제자도에 따르는 위험을 감수하고, 때의 징조를 읽으라고 부름 받았다. 종말의 때를 산다는 것은 아직 역사 속에 감춰졌지만, 예상치 못한 곳에서 불쑥 나타나는 현실 속에 믿음의 뿌리를 박는 것이다.

우리가 걷는 제자의 길

마가복음의 이 단락은 예수가 예루살렘에 입성한 후부터 붙잡히기 전까지의 강렬하고 긴박한 순간을 이야기한다. 우리는 예수가 거래하는 상을 들어 엎고, 통행을 차단하는 성전 정화 장면을 목격했다. 또한, 성전의 공적 공간에서 대립하면서 율법학자, 바리새인, 사두개인, 로마인 같은 다양한 권력의 대표자와의 논쟁으로 이어지는 장면도 보았다.

예수는 우리에게 묻는다. 어찌하여 두려워하느냐? 내가 받는 세례를 너희가 받을 수 있느냐? 깨어있을 수 없느냐? 볼 수 있는 눈이 있느냐? 기억하지 못하느냐? 기록되어 있지 아니하냐? 사람들이 나를 누구라고 하느냐?

예수가 던진 어려운 질문을 당신의 삶에 던져보자. 개인의 삶뿐 아니라 당신이 속한 지역 사회와 제도에도 어려운 질문을 던지고, 비판적으로 사고하는 습관을 길러보자. 무료 급식소, 쉼터, 길거리, 가난한 동네, 가난한 학교, 난민이나 이민 공동체처럼 소외된 사람들의 삶의 관점을 가질 수 있게 해주는 상황을 의도적으로 찾아가 보자. 만약 당신이 사는 지역 밖을 여행한다면 관광지 외에 실제 삶을 볼 수 있는 장소에 가보자. 당신 주변에 있는 사람들에게 관심을 기울이며 살아보자. 예수의 질문에 마음과 생각을 활짝 열어보자.

누가 나의 어머니이며, 누가 나의 형제들인가? 깨어지고 분열된 세상 속에서 가족과 공동체는 무엇을 의미하는가? 이런 상황에서 공동체는 어떻게 응답해야 하는가?

하나님의 통치는 무엇과 같은가? 지금 내 주변 어디에서 그것을 볼 수 있는가? 나는 그것을 어떻게 더 풍성하게 만들 수 있을까?

깨어 있을 수 없는가? 내 주변에 있는 고통에 무관심하지는 않은가? 다른 사람과 지구에 해가 되는 삶의 방식에 무감각하지는 않은가? 나는 어떻게 깨어있을 수 있을까?

5부. 인자의 길

생각 열기

"내가 진정으로 너희에게 말한다. 온 세상 어디든지, 복음이 전파되는 곳마다, 이 여자가 한 일도 전해져서, 사람들이 이 여자를 기억하게 될 것이다."^{막 14:9}

몇 해 전, 조각가 주디 시카고^{Judy Chicago}가 "만찬^{The Dinner Party}"이라는 인상적인 작품을 제작했다. 수십 명의 여성을 위해 아름다운 삼각형 식탁에 상을 차린 작품이다. 그 여성들의 이야기는 한 번도 제대로 전해진 적이 없고, 그들에 대한 기억은 희미하게 멀어지고 있었다. 또한, 매우 중요한 인물들임에도 거의 잊힌 여성 수백 명의 이름을 바닥과 식탁 주변에 새겼다. 상차림은 매우 상징적이다. 천과 도자기로 수를 놓거나 짜서 여성의 삶과 성격을 묘사했다.

주디 시카고의 작품에 영감을 받아 버지니아 알링턴에서 평화와 정의를 위한 에큐메니컬 프로젝트를 하는 새 창조 센터^{The Center for New Creation}가 1979년에서 1994년까지 여성을 온종일 기념하는 행사를 기획했다. 행사에는 식사 예식을 포함했다. 수 년 동안 여러 문화와 각계각층에서 온 수백 명의 사람들이 다양한 장소에서 열린 "여성: 그녀의 이야기를 기념하며^{Woman: A Celebration of Herstory}"라는 행사에 참석했다.

당신이 "이 여자를 기억하는"막 14:9 행사에 초대받았다고 상상해보라. 예수의 장례를 준비하며 향유를 부은 여자를 특별히 기념하고, 역사와 우리 삶을 형성한 여성들의 풍성하고 아름다운 유산과, 오늘날 제자도의 본이 된 여성들을 기억하는 자리다.

이 여성은 무엇을 지녔기에 자신이 속한 사회에서 남자와 여자의 올바른 관계를 규정하는 경계를 넘을 수 있었을까? 우리는 그 여성을 왜 기념해야 할까? 그가 한 자비로운 행동의 의미는 무엇인가? 제자 공동체는 그것을 어떻게 받아들였는가? 더 중요한 문제인 예수는 곧 자신의 생명을 대가로 치르게 될 투쟁 가운데 이 친밀한 순간을 어떻게 받아들였는가? 마가복음의 예수는 이 여자의 이야기가 영원히 전해질 것이라고 말한다.

하지만, 이야기는 전해지지 않았다. 그 여자는 무언가를 알고 있는 사람으로 여겨진 적이 없다. 그 여자는 제자로서 치르는 영혼의 대가를 알았던 충실한 사람으로 알려지지 않았다.

이 기념식을 기대하면서, 당신이 들어본 마가복음의 다른 여성들도 생각해보길 바란다. 우리는 그들의 고난과 용기, 억압과 저항, 충실한 제자도 이야기를 존경한다. 그들이 우리를 동등한 제자로 맞이했듯이, 우리도 그들을 우리 삶의 지표이자 등불로 기꺼이 받아들여야 한다.

우리는 시몬의 장모, 시로페니키아 여자와 딸, 혈루증 앓는 여자와 야이로의 딸, 이혼당한 여자, 가난한 과부, 막달라 마리아, 야고보와 요세의 어머니 마리아, 살로메막 15:40를 환영한다. 우리는 마가복음에서 이름 없는 여성들, 언급되지 않은 여성들 역시 환영한다. 이야기 속에서 남성만큼이나 중요했지만 한 번도 언급되지 않은 많은 여성을 생각해보는 시간을 갖는다. 사악한 농부의 비유에서 죽은 남자의 아내와 딸들, 이름 없는 수많은 예수의 여성 제자 등 그들의 이름을 크게 불러본다.

당신의 개인적 유산 가운데 특별히 중요하거나 역사성을 가진, 기억에

남는 다른 여성들도 생각해본다. 모든 인종의 여성을 고려한다. 빈곤과 불의한 세상에 사는 여성의 목소리에 귀를 기울인다. 제3세계 여성과 사랑의 통치를 향해 끝없는 투쟁을 하는 여성의 목소리에도 귀를 기울인다.

　기억과 의례는 대안 공동체의 정체성과 용기를 유지하는데 필수다. 우리는 이제 예수와 함께 십자가를 향해 걸어간다. 예수는 그가 전한 급진적 메시지와 그에 따르는 엄청난 대가를 이해한듯한 한 여성의 지혜에 우리의 이목을 집중시킨다. 오늘날, 그녀의 목소리는 그 이야기와 그것이 오늘날 의미하는 바를 잘 이해한 다른 여성들의 목소리 속에서 등장한다. 하지만, 그 여성들의 목소리는 누구에게도 들리지 않았고 무시당했다. 우리가 그들의 길을 따라갈 때 그녀에 대한 기억이 복원되고, 또 다른 여성들에 대한 기억이 우리를 인도하기를 바란다.

21장•친밀감과 배신

마가복음 14:1-25

문맥 속 말씀

우리는 이제 마가복음의 비극적인 대단원과 갑작스러운 결말을 향해 가고 있다. 마가복음의 두 가지 줄거리가 하나로 합쳐지고 있다. 예수와 권력자 간의 대결은 체포라는 결과로 이어진다. 한편, 제자들이 이해하지 못하고 그 길을 따르지 못하는데 따르는 필연적 결과는 이탈이다.

예수는 두 번째 설교에서 권세들이 인자에 의해 넘어지는 종말론적 "순간"을 방심하지 말고 기다리라고 권면한다.13:24-27 하지만, 마가가 그 순간을 갑자기 이야기할 때 우리는 제자들처럼 당황하고 만다.

"수난 서사"는 음모를 꾸미는 밀실 거래, 은밀한 행동, 사법적 조작, 죄수 교환, 고문, 즉결 처형으로 가득 찬 격렬한 정치 드라마다. 하지만, 이러한 원초적 주제들이 오늘날 세상에서 반복되고 있다는 불편함 때문인지, 그런 주제는 "고난 주간"에 대한 전통 신학의 해석과 경건한 예전의 반복으로 감춰졌다. 하지만, 우리가 이 끔찍한 현실주의를 받아들이지 않는다면 이 이야기가 담고 있는 소망을 이해할 수 없을 것이다.

마가는 예수를 "왕"으로 드러내는 두 개의 이야기와 함께 수난 서사를 시작한다. 바로 기름 부음14:3-9과 만찬14:17-25이다. 각각의 이야기는 이 "메시아"가 사람들을 군사적 승리가 아닌 패배로 이끈다는 비극적 반전에 대비해 독자를 준비시킨다. 마가는 수난 서사를 예수의 장례를 위해 기름 붓는 예식을 하고 싶어 한 여자의 이야기로 시작하고 마무리한다.14:3-9; 16:1ff 앞뒤에 놓인 이 이야기는 비록 남성 제자들은 십자가의 길을 저버리지만, 그 길을 이해하고 받아들인 여성 제자들이 있다는 소망을 독자에게 전해준다.

본문 읽기: 마가복음 14장 1-9절

14장 1절에서, 우리는 어느새 유대 사회 질서의 중심에 들어와 있다. 유월절 대축제일 예루살렘이다. 축제일마다 사람들이 출애굽 해방 이야기를 묵상했기 때문에, 이날은 팔레스타인 식민지에서 늘 정치적 혼란을 일으켰다. 정부는 공공질서 유지를 염려했고, 이런 맥락 속에서 마가는 예수를 놓고 음모를 꾸미는 통치자들을 다시 언급한다.14:2

그러는 사이, 예수는 나병 환자와 함께 식사하면서, 끝까지 "가장 작은 자"와의 연대를 실천하고 있다.14:3 그런데 한 무명의 여자가 그를 방해한다. 담대하게 향유를 들고 다가오는 모습이, 아마 창녀다. 예수와 함께 있던 사람들이 이번에는 "낭비"라고 걱정하면서 반기를 든다.14:4f 똑같은 돈 걱정 때문에 유다가 곧 권력자들 편으로 돌아선다는 점은 아이러니의 절정이다.14:10f

예수는 여자를 보호하고자, 빈자를 돕는다고 말하면서 그녀를 비난하는 사람들을 먼저 언급한다. 그동안 교회는 14장 7절의 "가난한 자들은 항상 너희와 함께 있으니 아무 때라도 원하는 대로 도울 수 있거니와"라는 구절을 빈곤의 존속을 정당화하는 데 악용했다. 하지만, 이 구절은 가난한 사람에 관한 말이 아니라 제자 교회의 사회적 위치를 나타내는 말이다. 그러고 나서, 예수는 여자의 행동을 "좋은 일"14:6이라 해석하고 "기름 부음"14:8이라고 부른다. 예수는 사무엘이 예언자로서 사울과 다윗을 왕으로 기름 부은 장면을 바탕으로, 자신의 머리에 기름 부은 여성의 행동을 극적으로 재구성한다.삼상10:1, 16:22ff 이 이야기는 분명히 왕권과 남성 리더십에 대한 전통적인 생각을 뒤엎었다!

예수가 소리친다. "가만두라. 너희가 어찌하여 그를 괴롭게 하느냐?"14:6 마가복음에서 진정한 지도자로 행동할 수 있는 사람은 여성이다. 그들이 십자가의 길과 섬김의 정신을 받아들였기 때문이다. 이 사실은 오랫동안 여성을 "괴롭게 한" 가부장적 교회를 부끄럽게 만든다. "온 천하에 어디서든지 복음이 전파되는 곳에는 이 여자가 행한 일도 말하여 그를 기억하리라 하시니라"14:9 여자에게 한 특별한 칭찬은 교회 메시지의 중심에 있는 가부장제와 싸우라는 매우 명확한 가르침이다. 하지만, 이 가르침은 과거나 지금이나 크리스텐덤Christendom 속에서 무시되고 있다.

본문 읽기: 마가복음 14장 10-25절

권력자들은 이제 유다를 간첩으로 영입해 "첩보 작전"을 시작한다.14:10f 14장 1절에 암시된 예수 체포 작전을 볼 때, 예수는 숨어있다. 제자 공동체가 "잠적"한 상황이어야 그들의 작전이 이해가 된다. 14장 12-16절에서 예수가 제자들에게 자세한 설명을 하는 부분도 같은 인상을 준다. "비밀 요원"군중 속에서 눈에 띄도록 주로 여자가 메는 물동이를 메고 오는 남자은 도피 중인 제자 공동체를 성내에서 "암호"가 있어야 들어갈 수 있는 "안전한 집"으로 인도한다.14:13f 그들은 다락방에서, 진짜 "도망가는 자들처럼" 유월절 만찬을 나눈다.출12:11

"만찬"을 시작할 때 예수는 누가 잠입한 자인지 알고 있다고 말했고, 사람들은 근심에 싸인다.14:18 예수는 시편 41장 9절의 애가를 암시하면서 신뢰가 깨어졌음을 강조한다. 제자 공동체는 자신을 의심하면서 그 문제를 풀고자 한다.14:19 예수는 "열두 명 중 하나"라고만 밝힌다. 하지만, 예수가

내리는 선고는 배신의 대가를 엄숙하게 상기시킨다.[14:20f; 8:34 참고]

　이 모든 상황 속에서도 예수는 그의 동반자들과의 연대를 확인해주며 빵을 나눈다.[14:22f] 예수가 전통적인 유월절 설교를 하는 대신 만찬의 뜻을 해석하자, 이 식사 의례에 독특한 의미가 부여된다. 예수는 용감하게도 식사의 요소를 출애굽 이야기가 아닌 자기 자신에게 적용한다. 그는 죽음으로 "피의 언약"을 새롭게 하는 "유월절 어린양"[출12]이다.[출 24:8]

　이 만찬은 자신의 생명을 사람들을 위해 내어준다는 관점에서 국가의 주요 의례를 재해석했다. 공식적으로 성전 제사가 행해지는 곳에서 예수는 자신의 "몸"을 내어준다. 그것은 자신의 삶과 죽음을 통한 실천이었다. 성전과 몸의 대비를 암시하는 이 내어줌은 마가복음에 나오는 예수의 처형 장면에서 명백해질 것이다.[24장 참고] 예수는 끝으로 정의가 승리할 때까지 이제 만찬은 금식으로 바뀐다고 공표한다.[14:24; 2:21f 참고]

　마가의 최후의 만찬 묘사에서 중요한 점은 빠진 부분이 있다는 점이다. "이것을 행하여 나를 기억하라"는 "성례화institution"하는 말이다.[고전11:24f; 눅 22:19] 하지만, 마가는 여기서 그 말을 사용하지 않는다. 예수에게 향유를 부은 여자를 칭찬할 때 이미 인용했다. 마가는 우리가 예수를 기억하는 대신 제자도의 실천을 기억하기를 바랐다.

　우리에게 광야에서 먹인 사건을 "기억하라"[8:18]고 권면했던 예수는 이 최후의 만찬에서 광야의 가난한 사람들에게 행한 것처럼 빵을 "축사하고 떼어준다."[6:41] 그리고 잔은 마가복음에서 권세들의 손에 당하는 고난을 상징하는데[10:39, 14:36], 여자가 장례를 위해 그를 왕으로 기름 부은 기억을 상기시킨다. 따라서, 마가복음의 성만찬 순간은 신비로운 과거가 아닌 계속 진행 중인 제자도의 실천을 기억하는 순간이다.

세상 속 말씀

잘 알려져있는 엘살바도르 대주교 오스카 로메로Oscar Romero가 살아온 이야기는 성만찬의 맥락 속에서 친밀감과 배신, 공동체와 갈등이 교차하는 지점을 보여주는 현대판 실화다.

로메로가 산살바도르의 보좌주교로 임명받았을 때, 그는 보수주의로 알려져 있었다. 그는 1970년대 엘살바도르에서 점점 더 많은 기독교 공동체가 억압적인 정부에 대항하는 태도를 보고 극도로 긴장했다. 갈수록 많은 교리 교사, 신부, 종교인, 교구 및 공동체 회원들이 저항 운동에 참여했다.

그러는 동안, 공포 정치가 진행되었다. 부유층이 지원하는 암살단과 치안 부대는 이미 많은 사람의 목숨을 앗아갔다. 주교회의 비서인 로메로의 승인 아래 국립대학은 폐쇄되었고, 군대가 점령했다. 로메로 주교와 과두 정치의 공식 연합은 기초 공동체를 매우 탐탁지 않게 여겼다. 산살바도르 자카밀에 있는 한 교구가 주교를 초청했다. 함께 미사를 드리고, 심각한 거리감과 차이를 만드는 주제들에 대해 진솔한 대화를 나누고자 초청한 것이다.

공동체는 로메로 주교에게 설교 대신 대화를 하자고 고집했다. 논쟁은 매우 뜨거워졌다. 마리아 로페스 비힐Maria Lopez Vigil이 기록한 책, 삐에사스 빠라 운 레뜨라또Piezas para Un Retrato를 보면, 공동체 일원인 한 주교가 결국 로메로에게 이렇게 소리쳤다. "가난한 사람들에게 어떤 선택이 남았는지 말해주러 왔습니까? 우리가 미쳤다고 생각하십니까? 교황 대사가 부끄러움 없이 부자들과 샴페인 마시는 당신 사진을 우리가 매일 보고 있지 않다고 생각하십니까?"

로메로와 함께 미사를 집전한 뻬드로 데끌렐끄Pedro Declerc 신부가 마침내 말했다. "주교님과 우리는 교회이지만, 이렇게 서로를 불신하는 상황에서 미사를 드릴 수 없습니다. 끝났습니다. 미사는 없습니다. 우리가 함께 기도할 수 있는 상황이 아닙니다." 로메로가 답했다. "여기서는 미사를 드릴만한 것이 아무것도 없습니다!"

공동체가 함께 모여 빵을 떼고 해방과 소망의 복음을 나누는 친밀한 시간이 잔혹한 배신의 위협 때문에 깨지고 말았다. 빵을 뗄 수는 없었다. 성만찬을 나눌 수도 없었다. 공동체는 안타깝게 해산했다.

시간이 지난 뒤, 그들은 화해한다. 전쟁과 억압을 통해 교회의 역할과 정의, 가난한 자를 향한 헌신을 가다듬게 되면서, 로메로 대주교가 자카밀에 다시 방문했다. 그곳에서 그가 아끼는 친구인 예수회 신부 루띨료 그란데 Rutillo Grande가 가난한 사람들 편에 섰다는 이유로 두 명의 교구원들과 함께 암살단에게 살해되었고, 로메로는 그의 총알 박힌 주검을 봤다. 루띨료가 암살된 다음 일요일, 로메로는 암살의 비극과 슬픔 가운데 있는 엘살바도르인의 연합을 강조하고자, 루띨료 추모 미사를 제외하고는 모든 성만찬을 허락하지 않았다.

로메로는 친구의 주검에서 그리스도의 몸을 보았다. 그리고 배신과 십자가의 의미를 깨닫기 시작했다. 그때 이후로 그는 다른 길을 걷기 시작했다. 고통받는 사람을 향해 눈과 귀와 마음을 열었다. 그는 자신의 양 떼를 저버리려 했던 목자인 자신과 그의 동반을 기다려온 공동체를 다시 연결하는 여정을 시작했다.

마침내, 로메로는 사람들을 돌보는 진정한 목자가 되었다. 폭력을 비난했고, 군대와 강력한 과두 정부에 회개하라고 외쳤다. 교회에는 용기와 회심을 요구했다. 가난한 사람들과 정의를 위해 가난한 사람들의 문제로 고민하는 사람들에게 목회적 지원을 제공했다. 그리고 그는 자신이 따르던 그분처럼 순교했다.

22장•깨어 있기 위한 기도

마가복음 14:26-52

문맥 속 말씀

본문 읽기: 마가복음 14장 16-42절

이전 본문에서 예수가 올리브 산에 오른 모습은 앞으로 나올 인상적인 행진[11:1]과 설교[13:3]의 시작을 알리는 신호였다. 하지만, 이제 그 모습은 갈수록 심해질 변절의 신호다.[14:26] 예수가 제자들을 향해 "너희가 모두 걸려서 넘어질 것이다"라고 말하면서, 마가복음의 비극적 줄거리는 절정을 향해 간다.[14:27]

예수는 다시 한번 스가랴의 목자 비유에 호소한다.[슥11:7; 막6:34참고] 이 신탁에서, 자신의 "양을 팔아넘긴" 이스라엘의 부패한 지도층에 절망한 예언자는 스스로 "잡혀 죽을 양 떼의 목자"가 된다.[슥11:7] 하지만, 이런 침울한 소식과는 반대로, 예수는 제자 공동체가 와해하더라도 제자도 이야기가 끝나지 않는다고 단언한다.[막14:28; 16:7참고] 이렇게 마가복음의 갑작스러운 결론을 "예고"하는 마가는 아마도 흩는 것뿐 아니라 다시 모을 것을 예견하는 에스겔의 목자 비유를 염두에 두었을 것이다.

양 떼가 흩어졌을 때에 목자가 자기의 양들을 찾는 것처럼, 나도 내 양 떼를 찾겠다… 헤매는 것은 찾아오고, 길 잃은 것은 도로 데려오며, 다리가 부러지고 상한 것은 싸매어 주며, 약한 것은 튼튼하게 만들겠다. 그러나 살진 것들과 힘센 것들은, 내가 멸하겠다. 내가 이렇게 그것들을 공평하게 먹이겠다. 겔34:12, 16

예상한 대로 베드로는 자신의 운명을 대하는 예수의 현실주의에 반대한다.14:29 베드로는 자신은 그렇지 않을 것이라고 말하지만, 예수는 누구보다도 그가 배신할 것이라고 반박한다.14:30 모든 제자가 베드로의 충성 서약을 따라 말하면서 자기 망상에 빠진 모습을 보인다.14:31

놀랍게도 예수는 핵심 구성원들에게 함께 있어달라고 다시 한번 부탁한 뒤, 기도하러 물러난다.14:32f 예수가 겪는 내면의 혼란14:34은 요나의 고통을 암시하며, "좌우를 가릴 줄 모르는" 사람들을 구원하려는 하나님의 "뜻"을 상기시킨다. "잔"은 이제 십자가의 길이라는 것이 드러난다.14:36; 10:38참고 예수는 관조적인 거리 두기가 아닌, 인간의 진정한 두려움으로 그 잔을 마주한다. 순교에 로맨스는 없다.

예수는 극심한 충격 속에 있으면서도 진정한 기도가 무엇인지를 보여준다. 그 기도를 통해 우리는 마가의 신학적 주장의 핵심을 알게 된다. 하나님께서는 모든 것을 할 수 있으시다. 하지만, 기도의 우선적인 관심은 개인적 고통을 해결하는 것이 아니라 망가진 역사를 고치실 그분을 찾는 것이다.14:36

예수는 대가를 치르지 않고 이 일이 이루어지길 바라는 우리의 인간적 욕망을 함께 갖고 있다.14:36 하지만, 이것이 강한 "유혹"이라는 것도 알고 있었다.14:37 그래서 그를 따르는 이들에게 "깨어 있어라"라고 권면한다.14:34, 38 예수가 종말론적 비유에서 말했던 그 "때"가 다가오고 있다.13:32-37참고 제자들은 "깨어 있을 수" 있을까? 그렇지 못하다. 마가는 그들이 자고 있다고 세 번이나 강조한다.14:37, 40f 조금 전 자신의 용기를 자랑했던 베드로는 "한 시간도 깨어 있을 힘"이 없다.14:29 그래서 그 "때"가 왔을 때, 어둠의 중심에서 기도하고 있는 예수만이 십자가의 길을 걸을 용기를 낸다.14:41

본문 읽기 : 마가복음 14장 43-52절

이제 예수는 사역을 시작할 때부터 배후에 흐르고 있던 현실을 맞닥뜨린다. 친밀감과 배신의 지독한 변증이 가미된 수난 서사는 유다의 입맞춤에서 절정에 이른다. 그리고 예수는 붙잡힌다.14:45f 체포 장면은 민간인 반체제 인사를 과잉 진압하는 국가의 은밀한 작전 냄새를 풍긴다. 암호 전달, 한밤중 잠복 기습, 중무장 호위, 최고의 보안 조치 지시를 볼 때, 권력자들은 무장 항거를 예상했다.14:43f 하지만, 마가의 기록이 경찰과 충돌을 일으켰던 "곁에 서 있던 한 사람"을 비난하는 어조는 아니다.14:47 그러나 폭력을 유발하는 전체 과정의 추악함을 막아야 한다고 주장한다.

예수는 체포하는 자들의 작전이 그들의 정치적 약점을 드러낼 뿐이라며 비웃는다. "너희는 강도에게 하듯이, 칼과 몽둥이를 들고 나를 잡으러 나왔느냐? 내가 날마다 성전에 너희와 함께 있으면서 가르치고 있었건만 너희는 잡지 않았다."14:48f "강도"는 수난 서사에서 여러 번 등장하며 팔레스타인 시골 지역에서 일어나는 "사회적 강도질"을 일컫는데, 여기서 처음 나온다.15:7 참고 소작농 지도자들은 로빈 후드나 판초 비야Horsley 참고처럼 게릴라 군단을 조직해서 식민 압제자를 공격했다. 흔히 그들은 로마인에게 반역죄로 체포되어 처형당했다. 그리고 이 이야기에서 예수와 같은 운명을 맞이할 것이다.15:27 참고

예수는 끌려가면서, 성서의 급진주의 "각본"을 언급한다.14:49; 9:12f참고 만찬 때부터 이야기한 참된 예언자의 성서적 운명을 세 번째로 언급한 것이다. 갈수록 어두워지는 일련의 사건과 대비된다.14:21, 27참고 이 "각본"이

야말로 권력자들은 이해할 수 없고, 제자들은 따를 수 없는 각본이다. 제자들은 예수가 이 각본을 저버리지 않을 것이라는 사실을 이제 깨닫는다. 그리고 죽기 살기로 도망친다.14:50 양 떼는 흩어졌다. 제자도 이야기는 실패했다. 독자들이 이 수치스러운 결말을 감당하지 못할 때, 마가는 흥미로운 이야기를 들려준다.

삽입된 주석 속에 다른 제자들과 함께 도망가는 "젊은이"가 나온다.14:51 "홑이불"을 버리고 맨몸으로 도망가는 모습은 제자 공동체의 수치를 상징한다. 그 옷은 예수를 감싸는 수의로 다시 등장할 것이다.15:46 참고 그 젊은이는 흰옷을 온전히 입고 예수의 빈 무덤 안에 다시 나타날 것이다.16:5 참고 마치 예수의 변모 때처럼9:3ff 독자들에게 약속과 도전을 상징하는 이러한 옷차림의 변화를 보게 될 것이다.25장 참고

하지만, 지금 이 순간, 모든 것이 망가졌음을 우리는 모두 알고있다. 제자 공동체는 역사상 교회가 종종 그랬듯이 권력자들과의 첫 충돌에서 예수를 버렸다. 새로운 사회 질서의 꿈은 다시 한번 국가 권력의 폭력 앞에 물거품이 되었다. 예수는 이제 홀로 정의를 기대할 수 없는 불법 재판에 서고자 나선다. 그곳에서 인간의 역사 회복을 위해 권세들과 벌이는 그의 마지막 투쟁이 펼쳐질 것이다.

세상 속 말씀

예수의 제자들에게도 그랬듯이, 주님과 함께 고난의 길을 걸어야 한다는 도전은 가난한 사람을 어떻게 대할 것이냐는 질문과 함께 우리에게 던져졌다. 신앙인들은 놀랍고도 역설적인 방법으로 이 도전에 임했다.

수 년 동안 북미인들은 "깨어있어라"에 집중하면서, 한발 물러서서 세상의 억압받는 다수가 스스로 해방을 이뤄낼 수 있게 했다. 당시 인기를 얻은

책들은 "내려놓음의 신학theology of letting go"에 대해 고찰했고, 이러한 태도가 효과적임을 입증했다.

그 후, 가난하지 않은 사람들과 빈곤 지역 사람들 간의 연대라는 개념과 실천이 퍼져나갔다. 가난한 사람들의 용감한 투쟁을 보완하는 일들이 나타났다. 우리는 그들에 대해 한 번도 들어보지 못한 장소에서 그들의 이름으로 말하고 행동할 수 있었다.

최근에 나타난 또 다른 방식은 우리가 억압받는 사람들과 마주 보는 자세를 취하는 방법이다. 이 방식은 억압받는 사람들이 직접 만들었다. 이 방법을 "동행"이라고 표현한다. 이는 앞서 나온 내려놓음과 연대라는 두 가지 모두의 결실을 만드는 모든 범위의 태도와 행동을 포함한다. 동행할지 말지는 가난한 사람이 선택한다. 또한, 동행의 과정에서, 요청하는 사람과 응답하는 사람 모두는 인간 경험의 새로운 장소로 나아간다.

예를 들어서, 워싱턴 디씨에 있는 한 백인 복음주의 풀뿌리 교회는 소수자들을 자신들의 그룹에 합류시키려고 노력했었다. 여러 번의 실패 후, 갑작스러운 하나님의 인도하심으로 새로운 모델이 나타났다. 도심 지역에 있는 아프리카계 미국 교회의 초청 덕분이었다. 틀이 완전히 뒤바뀌었다. 백인들이 흑인들을 초대해서 그들 안에 포함하는 방법이 아니라, 흑인들이 백인 공동체에 함께 하자고 제안했다.

억압받는 모든 사람이 동행을 원하는 것은 아니다. 그럴만한 이유가 있다. 예를 들어서, 아프리카계 미국 교회 안에서 동행과 관련한 격렬한 논쟁이 일어났었다. 수십 년 동안 "통합"에 대한 요청이 있었다. 그것은 백인들이 자리를 옮겨서, 아프리카계 미국인들을 식탁에 참여하도록 "허락"하라는 요청이었다. 하지만, 이제 흑인들이 묻는다. 무엇으로의 통합인가? 백인계 미국의 불의와 혼돈으로의 통합인가? 차라리 분리가 더 나을 것이라고 반문한다.

그런데도, 신앙인들과 선한 뜻을 가진 많은 사람이 동행이라는 부름에
응답하고 있다는 사실은 고무적이다.

- 미국 안에 늘어나고 있는 남미 출신 이주자들은 동행의 필요성과 의지
  를 표명해왔다. 사람들에게 자신들의 언어를 배우고, 문화를 이해하
  고, 자신들이 이곳에 남아 성공하기 위해 겪는 어려움 가운데 함께 걷
  자고 요청해왔다.
- 미국 원주민들은 자신들의 전통을 재발견하면서, 자신들의 방식, 특
  히 생태 정의에 관해서 배우고 그런 관습을 실천하라고 사람들을 초
  대하고 있다.
- 미국에서 증가하고 있는 빈곤선 이하의 삶을 사는 시민들은 경제 변혁
  을 통해서 갈수록 늘어나는 부유층과 자신들과의 격차를 좁혀야 한
  다고 생각한다.
- 아이티, 보스니아, 동티모르, 과거 남아프리카 공화국, 엘살바도르,
  니카라과와 같은 지역에 사는 사람들은 이미 잘 알려진 자유를 향한
  그들의 정치적 사회적 투쟁에 동행해달라고 요청해왔다.

내부에서 나오는 권태감과 목적 상실이 사회를 부패하게 만드는 풍요롭
고 선진화된 세상에서는, 동행이 그 해독제이자 비전이 될 수 있다. 소외된
사람들과 함께 걷는 것은 지나치게 배부른 인류의 한 부류에게 새로운 시작
과 투쟁에의 참여를 선물하는 것이다. 다시 말하지만, "우리와 잠시 함께
걷자"는 초대를 선물하는 사람은 바로 가난한 사람들이다. 겟세마네 동산
에서 제자들에게 한 예수의 요청을 생각나게 한다. "내 마음이 근심에 싸여
죽을 지경이다. 너희는 여기에 머물러서 깨어 있어라."막 14:34

23장•부정과 고백

마가복음 14:53−15:20

문맥 속 말씀

마가복음의 법정 서사가 예수의 죽음을 온전히 유대 법정의 책임으로 돌리려고 한다는 주장이 종종 제기됐다. 이러한 해석은 기독교 반유대주의의 오랜 유산을 정당화하는데 사용될 뿐 아니라, 문학적, 역사적 근거가 미심쩍기 때문에 문제가 된다.

먼저, 우리는 왜 마가가 예수의 죄목을 신성 모독14:64에서 난동 교사15:2로 바꾸어 기록했는지 설명해야 한다. 두 죄목 모두 각각의 법률 영역에서 중형에 해당했다. 하지만, 점령당한 팔레스타인에서 종속국인 유대 정부는 범죄자를 처형할 수 있는 권한이 없었다. 전통적인 해설처럼 산헤드린은 자신의 목적을 달성하고자 빌라도를 "이용"했을까? 말도 안 된다. 성서 외의 자료들을 보면, 본디오 빌라도는 로마 식민 시기 팔레스타인에 있었던 총독 가운데 가장 무자비한 사람 중 하나였다. 유대 지도자들이 빌라도를 조종했으리라고 주장할 만한 역사적 근거가 없다. 군중도 그럴 수는 없었다.15:15 참고

반대로, 그는 자신의 정치적 목적을 위해 현지 귀족들을 이간질하는 데 능숙했다. 따라서, 역사적으로 봤을 때, 빌라도가 예수의 십자가형을 승인한 사실은 예수를 제국 안보에 상당한 위협을 가하는 인물로 판단했음을 의

미한다. 십자가형은 로마에서 내란죄 판결을 받은 사람에게 내려지는 형벌이었다.

또한, 마가의 서술에 대한 문학적 분석을 보면, 마가가 두 번의 예수 재판을 평행 구조로 신중하게 구성했음을 알 수 있다. 각각의 재판에는 다음의 네 가지 모습이 담겨있다.

	유대 법정	로마 법정
1) 아이러니하게 들어맞는 혐의 조작	14:58	15:2
2) 두 번의 심문	14:60-62	15:2-5
3) 재판장의 "협의"와 유죄 판결	14:63	15:6-15
4) 마지막 조롱/고문 장면	14:65	15:16-20

로마 제국의 책임을 면하게 하려고 이런 병렬 구성을 사용한 것은 아니다. 마가는 유대와 로마 권력자들이 공공의 적으로 보이는 예수에게 부당하게 유죄를 선언하는 데 적극 협조했다는 점을 묘사하고자 했다. 실제로, 마가의 잔인한 풍자극에는 정치 패러디의 요소가 강하게 담겨있다.

본문 읽기: 마가복음 14장 53-65절

마가의 정치 희극 첫 번째 부분에는, 최고 재판소가 조작된 공판에 찬성해 정당한 법 절차를 무시하는 모습이 그려져 있다. 고발자는 고용된 위증자들의 증언을 짜맞추려고 두 번 시도하지만, 실패한다.[14:56, 59] 분명 고발자들은 예수가 자신에 대해 한 말과 성전을 심판한 말을 혼동했다.[14:58] 이런 거짓 고발은 산헤드린이 염려하는 바를 정확히 반영한다. 실제로 예수의 성전-국가 거부는 그들의 체제 유지에 위협을 가했기 때문이다. 이는 또한 마가가 나중에 예수의 몸과 성전을 병치시키는 장면의 예고다.[15:37f]

예수는 이런 혐의를 부인하려 하지 않는다. 이것이 법정 논쟁을 일으키는 정치 재판이라고 생각했기 때문이다. 두 재판에 나오는 두 번의 심문은 거의 같다. 예수는 응답하기를 거부하거나 고발자가 예수를 일컫는 말nam-ing을 비꼬아 대답한다.

> 대제사장: "이 사람들이 그대에게 불리하게 증언하는데도, 아무 답변도 하지 않소?"
> 예수: 입을 다무시고, 아무 대답도 하지 않으셨다.
> 대제사장: ""그대는 찬양을 받으실 분의 아들 그리스도요?"
> 예수: "내가?!"
>
> 빌라도: "당신이 유대인의 왕이오?"
> 예수: "당신은 그렇게 말하오? "
> 빌라도: "당신은 아무 답변도 하지 않소? 사람들이 얼마나 여러 가지로 당신을 고발하는지 보시오."
> 예수: 더 이상 아무 대답도 하지 않으셨다.

하지만, 예수는 산헤드린 앞에서 자신이 인자라고 고백함으로써 자신에게 유죄를 선고한다.14:62 방어가 아니라 묵시적 이중 초점을 실행하고 있다.11장 참고 천국 법정이 등장하는 다니엘의 환상에서, 인자는 짐승을 고발한다.11장 참고 실제로 마가복음 전체에서 인자는 지역 권력자들을 향해서2:10, 28, 그리고 궁극적으로 권세13:26를 향해서 공격을 펼친다. 대제사장은 예수의 고발을 회피하려고 예수를 사형죄인 신성모독이라고 고발한다.14:63f; 레24:26 참고 그 다음 유죄를 확정하고자 산헤드린에 의뢰한 뒤, 예수를 고문당하도록 넘긴다.14:65 폭력배들이 죄수에게 "예언하라"고 강요하는 모습은 궁극적인 역설이다. 예수가 예언적 실제와 그 결과를 모두 구현했기 때문이다.

본문 읽기: 마가복음 14장 54, 66-72절

첫 번째 재판을 둘러싸고 있는 불쌍한 카메오가 있다. 베드로다. 베드로의 부정denial은 자신이 인자라는 예수의 성실한 고백과 극명하게 대조된다. 베드로는 신분을 감추고 뜰 안에 살짝 들어가면서, 예수를 "끝까지" 따르겠다는 자신의 맹세를 지키려고 노력한다.14:54; 14:29참고 예수가 심문을 받는 법정 밖에 힘없이 서 있는 베드로의 모습 속에 그의 절망감이 느껴진다. 충격에 멍하니 숯불을 바라보는 그는 분명 신속하고 잔혹하게 자행되는 당국 재판을 두려워하고 있다.

그러다가 갑자기 궐 안에서 예수의 사형 선고가 내려진 바로 그 순간, 뜰에 있던 베드로의 정체가 드러난다. 대제사장의 종이 그를 알아보았다. 분명히 예전에 성전 충돌이 있었을 때 보았을 것이다.14:66f 충성심에 갈등이 일어나자 천천히 문을 향해 물러서면서, 베드로는 부정의 세계에 숨어버리는 운명적 선택을 한다. "네가 무슨 말을 하는지, 나는 알지 못하겠다."14:68 결국, 어른거리는 그림자로 감추고 있던 것이 그의 사투리 때문에 드러났다.14:70 그는 예수를 따를 수도 없었고, 결백한 구경꾼으로 지나갈 수도 없었다.

"그는 저주했다."14:71 궁지에 몰려 움츠러든 베드로는 예수와 상관이 없다고 맹세했다. 갑작스러운 정적 속에 잊을 수 없는 수탉의 갈라진 울음소리가 퍼져가자, 베드로의 영혼은 무너지기 시작했고 쓰라린 눈물을 쏟았다.14:72 이 이야기 역시 마가의 어두운 정치 풍자극의 한 부분이다. 예수가 경고했던 자기 보존을 위한 파우스트식 거래Faustian bargain가 극적으로 실현된 것이다.

본문 읽기: 마가복음 15장 1-20절

전체 지배 계급대제사장들, 장로들, 율법학자들, 전체 의회이 연루된 또 다른 협의를 거쳐, 예수는 로마 총독에게 넘어간다.15:1 마가 정치 풍자극의 세 번째 부분은 빌라도에 대한 풍자다. 그는 이 문제를 정치적 권위의 문제로 정확하게 파악하고 있다.5:2 하지만, 빌라도에게 예수는 단순히 "유대인의 왕"이다. "이스라엘의 왕"이라는 민족주의적 호칭과는 대조된다.15:32 첫 번째 호칭은 헤롯처럼 로마에 종속된 통치자에게 주어진 호칭으로, 유대인이 그 땅의 통치자가 아니라는 점을 멸시하듯 상기시켰다.

마가복음은 빌라도를 실용주의자로 묘사한다. 다루기 힘든 군중의 애국심을 이용하는 민첩한 대외 관계 전략을 바탕으로, 예수를 붙잡아두려고 유죄가 확정된 테러리스트를 사면한다.15:6-11 빌라도가 예수를 심각한 정치적 위협으로 볼 때만, 이런 타협이 가능하다. 역사적으로 보아도, 유대인들이 자기 민족의 일원에게 로마의 십자가형을 요청했다는 것은 상상할 수 없는 일이다.15:12f 마가는 부상당한 검투사주로 포로나 사형수의 생사를 군중이 좌우하는 로마의 콜로세움 전통을 풍자하고 있다. "목자 없는 양들"6:34은 폭력적인 도시 게릴라 바라바의 혁명적 주장과 비폭력적인 갈릴리인 사이에 끼어있다.

변덕스러운 대중은 희극의 중심인물이며, 마가의 정치적 메시지의 중요한 요소다. 군중은 며칠 전만 해도 종교 지도자들을 비판하는 예수의 말을 "즐겁게 듣다가"11:38 참고, 이제는 예수를 죽이는 데 찬성하도록 조종당한다.15:10f 콜로세움 풍자에서 비극은 군중이 자신들의 정치적, 계급적 적수그들을 두려워하는 이들이다! 14:2 참고의 의지에 다시 굴복한다는 점이다. 이 때문에 군중의 외침15:13f은 마가복음의 귀신들의 울부짖음3:11, 5:5, 9:26과 억압받는 자들의 비명9:24, 10:47f, 11:9을 일제히 떠오르게 한다.

빌라도의 부대가 나오는 장면은 이 풍자극을 완성한다. 예수는 그가 저항했던 군사주의와 제국주의를 상징하는 로마군의 옷을 입고, 가시 "면류관"을 썼다.[15:16f] 백부장들은 유대인이 스스로 통치하겠다는 생각 자체를 비웃으며, 정치범들이 받는 굴욕을 예수에게 퍼부었다.[15:18f] 그리고 가학적인 놀이가 지루해졌을 때 예수의 형벌을 집행하기 시작한다. 바로 십자가형이다.

세상 속 말씀

베드로는 자신의 부인denial이 얼마나 비참한지를 깨닫고 깊은 슬픔에 잠긴다. 그의 비탄은 오랜 세월을 거쳐 전해져, 우리 믿는 자들이 소중한 비전을 배반할 때마다 울려 퍼지고 있다.

도스토옙스키 작가는 『카라마조프가의 형제들』이라는 소설에서 어떤 장면을 연출하는데, 지금까지도 교회를 괴롭히는 장면이다. 그 장면에서 예수는 스페인 종교재판 시대의 지상로 돌아온다. 당시 교회의 가장 강력한 통치자인 대심문관은 수많은 이단자를 화형에 처했다. 그리스도는 조용하고 겸손하게 돌아오지만, 사람들은 금세 그가 누구인지 알아본다. 대심문관이 예수를 심문하며 이렇게 말한다. "나는 네가 누구인지도 모르고 알고 싶지도 않다. 네가 정말 그자이든, 아니면 그저 그자의 닮은 자이든, 여하튼 나는 내일 너를 단죄하여 가장 극악한 이단자로서 화형에 처할 것이며, 그러면 오늘 너의 발에 입을 맞추었던 바로 저 민중이 내일이면 내가 손만 까딱해도 너를 태울 장작불에 석탄을 집어넣으려고 앞을 다투어 달려들겠지."

대심문관은 죄수에게 그의 가르침은 비현실적이고 인간에게 지나치게 많은 것을 기대한다고 설명한다. 교회는 인류를 관리해야 할 양 떼로 보는 더 현실적인 관점을 가졌다. 그리스도의 귀환은 환영받지 못한다. 실은 위험하다. 교회가 통제하는 확립된 사회 질서를 흔드는 위협을 가하기 때문이다.

도스토옙스키의 이야기나 베드로의 부정은 어떠한가? 오늘날 우리를 괴롭히는가? 아마도 베드로의 부인은 미국에서 20세기의 마지막 10년을 산 그리스도의 제자들인 우리의 상황을 가장 정확하게 반영할 것이다. 복음서에는 이 세상에 존재하는 단 두 가지 방식만 나온다. 제자도가 아니면 부인이다. 부정에 대해서 생각해보자.

부정은 무엇인가? 인간의 의식 자체는 부정의 한 형태다. 우리가 경험하는 것을 제한하는 의식의 능력 없이는 제대로 작동하기가 매우 어렵다. 인간 의식의 이 기능은 우리가 해야 할 일에 집중할 수 있게 해주는데, 때로는 지나치게 고통스러운 현실을 차단해준다. 부정이 가진 문제는 우리가 이 방어 기제를 배타적으로 사용할 때마다 나타난다. 그것이 지금까지 일어난 일이다. 부정은 우리가 개인으로서나 단체로서 힘든 현실에 반응하는 가장 기본적인 방법이 되었다.

한 가지 좋은 예는 죽음과 죽어감의 현실에 대한 우리의 반응이다. 우리 안에 있는 무언가가 충격에 빠진다. 그리고 우리가 감당할 수 있는 정도로 천천히 현실 속으로 들어간다. 하지만, 우리가 상실이라는 현실을 직면하지 않는다면 어떨까? 우리가 감당해야 할 슬픔을 헤쳐나가길 거부한다면 어떻게 될까? 오늘날, 우리의 문화는 마치 이런 종류의 부정으로 구성된 듯하다.

또 다른 예는 가족 체계가 구성원의 알코올중독이나 약물 의존성에 어떻게 대처하는가이다. 전형적으로 동반 의존성co-dependent이 있는 가족 구성원은 마치 문제가 없는 척 행동한다. 중독이 심각해질수록, 중독자와 중독자의 가족은 계속 부정하려고 심리적 에너지를 점점 더 많이 사용한다.

이처럼 부정이 개인이나 가족에게 유해하고 위험하듯이, 자기 이미지와 현실 사이의 고통스러운 모순을 인정하지 않는 전체 사회에도 그러하다. 국가는 자신이 저지른 악을 부정하고 진보, 번영, 정당한 정복이라는 거창한 이야기만 뽑아내면서 과거를 부정할 수 있다. 사람들은 미래에 역시 부정하곤 한다. 환경을 계속 낭비하는 것이 그 예다.

우리가 그러한 부정에 기댈 때마다 개인으로서의 인간성이 왜곡되고 국가로서의 품격은 훼손된다. 부정은 우리를 현실에서 분리해서 우리로 하여금 죽음을 삶이라 부르고, 삶을 죽음이라 부르게 한다. 우리는 예수의 예루살렘 입성이라는 불편한 아이러니에서 벗어날 수 없다. 호산나를 외치며 예수를 메시아로 환영했던 바로 그 사람들이 금방 예수를 처형하라고 요구하고 있다.

베드로의 부정 이야기는 제자들에게 현재 이 세상에서 고난받는 그리스도를 부인했던 방식을 똑바로 바라보라고 요청한다. 나는 어디에서 그리스도를 보고 모르는 척했는가? 나는 언제 체면을 세우고, 안전하게 머물고, 내 목숨을 지키려고 인자를 향한 믿음을 저버렸는가?

24장 • 세상의 끝

마가복음 15:21–46

문맥 속 말씀

광야에서 길1:2f의 시작을 알리며 시작했던 이야기는 이제 십자가의 길 위에서 끝난다. 마가가 살던 당시 십자가는 종교적 아이콘과는 거리가 멀었다. 불안한 제국의 신민들에게, 십자가는 황제의 권위에 감히 도전한 사람들이 맞이할 운명을 상기시켰다. 그것은 문명인들에게 지나치게 비인간적인 형벌이었다. 그래서 키케로는 십자가를 "로마 시민의 몸과 삶에서 추방하라"고 촉구했다. 하지만, 예수에게 그것은 제자도의 대가를 상징했다. 그리고 마가의 이야기에서 십자가는 권세들이 전복되고, 그들 세상의 끝이 오는 대종말의 순간으로 묘사된다.

본문 읽기 : 마가복음 15장 21–38절

로마 정복의 웅장한 전통에 따라 예수는 처형장으로 행진한다.15:21f 이런 행사를 통해 반체제 인사가 되려는 사람들을 제재하고 로마 군대의 위세를 떨쳤다. 보통 죄수들은 자신의 처형대를 지고 갔지만, 예수는 고문 때문에 힘이 많이 빠졌을 것이다. "구레네 사람 시몬"이 그 일을 하라고 징집되었다. 이 장면으로 예루살렘 서사가 끝난다. 예수는 들뜬 시골 소작농 무리 사이를 지나 거룩한 도시에 입성했지만,11:8 참고 이제 단 한 명의 농부만이 함께 남아있다. 이것 또한 아이러니다. 예수의 첫 번째 동반자는 다른 "시몬"1:16 참고이었다. 하지만, 그는 예수를 버렸고, 이 낯선 사람이 빈자리를 채워야만 했다.

잠언 31장 6절의 교훈을 따라 고통을 덜어줄 포도주를 주었지만, 예수는 거절한다.15:23 "그들은 예수를 십자가에 못 박았다"라는 마가의 간단한 문장은 독자의 마음속에 육체가 나무에 못 박히는 끔찍한 이미지를 떠오르게 했을 것이다. 예수의 옷이 나눠진다. 시편 22편의 깊은 통탄이 세 번 나오는데, 이 장면이 그 첫 번째이다.15:24; 시22:18 예수는 "제 삼시"에 못 박혔다.마가복음에 나오는 세 번의 십자가의 "시간" 중 첫 번째이다. 그는 빌라도가 조롱하듯이 달아놓은 죄패 아래 질식사하도록 버려졌다.

역사의 한 장면처럼 골고다에 모인 사람들은 팔레스타인 정치의 전체 스펙트럼을 대표한다. 게릴라 반역자들이 예수 옆에 있다. 제자들이 일찍이 서로 다투었던 바로 그 "영광"의 자리다.15:27; 10:37 헌신하지 않은 군중을 대표하는 지나가는 사람들은 거짓 재판 혐의로 예수를 조롱한다.15:29f 이 구절은 시편 22장의 두 번째 암시다.시22:7f 참고 심지어 대제사장들과 율법학자들도 그곳에서 함께 예수를 모욕하고 있다.15:31f 로마 백부장은 이 추악한 장면을 감독하고 있다. 대부분 여성인 소수의 제자만 멀리서 두렵게 지켜보고 있다.15:39f

예수에게 "자신을 구원하라"는 조롱은 비꼬면서 애걸하는 어조다. 그의 적대자조차 이 비극이 덜 수치스럽게 끝나길 바란다. 그들의 애처로운 비명을 통해 마가복음의 믿음을 향한 투쟁은 초라함의 절정에 이른다. 예수가 십자가에서 내려오기만 했었으면, 우리가 "보고 믿었을 텐데!"15:32 하지만, 우리의 보지 못함이 가장 중요해지는 순간이다. 다음에 일어날 일을 이해하려면 "볼 수 있는 눈"이 필요하다.4:12; 8:18 참고

최후의 순간에 개입이 있길 바라는 절실함 때문에, 구경꾼은 예수가 고

통 속에 마지막으로 내뱉는 탄식을 이스라엘을 심판에서 구원할 종말론적 예언자 엘리야에게 간절히 청원하는 것으로 오해한다.15:34f; 말4:5f 참고 하지만, 마가는 이 아람어 구절이 시편 저자의 애가를 세 번째로 암시하는 것임을 밝힌다.시22:1

이 순간이 이야기의 세 번째 "종말론적 순간"이다. 첫 번째는 세례받을 때로, 하늘이 "갈라지고" 하나님의 음성이 예수의 존재를 확인했다. 두 번째에서 하나님의 음성이 다시 예수가 누구인지 공언했고, 예수는 순교자의 옷을 입었다.9:3-7 참고 이번에는 하늘에서 나는 음성은 없고, 하나님의 침묵만 있을 뿐이다. 하지만, 마가는 두 개의 "징조"를 언급한다. 제 육 시에서 제 구 시까지 해가 어두워졌다.15:33 이 장면은 이스라엘의 하나님이 바로의 이집트에서 해의 신 라Ra가 다스리는 제국 질서에 맞서 싸우는 모세를 도와 사흘 동안 해를 가렸던 때를 상기시킨다. 하지만, 여기에서는 전체 우주 지배 질서의 묵시적 비밀이 풀리는 것을 상징한다. 예수가 약속했던 일이다.13:24f

예수는 인자의 출현에 대해 세 번 이야기 하면서, 제자들8:38f, 권세들13:26f, 대제사장14:62에게 각각 그들이 이 순간을 목격할 것이라고 단언했다.20장 참고 아니나 다를까, 마가는 이 목격자들을 십자가 주변에 모았다. 하지만, 이 우주적 어둠 속에서 그들은 무엇을 "보았는가"? 모욕당한 예수를 보고 이야기는 끝나고 마는가? 아니면 권세자들이 장악한 세상의 종말을 가져오는 계시된 인자를 보는가?

우리를 도와주고자, 마가는 두 번째 "징조"를 이야기한다. 예수가 큰소리를 지르고 숨을 거둘 때, 성전 휘장이 두 폭으로 "찢어졌다"고 기록되었다.15:37f 찢어진 휘장은 예수의 "몸"제자 공동체를 상징, 14:22과 예수의 대적자들이 자신들도 모르는 사이 증언했던 "손으로 지은 성소"법적, 종교적, 정치적 억압 체제 사이의 근원적 갈등을 확증한다.14:58 참고 예수는 죽음의 순간에도 성전-국가를 전복했다. "강한 자의 집"3:27을 뒤엎었다. 우리에게 볼 수 있는 눈이 있다면 말이다.

본문 읽기 : 마가복음 15장 39-46절

그러나, 예수의 죽음 직후, 무언가 변했다는 증거는 전혀 없었다. 백부장15:39, 의회 의원 요셉15:42-46, 예수를 따른 여성들이15:40f, 47 보인 세 가지 반응만 알 수 있다. 전통적인 해설과는 달리, 이 중 둘은 제자도 이야기로 간주될 수 없다!

로마 군사의 발언은 "이름을 부름으로써naming" 예수를 통제하고자 끊임없이 노력한 귀신들의 말과 다르지 않다.1:24, 3:11, 5:7 참고 결국, 백부장은 제자도에 응답하지 않고, 빌라도에게 예수의 죽음을 충실하게 보고하면서 자신의 역할을 유지한다.15:44f 마가복음에서는 오직 하나님의 음성만이 예수를 "아들"로 입증하는 신뢰할 만한 증언이다.1:11, 9:7 백부장의 말은 15장 16-20절에서 시작하는 군사들이 한 조롱의 성공적 결말로 봐야 한다.

행정관이 이 사건을 엄격하게 통제하고 있는 것으로 볼 때, 요셉의 임무는 빌라도에게 시신을 달라고 간청하는 것이었다.15:43, 45 이는 긍휼한 마음에서 한 행동이 아니라, 시신이 안식일을 더럽히지 못하게 하려는 의도였다.15:42 요셉이 "하나님나라를 기다리는" 듯이 보이지만, 그 역시 예수를 비난했던 "부유한 의회 의원"이었다.15:43 그의 행동 역시 제자의 행동이 아니다. 그는 서둘러서 예수의 시신을 "배신"의 삼베로 쌌다.14:51 그리고는 제대로 된 유대인 장례식의 가장 기본적인 의무조차 무시한 채, 무덤에 넣어두었다.15:46 백부장처럼, 이 안식일의 청지기는 "안식일의 주인"에 대한 최종 결정권을 행사하는 듯 하다.

결국, 권력자들이 승리한 것처럼 보인다! 예수를 십자가에서 내린 사람은 "엘리야"가 아니라, 산헤드린 회원이었다. 무덤 어귀에 돌을 굴리는 장면은 상징적으로 이야기를 끝맺는다.[15:46] 예수는 죽었고, 권세들은 이야기를 장악했으며, 제자들은 어디에도 보이지 않는다. 몇몇 여자만 남았다.

두 마리아와 살로메는 이제 제자도 이야기의 생명줄을 나타낸다. 이 세 여성은 멀리 떠나간 야고보, 요한, 베드로의 남성 "핵심 그룹"을 대체한다. 이들에 대한 설명이 주목할만하다. "이들은 예수가 갈릴리에 계실 때, 예수를 따라다니며 섬기던 여자들이었다. 그 밖에도 예수와 함께 예루살렘에 올라온 여자들이 많이 있었다."[15:40f] 다시 말해서, 처음부터 끝까지 이 여자들은 남자들과 달리 섬김이라는 제자도의 소명을 이해했다. 이것이 그들이 이곳에서 십자가의 참혹함을 목격하는 이유다. 하지만, 그들은 이보다 더 충격적인 사건도 목격할 참이다.

세상 속 말씀

마가는 십자가 서사에서 시제를 역사적 현재형으로 바꿔서 독자들을 드라마 속으로 끌고 들어간다. 마치 우리에게 어디에 서있느냐고 묻는 듯하다. 여기에 나오는 각각의 인물 속에 우리의 모습이 있지 않은가? 남자 제자들처럼 대립의 첫 조짐이 나타나자 일찍이 예수를 버리고 완전히 사라진 모습일까? 여자들처럼 믿을 수 없다는 듯 슬픔으로 넋을 잃고 밤을 새우는 모습일까? 심지어 예수를 비방하는 사람들처럼 이런 결말에 반대하는 모습일까? 이렇게 된 일을 "누가 믿었을까?"[사53:1]

우리는 감히 더 나은 세상을 꿈꾼 모든 사람, 특히 영원히 유예된듯한 정의를 위해 투쟁하다 탄압받은 사람들과 함께 이 십자가에 당당하게 나아가 해명을 요구할 것이다. 우리 중에 누가 이것을 해방의 방법으로 받아들일 준비가 되어있는가?

이 질문에 직면하고자, 인권을 위해 투쟁하는 많은 기독교인이 새롭고 창조적인 방법으로 십자가의 길Via Crucis 만들었다. 전통적으로 "십자가의 길Stations of the Cross"은 영적 묵상을 위해 구상되었으며, 신자들에게 예수의 재판, 수난, 십자가, 죽음, 장례에 대한 개인적 묵상을 제공했다. 이제 이 "십자가의 길"이 더 넓은 영역에 적용된다.

이러한 대안적인 전례는 골고다를 향하는 예수의 여정을, 공적으로 드러난 개인적 혹은 사회적인 큰 고통과 연결하는 것을 목적으로 한다. 이 오래된 의식의 현대적 버전을 인도하는 사람은 언급될 사회적 악의 희생자나 치료자다. 미국의 수도에서 해볼 만한 전통적인 십자가의 길Via Crucis을 함께 걸어보자.

제1처. **예수께서 사형 선고를 받으시다.** 순례는 노숙자들이 잠자는 도시 내 공원에서 시작한다. 분명한 유사점이 있다. 우리의 많은 형제와 자매들이 그들을 일회용으로 생각하는 부유한 사회로부터 인간보다 못한 존재 취급을 받는다.

제2처. **예수께서 십자가를 지시다.** 도시 교도소로 행렬을 옮긴다. 유죄 판결을 받은 사람들은 그들의 존엄을 강탈하는 형벌시스템 안에서 매일 자신만의 십자가의 길을 시작한다.

제3처. **예수께서 넘어지시다.** 방치된 공공 주택 사업 현장 주변에서, 순례자들은 빈곤층에게 적절한 집을 마련해주는데 또 한 번 실패한 모습을 성찰한다. 이 건축은 과거에 사회 복지의 상징이었지만, 이제 깨어진 창문과 부식된 바닥은 노숙자에 대한 사회의 무관심을 보여준다.

제4처. **예수께서 어머니를 만나시다.** 도시 안에 특별히 범죄가 만연한 지역에서, 한 할머니가 자신이 알고 있는 어려서 목숨을 잃은 아이들에 대해 이야기한다. 할머니는 마약 거래와 중독 때문에 일어난 탐욕과 폭력으로 죽어간 소년, 소녀들의 이름을 천천히 말하다 눈물짓는다.

제5처. 구레네 사람 시몬이 십자가를 지다. 사형 제도를 폐지하려는 전국적인 연합이 사형 중단을 책임지고 진행 중이다. 그들은 사형 선고받은 이들의 목숨을 살리고, 우리 사회가 "살인을 막기 위한 살인"을 멈출 수 있도록, 믿기 어려울 정도의 힘겨운 싸움을 벌이고 있다.

제6처. 베로니카가 예수의 얼굴을 닦다. 에이즈 환자의 호스피스 현관에서, 한 간호사가 지난 성금요일에 죽어가는 환자와 겪은 일에 관해 이야기한다. 그는 환자의 생의 마지막 시간 동안 환자를 안은 채 고통과 갈증을 달래주던 일을 회상한다.

제7처. 예수께서 두 번째 넘어지시다. 법무부로 향하는 길에 서서, 국선 변호인이 재범으로 감옥에 보낸 여러 젊은 사람들에 대한 생각을 나눈다. 변호사는 형사사법 제도가 전과자에게 "삼진아웃"이라는 기준을 적용함으로써 그들의 상황을 지나치게 악화시킨다는 점을 지적한다.

제8처. 예수께서 예루살렘 여자들을 만나시다. 행렬은 "성인 유흥" 술집 문 앞으로 향한다. 여성들은 다른 여성들을 위한 기도를 인도한다. 자매들은 착취당하는 자매들을 위해 운다. 남자들은 아내, 딸, 모든 여성에 대한 자신의 양심을 돌아본다.

제9처. 예수께서 세 번째 넘어지시다. 행렬은 세계은행World Bank과 국제통화 기금IMF 사무실로 이동한다. 분석가들은 이 기구들이 세계 인구의 약 3분의 2가 겪고 있는 극심한 빈곤을 개선하는 데 있어 실패를 반복하고 있다고 기록한다. 분석가들은 가난한 나라들이 이 기관에 진 부채가 점점 증가하고 있다는 통계를 인용하면서, 왜 수많은 전 세계 자매와 형제들이 가난과 비참함과 절망에 빠져야 하는지 묻는다.

제10처. 예수께서 옷 벗김 당하시다. 스페인어는 이제 난민을 대표해 올려지는 기도의 언어가 되었다. 그들이 타문화에 적응하느라 애쓰는 사이에 그들의 존엄, 목적의식, 인간성이 사라지고 있다.

　　제11처. 예수께서 십자가에 못 박히시다. 의사로 일하는 한 여성이 병원 밖에서 끝없이 줄 선 환자들에 대한 생각을 나눈다. 이 환자들은 비용을 못 내는 사람들을 고려하지 않는 건강 보험 제도에 못 박혔다. 그는 보험 산업이 만드는 불필요한 고통과, 욕심 때문에 인간의 몸에 더 깊은 고통을 주려는 의료 기관에 관해 이야기한다.

　　제12처. 예수께서 십자가 위에서 돌아가시다. 순례자들은 도시의 고급스러운 곳, 다국적 기업의 본사가 있는 곳으로 이동한다. 기업들의 이윤 추구로 국내외에서 매일 희생당하는 수많은 사람에 집중하며 묵상한다. 예수의 십자가 처형은 세 시간이 걸렸다. 기업의 이기심이 가져오는 처형은 평생이 걸린다.

　　제13처. 예수를 십자가에서 내리다. 십자가의 길의 끝에서 두 번째 지점은 최근에 인권 운동가 그룹을 처형한 국가의 대사관 앞이다. 그 나라의 용감한 한 국민이 더듬거리는 영어로 살해된 운동가에 관해 이야기한다. 또한, 그들이 동료들의 집단 기억 속에 영원히 남았다고 말한다.

　　제14처. 예수께서 무덤에 놓이시다. 마침내, 십자가의 길은 권력자들의 정책으로 젊은 남녀의 목숨이 희생된 국군 묘지에 도착한다. 전쟁을 거부한 양심적 병역 거부자인 연설자가 세계 곳곳에서 젊은이들이 이유도 모른 채 다른 젊은이를 죽이는 현실을 상기시킬 때까지, 묘지의 침묵 앞에 잠잠히 서 있다.

25장•제자도를 향한 세 번째 부르심

마가복음 15:47-16:8

문맥 속 말씀

마가의 첫 번째 해석적 에필로그는 복음서 전반부의 주요 상징을 되돌아보고, 독자를 향해 질문을 던지며 끝났다.8:11-21; 10장 참고 이와 비슷하게, 두 번째 에필로그에서 마가의 이야기는 결론에 도달한다. 하지만, 다시 한 번 독자들에게 질문을 남긴다. 우리는 이 드라마의 관객spectators이 될 것인가? 아니면 관람이 끝나고, 이어지는 급진적 제자도 이야기를 우리 삶 속에서 연기하는 관객-배우Spect-actors가 될 것인가?

본문 읽기 : 마가복음 15장 47절-16장 3절

요셉이 예수의 무덤에 돌을 굴려 놓을 때, 제자도 이야기는 넋이 나가도록 쾅 닫히는 감옥 문 소리와 함께 끝난다. 이제 우리에게 남은 유일한 생명 줄은 예수의 처형을 바라보던 세 여자15:40가 "요셉이 예수를 어디에 놓는지 지켜 보고 있었다"15:47라는 마가의 간략한 언급뿐이다. 3장 31-34절의 가르침에 맞춘 듯 여기서 마리아가 누구인지 확실히 언급하지 않는다는 점이 중요하지만, 그 셋 중에 예수의 어머니로 추정되는6:3 참고 마리아가 속해있다. 전체 이야기의 배경 속에 있던 여성들이 갑자기 참된 제자로 드러난다는 사실15:41은 마가복음에서 가장 급진적인 사회적 반전이다.

하지만, 당장 그들의 행동은 예상할 수 있을 만큼 지극히 평범하다. 예루살렘 여성 자선 단체는 제대로 된 장례식을 제공하고자 사형 집행 후에 출석했던 것으로 알려져 있다. 16장 1-4절에 나오는 장면이 바로 그 장면이다. 세 여성은 시신을 관습에 따라 다시 매장해서 예수의 존엄을 어느 정도 회복하려 하고 있다. 요셉이 예수의 시신을 감쌀 삼베를 사자, 여성들은 시신에 적절히 바를 향료를 샀다. 요셉이 안식일 전에 시신을 무덤에 넣자, 그들은 안식일 이후 이른 아침에 그곳을 향한다.[16:1f]

복음서의 여러 장면과 마찬가지로, 교회는 이 장면을 지나치게 미화했다. 악명높은 반체제 인사와의 연대를 드러내는 일은 이 여성들에게 위험한 행동이었을 것이다. 그렇다고 의기양양한 모습은 아니었다. 이 새벽은 그들에게 마지막 존경심에서 나오는 무감각한 의무감과 절망에서 나오는 가슴 아프고 채울 수 없는 공허함을 가져다주었다. 이 장면은 새로운 세상을 향한 우리의 꿈이 무덤에서 끝나고 마는, 마가복음 제자도 여정의 잔혹한 마지막 구간일 뿐이다.

잔인하게도 예수의 죽음을 애도하는 위로 의식과, 함께 모여 용감하게 추도사를 낭독하는 일을 못하게 되었다. 임시 무덤의 입구가 "엄청나게 큰" 돌로 닫혀있었다.[16:4] 그들은 갑자기 멈춰섰다. "누가 그 돌을 굴려내 주겠는가?" 딱히 누군가를 향해 외친 것은 아니었다.[16:3] 이 고통스러운 질문에 시시포스Sisyphean의 비극[4])이 메아리치지 않는가? 그들의 길을 막은 이 돌은 설명도 없이 제자도 여정을 끝내버린다. 얼마나 갑작스럽고 억울하게 이야기가 끝나는가! 하지만, 마가복음에는 한 장면이 더 나온다. 이 장면에 기독교회의 가능성이 달려있다.

---

4) 역주:그리스 신화에 나오는 시시포스는 죽어서 바위를 산꼭대기로 밀어 올리는 형벌을 받는데, 꼭대기에 가면 바위가 다시 아래로 굴러 떨어져 형벌이 영원히 지속된다.

본문 읽기 : 마가복음 16장 4-6절

예수의 재판과 처형에 관한 우울한 이야기의 관성은 요셉이 돌로 무덤을 막으면서 절정에 달하다가 갑자기 뒤집어진다. "그런데 눈을 들어서 보니When they looked again 그 돌덩이는 이미 굴려져 있었다."16:4 "다시 보다.to see again"라는 동사는 마가가 두 명의 시각 장애인 이야기에서8:25, 10:51f 사용했었다. 이제 여기에서 종말론적 믿음의 특징인 "이중 초점"에 대한 표현으로 드러난다.11장 참고 유대 성전-국가와 로마 식민주의 세상에서, 예수는 제국의 통계 속 하나의 숫자에 불과했다. 그러나, "다시 보는" 사람에게, 가로막는 큰 돌은 사라져 버렸다.

하지만, 어떻게 그럴 수 있는가? 사람의 힘도, 기술도, 프로메테우스5)같은 책략으로도 아니다. 여기서 사용된 동사는 완료형이면서 수동태로, 신적 행동을 표현하는 문법이다. 숨어있는 지렛대, 곧 이야기와 역사의 경계 너머에서 이야기와 역사를 다시 일으키는 힘이 돌을 굴려 버렸다. 이러한 개입은 자연법과 시민법과 질서의 제약 밖에서 국가와 우주론에 매여있지 않은 분, 근본적으로 자유롭지만 사랑과 고통 가운데 우리에게 매여있는 분에게서 온다. 마가는 시시포스와 프로메테우스와의 성서 논쟁을 이어간다. 우리가 할 수 있는 어떤 방법으로도 이 돌을 움직일 수는 없다. 은혜로 이 돌은 이미 굴려져 있다. 우리는 그것을 볼 수 있는 눈만 있으면 된다.

말도 안 되게 무덤이 다시 열렸다. 이야기도 다시 열렸다. 여자들은 망설이며 그들의 귀한 사역인 애도하는 일이 더는 필요하지 않은지 확인하고자 앞으로 나아간다. 동굴 안의 희미한 불빛을 바라보던 그들은 혼자 앉아 있는 "청년"의 모습을 알아본다.16:5 이 사람은 다른 남성 제자들과 함께 있다가, 권력자들이 예수를 찾아왔을 때, 벌거벗은 채로 수치스럽게 도망간

---

5) 역주: 그리스 신화에서 프로메테우스는 제우스가 감춘 불을 훔쳐 인간에게 주어 문명을 가르쳤다.

"청년"과 같은 청년인가?14:51f 묵시적 상징이 넘쳐난다. 불가사의한 청년은 "오른쪽에 앉아" 있다. 남성 제자들이 탐냈던 진정한 권위의 자리다.10:37, 12:36, 14:62 그는 순교자의 옷인 "흰옷을 입고" 있다.9:3; 계7:9, 13 참고

그는 "의심하지 마시오."라고 여자들에게 말한다. "그대들은 십자가에 못 박히신 나사렛 사람 예수를 찾고 있지만, 그는 살아나셨소. 그는 여기에 계시지 않소. 보시오, 그를 안장했던 곳이오."16:6 권력자들은 귀찮은 자칭 메시아 사건이 매장되었다고 생각했다. 하지만, 시작에 불과했다. 여자들은 머리가 빙빙 돌고 심장이 멈출 듯이 몹시 흥분해서 주변을 둘러본다. 의심하지 말라고? 의심이라는 단어는 상상조차 못 할 소식과 터무니없는 말을 듣고 느낀 그들의 혼동을 조금도 설명하지 못한다. 사형집행자의 처형과 제국의 봉쇄가 실패할 수 있다는 말인가?

본문 읽기 : 마가복음 16장 7절 이하

그리고 나서 이 불가사의한 청년은 마지막 말을 건넨다. "그대들은 가서, 그의 제자들과 베드로에게 말하기를 그는 그들보다 먼저 갈릴리로 가실 것이니, 그가 그들에게 말씀하신 대로 그들은 거기에서 그를 볼 것이라고 하시오."16:7 배신벌거벗음에서 제자흰옷로의 변화를 상징하는 이 청년은 제자도를 향한 세 번째 부르심을 공표한다.1:17, 8:34 참고 여성들과 독자들이 전혀 예상하지 못한 일이다.

그 길the Way을 다시 시작하겠다는 초대를 받은 우리는 다리에 힘이 풀린다. 이제 결말을 매우 잘 알기 때문이다. 우리 마음속 깊은 곳, 우리의 간절한 희망과 깊은 두려움 아래에 있는 미지의 공간에서, "트라우마와 희열"16:8의 철썩거리는 파도 소리가 울려 퍼진다. 우리는 마치 환영ghost을 본 양 벌벌 떨면서, 여자들과 함께 무덤 밖을 달린다. 환영을 본 게 맞다. 예수의 빈 무덤은 우리 제자도의 과거와 미래의 환영이다.

부활절의 첫 빛이 비칠 때, 마가의 이야기는 시작했던 것처럼 끝이 난다.

"그는 너희보다 먼저 가실 것이니…"16:7

"보아라, 내가 내 심부름꾼을 너보다 앞서 보낸다. 그가 네 길을 닦을 것이다…"1:2

우리는 갈릴리에서 예수를 다시 볼 것이라는 약속을 받았다. 제자들이 처음 예수를 따르라는 부름을 받았던 장소다! 이야기는 한 바퀴를 돌았다!

이 에필로그는 우리에게 가장 위험하고도 살아있는 기억과 가장 전복적이면서도 절대 끝나지 않는 이야기를 전해 준다. 마가의 부활 전통은 영광이나 승리의 환상을 보여주지 않는다. 우리는 다만 거치는 돌 앞에서 상심한 우리의 울부짖음을 들으시는 하나님과 제자가 될 때까지 수도 없이 우리를 부르시는 처형됐지만 부활한 나사렛 사람과 함께 남겨졌다.

"제자들과 베드로에게 말해라…"16:7라는 세 번째 부르심은 부정의 막다른 길에서 제자도에 실패한 이들을 향한다. 망가진 여정은 새롭게 시작하면 만회할 수 있다. 이 때문에 본회퍼는 교회가 반드시 "은혜와 제자도의 상호 관계에 대한 참된 이해를 회복"해야 한다고 주장했다.

"그들은 무서워서, 아무에게도 아무 말도 못하였다."16:8 이토록 모호한 결말이라니! 옛날부터 복음서 독자들은 혼란스러운 나머지 "더 행복한" 결말명백하게 마가가 쓰지 않은 "긴 결말"을 덧붙이려고 여러 번 시도했다. 어떤 이들은 마가의 결말이 여자들도 그들의 임무를 저버렸음을 의미하고, 복음서가 결국 비극으로 끝났다고 주장한다. 하지만, 마가복음에서 두려움을 느끼는 것이 사명을 저버렸음을 의미하지는 않는다. 반대로 "저편"4:41, 6:50으로 건너가는 위험한 여정을 갈 때나, 예루살렘으로 운명적인 행진을 할 때나, 이야기 내내 예수와 함께 여행하는 사람들은 두려움을 가졌었다.9:32, 10:32

"아무 말도 못하였다"라는 서사 기법에는 다른 어떤 의도가 있다. 마무리 손질을 덜 한 그림처럼 "미완성"된 결말은 독자들의 반응을 요구한다는 점에서 기발하다. 마가는 우리에게 깔끔한 결말을 주는 대신 무시무시한 최후통첩을 보낸다. 누가 이 "기쁜 소식"을 말할 것인가? 이 소식을 "아는" 사람은 여자들만이 아니다. 우리도 알고 있다. 만약 제자도 이야기가 이어지길 바란다면, 우리는 단순한 관중으로 남아있을 수 없다.

우리는 응답할 것인가? 우리가 정직하다면, 십자가가 매우 두렵고 우리 눈이 한참 어두워서, "내가 믿습니다. 믿음 없는 나를 도와주십시오."9:24 라고 대답할 수밖에 없다고 시인할 것이다. 우리는 벌거벗은 채 도망간 "청년"과 순교자의 옷을 입은 "청년" 사이 어딘가에 있다. 우리가 신실하고자 최선을 다한다 할지라도 실패할 수밖에 없다. 하지만, 이 모든 것 역시 이야기의 일부다. 또다시 초청 받는 때는 바로 실패와 환멸의 순간이다. 그후에 우리의 제자도 여정은 정말로 끝이 나거나 진정으로 시작한다.

예수는 부활했다! 그런데 어디로 갔을까? 그는 로마인들의 생각처럼 매장되었거나, 덧붙인 결말이 상상하듯이 보좌에 앉았다. 마가는 우리에게 그를 "보여" 주기를 거부한다. 우리가 예수를 "보고" 싶다면, 우리도 갈릴리로 향해야 한다. 예수는 교회보다 앞서 떠났다. 오직 제자도를 향한 초청에 응답함으로써 우리는 예수가 이미 가고 있는 길 위on the Way에서 그와 함께할 수 있다.

세상 속 말씀

"다시 보다.To see again"는 마가가 사용하는 주요 은유다. 정확히 보기 위해서 현실을 더 깊이 들여다볼 수 있는 믿음을 일컫는다. 문자적으로 번역하면 "새롭게 보다 to re-vision"이다. 마가의 부활절 서사에서 권력자들이 항상 이기고 가난한 사람들이 항상 지는 세상의 지루하고 오래된 이야기가 급진적으로 바뀐다.revised 하지만, 우리는 이것을 "갈릴리"에서만 "볼" 수 있다. 마가의 이야기는 권력과 특권의 중심부에서 멀리 떨어진 광야에서 시작되었다. 제자들은 그 장소로 돌아오라는 요청을 받는다.

"그런데 눈을 들어서 보니look again, 그 돌덩이는 이미 굴려져 있었다." 우리도 눈을 들어서, 우리를 생명으로 인도하는 길이 열려있는 것을 보라는 초대를 받는다.

여자들에게 갈릴리에서 부활한 분을 따를 수 있는 길이 열렸다. 우리에게도 세상의 상처를 싸매주기 위한 길이 열렸다. 죽음의 자리에서 새로운 시작이 주어졌다. 베드로처럼 우리의 실패한 제자도는 은혜로 구원받을 수 있다.

죽음과 부활, 상처와 치유, 소외와 격려, 죄와 화해, 불의와 변혁, 이 모든 것이 기독교인의 삶의 양식을 형성한다. 부활은 값없는, 순수하고, 거저 받은 하나님의 선물이다. 부활은 제자의 신앙에 대한 궁극적인 시험대이자 유일한 희망이다. 동시에, 성령은 우리에게 부활을 조금씩 살아내며, 한 걸음씩 그 길을 향해 걸어가라고 부른다. 때때로 부활의 경험은 영광스럽고 분명하다. 하지만, 길고 고통스러운 노동의 열매이며, 열리기는 했지만 가꿔주어야 하는 열매일 때가 더 많다.

프란신Francine의 이야기가 그런 이야기다. 그는 워싱턴 디씨의 도심지역에서 힘겹게 살아가는 아프리카계 미국인 할머니다. 그는 강인한 여성 가장이며, 가족의 생존을 책임지는 생존자이자, 견고한 기반이다. 프란신은 마약에 찌든 골목과 총격전과 환멸로 뒤덮인 험난한 지역에서 자녀들과 손주들을 책임지기로 했다. 프란신은 자녀들과 이웃들과 자기 자신을 절대 포기하지 않는다. 단지 그들에게 삶을 주고자 사랑할 뿐이다.

프란신의 가족은 "가족관"을 설명하는 데 쓰일만한 모델은 아니다. 그래야만 하는데도 말이다. 그는 홀로 아이를 키운다. 자녀 중 적어도 한 명은 마약에 중독됐고, 고난이 가져오는 온갖 학대와 무책임함으로 고통받고 있다. 자녀 중 적어도 한 명은 감옥에 다녀왔다. 프란신은 정부 보조에 크게 의존하고 있다. 그에게는 심각한 건강 문제가 있고, 건강 보험에서 얻을 수 있는 작은 도움에 의존해 생존하고 있다.

프란신이 살아가는 상황은 그의 단호한 노력을 물거품으로 만든다. 양질의 교육을 받을 기회의 부족, 부실한 예방 보건 조치, 가난한 생활 환경, 여가 시설이 없는 동네, 지속적인 폭력의 위협은 문제를 악화시킨다.

프란신은 대단한 능력과 열정으로 자녀와 손주에게 자신들이 누구인지를 알 수 있도록 도와주는 이야기를 들려주고 또 들려준다. 그는 명확하고 인내하는 자세로, 사랑하는 이들에게 자신의 모범적인 삶을 인도하는 가치관을 전해주고자 노력한다. 그는 책임감 있으며, 쉽게 만족하지 않는다. 완벽하지는 않지만 성실하다. 그는 적극적으로 사고한다. 자신의 인생 속에 담긴 하나님의 뜻을 끊임없이 성찰하며, 살아남고자 씨름하면서 그 뜻을 확인한다.

프란신에게는 가족을 향한 사랑이 가장 중요하다. 하지만, 이웃 아이를 자신의 손주처럼 보살핀다. 그는 더 넓은 가족인 이웃 동네를 돌보는 상담가이자 기획자이며 지지자이다. 의심의 여지 없이 그는 만나는 모든 사람에게 생명을 불어넣는다.

줄리아 에스퀴벨Julia Esquivel의 말처럼, 우리는 모두 "부활의 위협을 받았다." 그것을 받아들일 용기가 부족할 뿐이다. 이 세상에 프란신같은 사람들은 남은 우리에게 부활에 이르는 영감을 전해준다.

이야기를 끝낼 사람은 우리다. 그 이야기는 우리의 인생 서사에 어떻게 적히게 될까? 부활에 관한 마가의 이야기는 우리 각 사람을 신앙 지도 속 갈릴리로 향하는 여정으로 초대한다. 우리 자신과 세상 어디에서 새로운 삶의 징조가 보이는가? 그것을 어떻게 기념하고, 더 풍성하게 가꾸면 좋을까?

우리가 걷는 제자의 길

기독 신앙의 핵심에는 하나님의 아들, 나사렛 예수가 십자가에 매달려 죽었다는 주장이 있다… . 하지만, 신기하게도 예수의 십자가에 대한 신학적 성찰은 매우 드물다. 성찰하더라도 십자가와 "십자가에 달린 하나님"에 대한 선포가 기독교 신앙의 진정한 독창성을 구현해낸다는 사실을 증명하는 수준에 이르지 못한다. 그러한 성찰은 보통 경건한 묵상 수준… 마술적인 구속의 개념에 머무른다. 결국, 역사적인 예수의 십자가에 담긴 충격적인 사건의 요소를 제거하고 만다… 최근 신학은 십자가에서 잃었던 승리의 자유와 삶의 기쁨의 패러다임으로 부활을 바라보면서, 부활 신학을 자세히 설명하고자 노력한다. 요약하자면, 신학은 십자가 자체를 성찰하는 과업을 회피하려 한다.

—존 소브리노(jon Sobrion, S.J.), 『교차로에 선 기독론(*Christology at the Crossroads*)』

우리는 고난 주간을 지킬 때, 세족 목요일에 하는 주의 만찬 기념에서 부활절 주일로 생각을 재빠르게 이동하면서, 성 금요일을 건너뛰려고 하지는 않는가? 골고다를 향하는 예수의 여정은 우리를 불편하게 만드는가? 고리타분한가? 우리를 당황케 하는가? 우리는 인간 존재의 불가피한 고통과 예수의 수난과 죽음 사이의 연결 고리를 발견하는가? 우리는 예수의 십자가와 가난한 자들의 세상에 사는 삼 분의 이의 인류가 짊어진 십자가를 연결 지어본 적이 있는가?

우리는 예수가 비난과 처형을 받은 이유와 전 세계에 억압받는 여성, 남성, 어린이가 존재하는 이유의 공통점을 생각해 본 적이 있는가? 우리는 예수를 제거하고자 음모를 꾸미던 악의 세력이 우리가 사는 세상 속에서도 음모를 꾸미고 있음을 볼 수 있는가? 우리가 개인적으로나 사회적으로 그 음모에 동참하고 있는지 살피기 위해 우리 자신을 똑바로 바라볼 수 있는가?

끝으로 우리가 아는 예술가 친구의 생각을 나누고자 한다. 작가는 "미국의 십자가Crux Americanus"라는 제목의 그림을 그렸다. 그림에는 부드러워 보이는 십자가 위에 머리가 벗어지고, 약간 배가 나온 중년 남성이 있다. 운동복을 입고 있다. 손을 못 박은 대신 찍찍이 천으로 십자가에 매달았다. 그리고 발은 십자가에 튀어나와 있는 작은 발판 위에 놓여있다. 그는 약간 성직자처럼 보인다. 산책을 나서는 신부나 목사 같다. 정말로 그는 세상을 바라보면서 마치 이렇게 말하려는 듯하다. "오케이. 이제 됐지. 나 이제 뛰어내린다." 미국의 십자가처럼 보이는가?

우리는 모두 여행 중이다. 그 여행을 어떻게 이해하는지가 가장 중요하다. 미국 원주민 전통에 나오는 이야기에는, 한 부족이 긴 여행에서 어떻게 길을 찾는지 보여준다. 여행자들은 노래를 부르면서 길을 찾는다. 그 노래는 마치 지도와 같아서 방향이 어떻게 바뀌는지, 주요 지형지물이 무엇인지를 기억하게끔 해준다.

이 전통은 기독교 공동체의 삶을 생각나게 한다. 우리는 끊임없이 변화하고 불확실한 세상을 여행한다. 우리가 여정을 기록할 수 있도록 길을 가면서 노래하는 이야기가 있다. 우리는 하나님 백성의 성스러운 이야기를 전함으로써 세월을 거치며 그 여정을 기록하는 공동체다. 우리는 당신이 마가복음의 제자도 이야기를 읽고 기쁨으로 당신의 제자도 여정을 이어갈 수 있기를 바란다.

부록

1. 마가복음 서사 지도 그리기

오늘날 북미 교회에서 성경을 연구하는 데 있어 가장 큰 장애물 중 하나는 성서에 대해 느끼는 거리감이다. 다양한 이유가 있을 수 있다. 존경심 혹은 공포심 같은 감정 때문이거나, 불확실하거나 우리와 무관하다는 경험 때문이거나, 단순히 성경 공부가 너무 지루해서일 수도 있다. 하지만 이러한 문제의 근본에는 우리가 성서를 해석할 수 없다는 인식이 깔려있다. 성경 해석을 지식인이나 성직자만 할 수 있다고 여기는 강대상, 신학 서적, 신학 수업이 그러한 인식을 노골적으로 혹은 암묵적으로 강화했다. 그와는 반대로, 이 책의 저자들은 성경이 엘리트가 아닌 사람들에 의해, 그들에 대해, 그들을 위해 쓰였기 때문에, 성경이 교회에 속한 모든 사람의 것이라고 믿는다. 하지만 우리가 성경을 되찾으려면, 성경을 해석할 수 있는 권리와 능력만 주장할 뿐 아니라 반드시 실천도 해야 한다!

우리는 성서를 "직접 손으로 만지며" 연구해야 한다. 성경 본문을 손으로 만지고, 본문을 퍼즐처럼 나눴다가 붙였다가 하면 성경에 대해 느끼는 거리감이 줄어든다. 이차적인 이론이나 해석에 의존하는 대신 우리 스스로 본문을 다룰 때, 성경을 더 친숙하고 친밀하게 느끼기 시작한다. 전문 학위가 있어야 본문의 특성과 내적 역동을 배우는 것이 아니다. 집중력과 인내하며 공부할 마음과 상식만 있으면 된다. 저자들은 모임에서 함께 이 작업을 하면서, 우리가 본문을 직접 다룰 때 더 생생하게 다가오는 것을 경험했다. 결국, 더 열린 마음으로 성경이 말하는 바를 받아들이게 된다.

이 고대 본문이 이야기라는 점을 기억하고, 우리에게 이야기가 그렇게 낯설지 않다고 생각하면, 우리는 잘 해낼 수 있다. 우리는 모두 로버트 펑크 Robert Funk가 『성경 서사의 시학 *The Poetics of Biblical Narrtive*』에서 언급한 이야기에 관한 "타고난 능력native competence"을 소유했다. 펑크는 사람들이 문법 규칙을 배웠든 안 배웠든 간에 일상적으로 문장을 만들고 해석하듯이, "서사학"을 알든 모르든 간에 우리는 자연스럽게 이야기를 하고 해석한다. 이야기는 우리 모국어의 일부다.

이러한 가설을 스스로 시험해보자. 누군가에게 어제 무엇을 했냐고 물어본다. 그 사람은 아주 자연스럽게 이야기꾼이 될 것이다. 장면을 설정하고 해체하고, 시간을 설정하고, 무언가를 강조하려고 특정 사람이나 사건은 건너뛰고, 심지어 극적인 반전까지 한두 개 넣어준다. 우리는 우리 문화권에서 이야기되는 줄거리, 등장인물, 배경을 어떻게 "읽는지" 직관적으로 안다. 그 능력을 매우 다른 역사와 문화 세계에서 쓰인 글에 적용할 수 있도록 우리가 가진 능력을 더욱 인식하고 개발하면 된다.

다음은 구조와 역학과 이야기 세계의 핵심 요소 등 글 다루기의 기본을 중심으로 한 매우 기초적인 이야기 분석 유형이다. 한 가지 원칙은 형식과 내용이 긴밀하게 연결되어 있다는 점이다. 이야기가 어떻게 구성되었는가를 주의 깊게 살피는 것이 글을 분석하는 핵심 열쇠다. 문학 구조의 구성 요소는 널리 알려져 있다.

i) 문장: 문법과 구문 법칙과 관습에 맞게 배열된 여러 개의 단어. 문장 구조동사 배치, 형용사 사용 등를 주의 깊게 살피는 것이 글의 의미를 결정하는 핵심이다.

ii) 에피소드: 공통 사건이나 주제를 중심으로 서로 연관된 일련의 문장들로 플롯, 등장인물, 시공간적 배경에 의해 정해진다. 에피소드는 자체 내부 구조가 있는 이야기의 기초 단위이다.

iii) 시퀀스^{sequence}: 주제나 플롯 전개를 중심으로 연결된 여러 개의 에피소드. 다음에 연구할 마가복음 서문에서 보듯이 시퀀스에는 자체 내부 구조가 있다. 시퀀스 역시 전체 이야기와 구조적으로 연결되어 있다.

iv) 중심 시퀀스^{major sequence}: 전체 이야기의 중심 줄거리를 설명하는 "시퀀스들의 시퀀스." 중심 시퀀스는 이야기를 세우는 "구조적 기둥"이며, 각각의 내부 구조를 이루고 있다.

v) 아키텍처^{architecture}: 일관성과 패턴을 찾으며 위에서 언급한 네 가지를 모두 고려한다. 전체 아키텍처의 패턴을 장르라고 부르기도 한다.

건축물로 비유해 보면 글의 구조 이해에 도움이 된다. 창문^{에피소드}은 나름의 디자인^{문장}을 갖고 있지만 벽^{시퀀스} 디자인의 일부다. 창문과 벽도 방 전체 디자인^{중심 시퀀스}과 어울려야 하고, 벽은 전체 도면^{아키텍처}과 어울려야 한다. 글을 분석하는 일은 집을 조사하는 일과 매우 비슷하다. 가까이 들여다보다가 어느 정도 떨어져서 보며 전체를 바라보는 일을 반복한다.

이 방법으로 소개하려는 글은 마가복음의 서문, 복음서의 첫 시퀀스이다.^{1장 참고} 다음 활동은 본 부록의 끝에 나온다.

활동 1: 에피소드 구분하기

글을 다룰 때는 가장 먼저 연습장 위에 글을 펼쳐 놓고 노트할 공간을 많이 남겨 놓는다. 성경 본문을 복사한다. 더 좋은 방법은 종이에 타자하는 것이다.^{글이 더 친숙하게 느껴질 것이다} 첫 단계로, 작업할 만한 단위로 글을 쪼갠다. 우리가 일반적으로 가진 이야기에 대한 감각을 사용해서 자연스러운 에피소드를 찾으면서 하면 된다. 에피소드는 보통 배경, 목소리, 행동의 변화에 따라 결정된다. 활동 1은 에피소드 사이에 간격을 두었고 쉽게 참조할 수 있도록 번호를 매겼다. 이 시퀀스는 여섯 개의 에피소드로 구성되어 있다.

활동 2: 시퀀스 구성 Sequence Arghitecture

다음 단계는 에피소드에 각각의 주제에 맞게 대강 제목을 적을 수 있는지 살핀다. 그리고 나서 에피소드들이 서로 연결되는지 본다. 동사 및 주제의 반복이나 중첩이 가장 흔한 지표다. 만약 시퀀스 외의 다른 곳에서 주제가 반복된다면 패턴을 찾아야 한다. 이러한 분석의 결과가 활동 2에 나온다. 주제별로 이름을 달면 동심 패턴이 드러난다. A B C / C' B' A' 이러한 형태는 세 가지 역할을 한다. 첫째, "연결 고리 없는" 바깥 틀은 전체 시퀀스를 결정한다. 복음은 예수를 선포하고[1절], 예수는 복음을 선포한다.[15절]는 주장으로 서문을 감싸고 있다. 둘째, 아키텍처는 마가복음 내내 다시 등장하는 몇몇 주제를 소개한다.

복음: 8:35; 10:29; 13:10; 14:9

광야: 1:35; 6:31f; 8:4

세례: 10:38f; 11:30

활동 3: 배경

신입 기자라면 누구나 알고 있는 이야기의 기본 요소는 다음과 같다.

시간과 장소 "언제/어디", 또는 배경

배우 "누가", 또는 등장인물

사건 "무엇", 또는 플롯

모든 요소를 분류하는 데 들인 노력은 해석하는 데 큰 도움을 줄 것이다. 이야기 분석의 두 번째 원칙은 다음과 같다. 저자가 자료를 완벽하게 통제하기 때문에 모든 세부 사항에는 이유가 있다! 보이는 요소들을 확인한 뒤, 이야기 세계가 각 요소에 대해 우리에게 주는 정보가 무엇인지 기록한다. 그 다음, 이야기가 쓰인 문화의 맥락 안에서 그 요소가 무엇을 뜻하는지 묻는다. 활동 3은 배경을 살피고, 이런 조합이 이야기 세계에 긍정적인 가치를 주는지, 부정적인 가치를 주는지 주의를 기울인다. 주인공이 안전하다고 느끼는지, 위협을 느끼는지, 그곳에서 좋은 일이 벌어지는지 나쁜 일이 벌어지는지를 살핀다. 말라기에서 하나님이 개입하게 될 성전의 "억압"과, 유대/예루살렘 사람들이 광야로 이동하면서 나타나는 중심과 변방의 공간적 긴장에 주목한다. 역사를 "찢고 들어오는" 가늠할 수 없는 상징적 공간 길/ 나라/ 천국이 정치적 현상 유지를 대표하는 구체적인 장소와 대결한다.¹:¹⁰

활동 4: 주인공들

다음 단계로, 주인공 및 기타 상징 요소를 살펴본다. 우리는 주인공과 적대자를 명확히 구분하기 시작했다. 하지만, 마가가 주인공을 상대적인 사회적 "힘"의 관점에서 어떻게 묘사하는가를 자세히 살펴본다. 요한과 예수는 영웅이지만 변방에 있다. 예를 들어, 마가는 날카로운 사회적 의미를 만들려고 야이로와 혈루증 여인을 극적으로 대비시킬 것이다. 7장 참고 또한, 전체 이야기 속에서 인물이 묘사되는 패턴을 알아봐야 한다. 예수는 식탁 교제의 문제를 두고 바리새인들과 충돌한다. 율법학자들은 최대 적대자로 등장한다. 남성 제자들은 예수의 길에 동조하다가 반감을 품게 된다. "무엇이 일어났는지"에 집중하기도 전에 이야기 속에서 얼마나 많은 것을 배울 수 있는지 보라! 인내하며 분석하면, 주의 깊게 의미를 분석할 때 사용할 더 많은 자료를 얻게 된다.

활동 5: 플롯

마지막 단계는 플롯 발달 과정과 역동을 살피는 것이다. 마가복음 서문의 플롯이 어떻게 "예언"과 예언의 성취를 따라 움직이는지 주목한다. "이사야"가 어떻게 요한을 소개하고, 요한이 예수를 소개하고, 예수가 하나님의 통치를 소개하는지도 주목한다.

되도록 이 책의 각 장을 시작하기 전에, 마가복음의 각 에피소드와 시퀀스마다 이러한 단계별 활동을 하길 바란다. 분명, 우리의 타고난 이야기 능력으로 마가복음과 같은 고대 문서에 나타난 모든 해석의 수수께끼를 풀 수는 없다. 하지만, 우리가 다른 분석 작업을 할 수 있도록 이야기 속에 깊숙이 "들어갈" 수 있게 해준다.

독자가 시간과 인내를 투자할 때에만 마가의 이야기에서 그 깊이와 풍성함을 얻을 수 있다. 문화 산업이 이런 노력을 하려는 우리의 의지와 능력을 강력하게 갉아먹고 있기 때문에, 북미 사람들에게는 쉽지 않은 일이다. 문화상품들은 대부분 현대 매체 형식의 수동적인 관객을 위해 만들어진다. 비평적 성찰을 할 만한 여지가 없다. 이것이 프로파간다로서 매체가 가진 힘이다. 우리는 광고 시간 직전에 끝나는 압도적인 특수 효과, 진부한 등장인물, 해피 엔딩으로 끝나는 예측 가능한 플롯을 보고 즉각적인 서사적 만족감을 느끼도록 사회화되었다. 이 모든 것 때문에 우리는 복잡한 서사를 참지 못하고, 집중할 수 있는 시간은 짧아지고, 이야기 전달능력은 약해졌다.

이러한 능력을 다시 찾고 훈련한다면 성경연구에 더 활발히 참여하게 될 것이다. 우리의 마음과 생각을 뺏으려 드는 문화 텍스트를 비평적으로 성찰할 힘과 책임감을 회복하는 것이야말로 문화 전복이다. 우리가 무엇이 일어나고 있는지를 "보고" 제자도로 응답하는 "관객-배우"가 되고자 한다면, 성경 안의 서사와 우리를 둘러싼 문화를 비평하는 능력이 핵심이다.

활동 1 : 에피소드 구분하기

본 문	분 석
1. 하나님의 아들 예수 그리스도의 복음의 시작은 이러하다.	1) 비교적 독립적인 절이다. "제목"으로 볼 수 있다.
2. 예언자 이사야의 글에 기록하기를, "보아라, 내가 내 심부름꾼을 너보다 앞서 보낸다. 그가 네 길을 닦을 것이다." 3. "광야에서 외치는 이의 소리가 있다. '너희는 주님의 길을 예비하고, 그의 길을 곧게 하여라'" 한 것과 같이,	2) "방백" 같은(실제 배경이 아님) 인용 구절은 이사야를 주인공으로 하는 별도의 삽화이다.
4. 세례자 요한이 광야에 나타나서, 죄를 용서받게 하는 회개의 세례를 선포하였다. 5. 그래서 온 유대 지방 사람들과 온 예루살렘 주민들이 그에게로 나아가서, 자기들의 죄를 고백하며, 요단 강에서 그에게 세례를 받았다. 6. 요한은 낙타 털옷을 입고, 허리에 가죽 띠를 띠고, 메뚜기와 들꿀을 먹고 살았다. 7. 그는 이렇게 선포하였다. "나보다 더 능력이 있는 이가 내 뒤에 오십니다. 나는 몸을 굽혀서 그의 신발 끈을 풀 자격조차 없습니다. 8. 나는 여러분에게 물로 세례를 주었지만, 그는 여러분에게 성령으로 세례를 주실 것입니다."	3) (이제 "무대 위") 별도의 배경에서 새로운 인물의 등장은 새로운 에피소드를 나타낸다. 이 단락은 요한의 행동과 사람의 반응을 포함한다.(4절f); "등장인물 소개"라고 할 수 있는 요한에 대한 마가의 묘사(6절)와 "등장인물의 대사"인 요한의 말(7절f)을 포함한다. 이 에피소드는 요한의 일반적인 설교에 대한 묘사(4절)로 시작해서 그의 구체적인 메시지에 대한 설명으로 끝난다.(7절f) 어떻게 이 메시지가 이야기의 핵심이 될 "더 강한 자"와 성령을 소개하는가를 주목한다.
9. 그 무렵에 예수께서 갈릴리 나사렛으로부터 오셔서, 요단 강에서 요한에게 세례를 받으셨다. 10. 예수께서 물 속에서 막 올라오시는데, 하늘이 갈라지고, 성령이 비둘기같이 자기에게 내려오는 것을 보셨다. 11. 그리고 하늘로부터 소리가 났다. "너는 내 사랑하는 아들이다. 내가 너를 좋아한다."	4) 새로운 인물들의 등장(예수, 하늘로부터 온 소리와 성령/비둘기)은 새로운 에피소드를 나타낸다. 단락은 묘사, 행동, "대화"로 구성되어 있다.
12. 그리고 곧 성령이 예수를 광야로 내보내셨다. 13. 예수께서 사십 일 동안 광야에 계셨는데, 거기서 사탄에게 시험을 받으셨다. 예수께서 들짐승들과 함께 지내셨는데, 천사들이 그의 시중을 들었다.	5) 위치 이동 동사("내보내다")는 에피소드의 변화를 나타낸다. 여기에서처럼, 마가복음에서 에피소드 단락은 한두 문장처럼 짧을 수도 있다.
14. 요한이 잡힌 뒤에, 예수께서 갈릴리에 오셔서, 하나님의 복음을 선포하셨다. 15. "때가 찼다. 하나님나라가 가까이 왔다. 회개하여라. 복음을 믿어라."	6) 이 에피소드는 구체적인 시간("요한이 잡힌 뒤에")과 공간(갈릴리)에 의해 규정된다. 1장 16절부터는 배경의 변화와 일반적인 행동에서 구체적인 행동으로의 전환 때문에 위의 단락과 나눠진다.

활동 2: 시퀀스 구성

본 문	분 석
A = 바깥 틀 [주제:복음/예수]	1. 하나님의 아들 예수 그리스도의 복음의 시작은 이러하다.
연결 고리 없음 -〈	2. 예언자 이사야의 글에 기록하기를, "보아라, 내가 내 심부름꾼을 너보다 앞서 보낸다. 그가 네 길을 닦을 것이다." 3. "광야에서 외치는 이의 소리가 있다. '너희는 주님의 길을 예비하고, 그의 길을 곧게 하여라'" 한 것과 같이,
B = 안쪽 틀 [주제= 광야]	
연결 고리: 광야-〈	4. 세례자 요한이 광야에 나타나서, 죄를 용서받게 하는 회개의 세례를 선포하였다. 5. 그래서 온 유대 지방 사람들과 온 예루살렘 주민들이 그에게로 나아가서, 자기들의 죄를 고백하며, 요단 강에서 그에게 세례를 받았다. 6. 요한은 낙타 털옷을 입고, 허리에 가죽 띠를 띠고, 메뚜기와 들꿀을 먹고 살았다. 7. 그는 이렇게 선포하였다. "나보다 더 능력이 있는 이가 내 뒤에 오십니다. 나는 몸을 굽혀서 그의 신발 끈을 풀 자격조차 없습니다. 8. 나는 여러분에게 물로 세례를 주었지만, 그는 여러분에게 성령으로 세례를 주실 것입니다."
C = 구조적 중심 [주제=침례, 요한과 예수의 관계]	
연결 고리: 침례-〈	9. 그 무렵에 예수께서 갈릴리 나사렛으로부터 오셔서, 요단 강에서 요한에게 세례를 받으셨다. 10.예수께서 물 속에서 막 올라오시는데, 하늘이 갈라지고, 성령이 비둘기같이 자기에게 내려오는 것을 보셨다. 11. 그리고 하늘로부터 소리가 났다. "너는 내 사랑하는 아들이다. 내가 너를 좋아한다."
C' = 구조적 중심 [주제=침례, 요한과 예수의 관계]	
연결 고리: 성령-〈	12. 그리고 곧 성령이 예수를 광야로 내보내셨다. 13. 예수께서 사십 일 동안 광야에 계셨는데, 거기서 사탄에게 시험을 받으셨다. 예수께서 들짐승들과 함께 지내셨는데, 천사들이 그의 시중을 들었다.
B' = 안쪽 틀 [주제= 광야]	
연결 고리 없음-〈	14. 요한이 잡힌 뒤에, 예수께서 갈릴리에 오셔서, 하나님의 복음을 선포하셨다. 15. "때가 찼다. 하나님나라가 가까이 왔다. 회개하여라. 복음을 믿어라."
A' = 바깥 틀 [주제:복음/예수]	

활동 3 : 배경

본 문	분 석
1. 하나님의 아들 예수 그리스도의 복음의 시작은 이러하다.	
2. 예언자 이사야의 글에 **기록하기를**, "보아라, 내가 내 심부름꾼을 너보다 앞서 보낸다. 그가 네 길을 닦을 것이다."	성서는 이 이야기에서 투쟁의 장이 될 것이다. 길은 제자도를 상징하는 긍정적인 장소
3. "광야에서 외치는 이의 소리가 있다. '너희는 주님의 길을 예비하고, 그의 길을 곧게 하여라'" 한 것과 같이,	광야는 긍정적인 장소지만, 투쟁의 장으로도 나올 것이다.(1:12f); 상징적, 문자적 변방; 성전과 대조(말3:1 인용), 여기서는 억압의 장소
4. 세례자 요한이 광야에 나타나서, 죄를 용서받게 하는 회개의 세례를 선포하였다. 5. 그래서 온 유대 지방 사람들과 온 예루살렘 주민들이 그에게로 나아가서, 자기들의 죄를 고백하며, 요단 강에서 그에게 세례를 받았다. 6. 요한은 낙타 털옷을 입고, 허리에 가죽 띠를 띠고, 메뚜기와 들꿀을 먹고 살았다. 7. 그는 이렇게 선포하였다. "나보다 더 능력이 있는 이가 내 뒤에 오십니다. 나는 **몸을 굽혀서** 그의 신발 끈을 풀 자격조차 없습니다. 8. 나는 여러분에게 물로 세례를 주었지만, 그는 여러분에게 성령으로 세례를 주실 것입니다."	예루살렘/유대에서 요단 광야로의 이동= 중심에서 변방으로 = 공간적/정치적 긴장 요단= 유대 팔레스타인의 "경계"(3:8; 10:1 참고) **몸을 굽혀서**= 명예 문화에서 존경을 뜻하는 자세
9. 그 무렵에 예수께서 **갈릴리 나사렛**으로부터 오셔서, 요단 강에서 요한에게 세례를 받으셨다. 10.예수께서 물 속에서 막 올라오시는데, 하늘이 갈라지고, 성령이 비둘기같이 자기에게 **내려오는** 것을 보셨다. 11. 그리고 하늘로부터 소리가 났다. "너는 내 사랑하는 아들이다. 내가 너를 좋아한다."	나사렛= 알려지지 않은 "외딴 마을" 갈릴리= 고립된 동부 이스라엘 종족을 상징하는 변방이 서사적 중심으로 나타날 것이다. **속에서**(into/out of)= 침수/참여의 과정을 시사 갈라진 하늘에서 내려오는=묵시적 상징; 하늘에서 땅으로 이동
12. 그리고 곧 성령이 예수를 **광야로** 내보내셨다. 13. 예수께서 사십 일 동안 광야에 계셨는데, 거기서 사탄에게 시험을 받으셨다. 예수께서 들짐승들과 함께 지내셨는데, 천사들이 그의 시중을 들었다.	**광야로**=선(예수와 천사)과 악(사단과 짐승) 간의 묵시적 투쟁의 장소
14. 요한이 잡힌 뒤에, 예수께서 갈릴리에 오셔서, 하나님의 복음을 선포하셨다. 15. "때가 찼다. 하나님나라가 가까이 왔다. 회개하여라. 복음을 믿어라."	하나님나라=해방된 정치적 공간, 옛 부족 연맹을 일컫는 긍정적 장소

활동 4: 등장 인물

본 문	분 석
1. 하나님의 아들 예수 그리스도의 복음의 시작은 이러하다.	복음= 로마의 정치 선전을 마가가 사용 예수= 이야기의 주인공; "그리스도"라는 호칭은 논쟁을 유발할 것이다.(8:29ff 참고)
2. 예언자 이사야의 글에 기록하기를, "보아라, 내가 내 심부름꾼을 너보다 앞서 보낸다. 그가 네 길을 닦을 것이다." 3. "광야에서 외치는 이의 소리가 있다. '너희는 주님의 길을 예비하고, 그의 길을 곧게 하여라'" 한 것과 같이,	이사야= 마가에서 중요한 성서적 권위(2:25; 7:9ff; 12:26, 36) 심부름꾼= 요한에 대한 간접적인 소개 너= 하나님이나 예수님을 일컫지만, 이야기에 초대받은 독자도 뜻한다.(16:7 참고)
4. 세례자 요한이 광야에 나타나서, 죄를 용서받게 하는 회개의 세례를 선포하였다. 5. 그래서 온 유대 지방 사람들과 온 예루살렘 주민들이 그에게로 나아가서, 자기들의 죄를 고백하며, 요단 강에서 그에게 세례를 받았다. 6. 요한은 낙타 털옷을 입고, 허리에 가죽 띠를 띠고, 메뚜기와 들꿀을 먹고 살았다. 7. 그는 이렇게 선포하였다. "나보다 더 능력이 있는 이가 내 뒤에 오십니다. 나는 몸을 굽혀서 그의 신발 끈을 풀 자격조차 없습니다. 8. 나는 여러분에게 물로 세례를 주었지만, 그는 여러분에게 성령으로 세례를 주실 것입니다."	요한= 직접적인 소개; 무대 위에서 조연이지만, 이야기 문맥상 중요한 역할, 예언자의 소명과 운명을 나타낸다.(9:11-13) 예루살렘 주민들= 해방이 필요한 중심에서 온 사람들 엘리야= 옷으로 구분되는 페르소나 (왕하1:8 참고); 자급자족= 지배 사회 질서에서 자유로움 더 능력이 있는 이= 예수의 묵시적 페르소나 (3:27 참고) 성령= 3장 29과 13장 11절에서만 나타남; 예수가 성령으로(with) 세례를 줄 것이라고 했지만 (10:38-40 참고), 성령으로(by) 침례 받고 인도받는다.(10, 12절)
9. 그 무렵에 예수께서 갈릴리 나사렛으로부터 오셔서, 요단 강에서 요한에게 세례를 받으셨다. 10.예수께서 물 속에서 막 올라오시는데, 하늘이 갈라지고, 성령이 비둘기같이 자기에게 내려오는 것을 보셨다. 11. 그리고 하늘로부터 소리가 났다. "너는 내 사랑하는 아들이다. 내가 너를 좋아한다."	나사렛으로부터= 신비롭지 않은 무명 태생의 영웅 소리= "가려져 있는 하나님"(예수에 대한 신뢰할 만한 증언, 9:7 참고)
12. 그리고 곧 성령이 예수를 광야로 내보내셨다. 13. 예수께서 사십 일 동안 광야에 계셨는데, 거기서 사탄에게 시험을 받으셨다. 예수께서 들짐승들과 함께 지내셨는데, 천사들이 그의 시중을 들었다.	사탄= 대적에 대한 소개(3:23; 4:15; 8:33) 들짐승들/천사들= 묵시적 투쟁에서 반대 세력들(단7:3 참고)
14. 요한이 잡힌 뒤에, 예수께서 갈릴리에 오셔서, 하나님의 복음을 선포하셨다. 15. "때가 찼다. 하나님나라가 가까이 왔다. 회개하여라. 복음을 믿어라.	헤롯= 여기에서 암시되지만, 6장 14절 이하의 회상 장면 전까지는 소개되지 않는다.

활동 5: 플롯

본 문	분 석
1. 하나님의 아들 예수 그리스도의 복음의 시작은 이러하다.	시작(신화적 시간)
2. 예언자 이사야의 글에 기록하기를, "보아라, 내가 내 심부름꾼을 너보다 앞서 보낸다. 그가 네 길을 닦을 것이다." 3. "광야에서 외치는 이의 소리가 있다. '너희는 주님의 길을 예비하고, 그의 길을 곧게 하여라'" 한 것과 같이,	−옛이야기(창세기)=창조 −새로운 이야기의 시작=재창조 −기대1 유발(심부름꾼이 온다고?) −예언자의 목소리 재현 −출애굽 여정 재현(출23:20 참고) −말3:1ff "주의 날"=세상의 종말? −사40:3= 이스라엘의 회복=새로운 시작?
4. 세례자 요한이 광야에 나타나서, 죄를 용서받게 하는 회개의 세례를 선포하였다. 5. 그래서 온 유대 지방 사람들과 온 예루살렘 주민들이 그에게로 나아가서, 자기들의 죄를 고백하며, 요단 강에서 그에게 세례를 받았다. 6. 요한은 낙타 털옷을 입고, 허리에 가죽 띠를 띠고, 메뚜기와 들꿀을 먹고 살았다. 7. 그는 이렇게 선포하였다. "나보다 더 능력이 있는 이가 내 뒤에 오십니다. 나는 몸을 굽혀서 그의 신발 끈을 풀 자격조차 없습니다. 8. 나는 여러분에게 물로 세례를 주었지만, 그는 여러분에게 성령으로 세례를 주실 것입니다."	요한의 사역(일반적인 과거) −기대1 충족 −광야에서 출애굽/이사야가 확인됨 −광야에서 말라기는 확인되지 않음 −대중의 호응= "회복"? −"엘리야"= 말4:5 확인 = 심판? −"내 뒤" 계획된 계승: 요한 −〉 예수−〉 제자 −〉 독자 −기대2 유발 (더 능력이 있는 이가 온다고?) −기대3 유발 (성령 세례가 온다고?); 이야기에서는 이뤄지지 않지만, 10:38−40에서 다시 언급되고, 이야기에서 "미래"를 암시한다. (13:11 참고)
9. 그 무렵에 예수께서 갈릴리 나사렛으로부터 오셔서, 요단 강에서 요한에게 세례를 받으셨다. 10.예수께서 물 속에서 막 올라오시는데, 하늘이 갈라지고, 성령이 비둘기같이 자기에게 내려오는 것을 보셨다. 11. 그리고 하늘로부터 소리가 났다. "너는 내 사랑하는 아들이다. 내가 너를 좋아한다."	예수의 침례=(이야기에 "나타난" 첫 번째 행동) −기대2 충족? 불확실함; 요한이 복종하려던 사람이 요한에게 복종함 −공적 장면이 개인의 비전 속에서 나타남 −기대3 조건이 충족?
12. 그리고 곧 성령이 예수를 광야로 내보내셨다. 13. 예수께서 사십 일 동안 광야에 계셨는데, 거기서 사탄에게 시험을 받으셨다. 예수께서 들짐승들과 함께 지내셨는데, 천사들이 그의 시중을 들었다.	유혹 (신화적 시간) −40일=출애굽의 주제가 확인됨 −이야기 전체 주제 나타냄: 권세를 향한 예수의 투쟁 예수의 설교(카이로스의 순간) −기대2 충족: 예수가 회개를 설교하기 때문에, 예수는 요한의 계승자
14. 요한이 잡힌 뒤에, 예수께서 갈릴리에 오셔서, 하나님의 복음을 선포하셨다. 15. "때가 찼다. 하나님나라가 가까이 왔다. 회개하여라. 복음을 믿어라."	−왜 요한이 체포되나? 6:14ff "회상" 참고 −기대4 유발(나라가 온다고?) −"카이로스"의 시간이 소개됨(11:14; 13:33) −때가 찼다= 옛이야기가 "해소됨" −나라가 가까이 왔다= 새로운 이야기 임박

2. 우리 가족의 역사 그리기

많은 북미인에게 대대로 내려오는 가족 성경은 출생, 침례, 결혼, 사망, 때로는 정치 성향이나 이주와 같은 가계 정보를 저장한 보고다. 마치 가족마다 강한 직관에 따라 자신의 이야기를 신성한 이야기의 표지 속에 담아놓은 듯하다. 본서의 필자인 우리는 가족 역사가 복음서와 함께 읽어야 할 주요 문서라고 생각한다.

『신의*Fidelity*』라는 책에서 웬델 베리Wendel Berry는 그러한 탐험이 지닌 가능성에 대해 알려준다. "우리 할아버지 안에 그의 아버지가 있다고 느꼈듯이, 우리 할아버지였던 그분은 내 안에 있다. 당신은 결국 그 시작에 이를때까지 현재의 내면으로 깊이 들어간다." 우리 조상의 역사가 우리 안에 남아 있기 때문에 우리의 기원을 연구하는 고고학은 중요하다.

우리는 가족 역사 속에서 조상들이 어떻게 국가 역사 경험에 참여하고 영향받았는가를 발견한다. 집단 역사와 연결하는 일은 국가 문제의 뿌리를 알고 과거의 실수를 반복하지 않도록 도와준다. 우리는 역사의 트라우마나 자유를 가져왔던 영웅 행동이 어떻게 우리 가족 체계를 형성하고 결국 우리 삶을 빚어왔는가를 발견할 것이다. 과거 세대의 상처를 치유하고자 한다면, 우리는 반드시 비극적인 사건을 슬퍼하고, 좋은 일을 기뻐해야만 한다.

유럽계 미국인보다는 소외된 공동체들이 자신의 역사에 대해 더 깊이 인식하곤 한다. 그들을 적대시하는 지배 문화 속에서 민족 정체성을 보존하고자 투쟁했기 때문이다. 하지만 유럽계 미국인 이야기도 우리가 믿는 동화의 신화myths of assimilation보다는 문화적, 민족적으로 훨씬 복잡하다. 그들은 추방 경험, 전쟁을 피해 도망간 경험, 선입견이나 종교적 박해에 희생당한 경험뿐 아니라 번창했던 이야기, 계급 및 인종적 특권을 포함할 것이다. 유럽계 미국인의 이야기는 저항했던 사건과 희망뿐 아니라 순응했던 사건과 신분 상승을 포함한다.

우리 가족 이야기 중 어떤 부분을 긍정하고 기뻐하고 싶은가? 또 어떤 부분에 치료와 변화가 필요한가? 계속 지키고 싶은 가치와 행동은 무엇이고, 앞날을 향해 갈 때 버리고 싶은 점은 무엇인가? 마가복음을 읽는 여정을 걸으면서, 제자 일기에 당신이 태어날 때부터 갖게 된 가족의 역사와 민족 문화 전통에 대해 성찰해보기를 바란다.

당시의 이야기를 깊이 성찰해보는 기초 단계로서 가계도를 그릴 때, 가족 도표가 유용한 도구가 될 수 있다. 큰 종이 맨 위에 당신 양쪽 조부모를 나타내는 상징을 그린다. 남성은 사각형, 여성은 원으로 그린다. 조부모 밑에는 당신의 부모와 부모의 형제들을 그린다. 부모 밑에는 당신과 형제들을 놓는다. 당신에게 자녀나 손주가 있다면 아래로 내려가면서 계속 그린다. 아래에 있는 도표 예시를 참고한다.

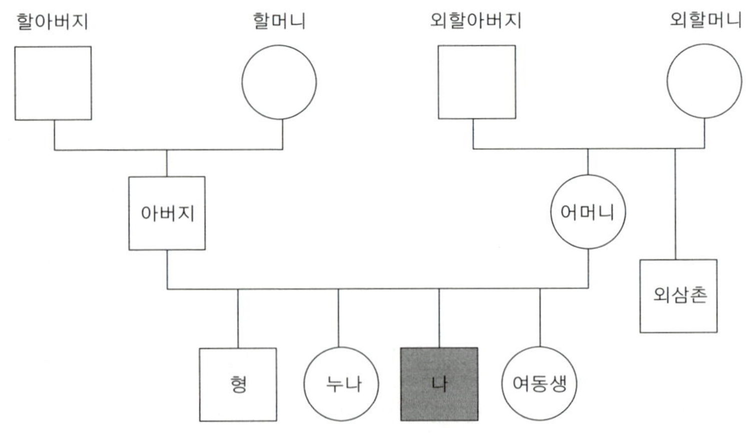

기본적인 가족 도표를 그렸으면, 각 상징 옆에 중요한 정보를 적는다. 대략적인 생년월일, 사망일, 이주, 질병, 취업, 실업, 전쟁, 토지 소유, 경제 상태 등 중요한 인생사건을 기록한다. 이제 당신의 조부모 세대 위에도 그려본다. 처음 미국에 온 세대가 누구인지 아는가? 그들은 어디에서, 어떤 환경 가운데 왔는가? 그들은 사회, 경제, 정치적으로 무엇을 버리고 왔나? 그들은 신세계에서 어떻게 되었는가? 여성들은 얼마나 성공했는가? 각 세대의 계층과 인종 관계는 어떠했나?

아마도 당신이 잘 모르는 가족 역사가 있다는 점을 알게 될 것이다. 특히 과거로 더 거슬러 올라갈수록 그렇다. 그 부분에 대한 정보가 공유된 적이 없거나 당장 얻을 수 없는 정보이기 때문이다. 자세히 살펴봐야 할 여러 층위의 가족 이야기가 있을지 모른다. 당신의 가족 이야기에서 무엇이 이상화되거나 희생되거나 가려져 있는가? 왜 그런가?

이 연구를 하면서 불편한 감정이 들 수 있다. 가족 역사에 대해 더 알고 싶은 욕구가 있는가? 그렇다면 가족 이야기를 드러내면서 직면하는 장애물을 어떻게 다룰 것인가? 가족 안팎에서 정보를 얻을 수 있는 곳을 생각해본다. 당신이 아는 부분과 알지 못하는 부분에 대해 어떤 느낌이 드는가? 아마도 이런 활동을 하면서 드는 소감을 성경 공부 모임에서 나누고 싶을 것이다. 당신은 무관심한가, 호기심이 많은가, 자만심으로 차 있는가, 수치심이 드는가, 슬픈가, 궁금한가? 아마도 가족 이야기 속에 불편한 감정을 주는 충격적인 내용이 있다는 사실을 발견할 것이다. 모임에서 얼마나 나누고 싶은가는 당신이 선택할 수 있다.

당신의 제자 일기와 함께 이 가계 도표를 간직한다. 이 책의 몇몇 장에서 성찰과 토론과 일기 쓰기를 돕는 당신의 가족 역사에 관한 질문이 나올 것이다. 먼저 다음의 두 질문을 생각해본다.

1. 당신 조부모에게 영향을 미친 세 가지 중요한 역사적 큰 사건을 짚어본다. 예를 들어 전쟁, 경제 공황, 노사 분규, 인종 갈등 당신 부모에 대해서도 같은 작업을 해본다. 이 사건들은 조상들의 열망을 어떻게 바꾸고 형성했는가? 그들은 당신이 가진 특정한 가치, 태도, 편견을 형성하는데 어떻게 영향을 미쳤는가?

2. 당신 조부모는 어디에서 살고 일했는가? 당신은 어디에서 살고 일하는가? 두 가지 사이에는 어떤 관계가 있는가?

부록 3. 우리 사회, 경제, 정치 맥락 지도 그리기

마가복음은 특정한 사회, 경제, 정치 맥락 속에서 쓰였다. 마찬가지로, 서로 다른 공동체는 복음서를 그들의 특정 맥락에 따라 해석한다. 이러한 맥락을 이해하려면 사회 분석 도구가 필요하다. 사회 분석은 현재 상황의 역사와 현재 힘의 균형과 그것을 만든 근본 구조와 제도, 사회 정치의 역동, 경제 관계와 문화의 영향력을 알고자 우리를 둘러싼 복합적인 실체를 파헤치는 작업이다.

이 책은 **세상 속 말씀**의 많은 부분에서 사회 분석의 다양한 도구를 제안한다. 예를 들어, 1장에서 사용하는 중심-변방 개념을 통해 어떤 집단은 권력과 의사 결정 장소에 더 가깝고 어떤 집단은 배제된다는 점을 생각해볼 수 있다. 사회 분석은 정보를 얻을 수 있도록 우리가 가진 정보를 그림으로 그리거나 올바른 질문을 던지도록 돕는다. 아래에는 유엔 개발 프로그램의 1994년 보고서에 실린 "샴페인 잔" 도표가 있다. 전 세계 부의 분배를 묘사하는 도표를 살펴보자.

다음의 예는 스페인어로 "교차로coyuntra"라고 하는 간단한 표다. 이 활동을 통해, 각기 다른 영역에 나타나는 힘의 본질적인 면을 그린다.

영 역	동 네	시	주	국 가
경 제				
군 사				
정 치				
문 화				
종 교				

이 표를 채울 수 있도록 아래에 나오는 질문을 해본다.

−각 영역의 주된 경제 자원은 무엇인가?

−누가 그 자원을 소유하고 통제하는가?

−누가 노동하는가?

−이런 방식의 노동과 소유를 통해 누가 이익을 얻고 손해를 입는가?

−누가 자원에 가장 많이 접근할 수 있고, 누가 가장 접근하기 어려운가?

−각각의 계층에 있는 가족들의 삶에 어떤 영향을 미치는가?

−지구와 동식물 군은 어떻게 양육되거나 파괴되는가?

−누가 결정을 내리는 권력을 갖고 있는가? 누가 그런 권력을 얻고 유지하고 있는가?

−이런 권력을 어떻게 무력을 통해 지탱하는가? 누가 법을 만들고, 그 법을 통해 누가 이익을 얻는가?

−지역 사회는 자신을 어떻게 생각하는가?

−지역사회의 공식적인 중심 가치가 무엇이며 누가 그것을 공개적으로 도모하는 것은 누구인가?

-표출되고 있는 반대 가치나 소수의 가치는 무엇인가? 누가 그것을
표출하는가?
-각각의 영역은 서로 어떤 영향을 미치는가?

이런 분석에 가치 판단이 들어있지 않은 것으로 가장해서는 안 된다는 점을 명심해야 한다. 우리 스스로 어디에 서 있고 어떤 가치와 편견을 가졌는지 명확히 인정해야 한다. 자세한 내용을 들여다보기 전에 큰 그림을 그릴 수 있도록 정보의 간략한 개요에서 시작하는 것이 가장 좋다. 모든 요소와 영역 사이의 관계를 조사하는 것이 핵심이다.

어떤 지역을 사회학적으로 분석할 때 조사할 특정 영역은 다음을 포함한다.

-사회 영역: 인구, 인종과 민족 구성, 문화 요소, 계층 구조, 사회
문제, 종교 집단과 종교 집단의 공공 이슈 관련
-경제 영역: 천연자원, 기술 및 산업, 농업, 생태계 건강
-정치 영역: 권력 집단, 투표율, 선출 관료 보직, "비공식" 실세와
매체, 기업 집단, 노조 등의 외부 정치 세력

정부, 교육, 매체, 기업, 교회가 어떻게 작동하고, 어떻게 협력하거나 갈등을 일으키는지 알면 알수록 왜 특정 사회 맥락은 가난하고 다른 곳은 부유한지, 무엇이 불평등을 영속시키는지, 누가 결정을 내리고 누가 영향을 받는지를 더 명확하게 이해할 수 있다. 사회 분석 도구는 앤 호프Anne Hope와 샐리 티멜Sally Timmel의 『변혁을 위한 훈련Training for Trnasformation』과 조 홀랜드Joe Holland와 피터 헨리엇Peter Henriot의 『사회 분석: 신앙과 정의 연결하기Social Analysis: Linking Faith and Justice』에서 찾을 수 있다.

부록 4. 예배 자료

본서의 몇몇 장을 보충하고자 첨부된 다음의 교독문은 다양한 방법으로 사용될 수 있다. 특히 성경 공부 모임을 시작할 때나 해당하는 말씀을 낭독하거나 설교하는 예배에서 사용하면 좋다.

이 부록에 나오는 다음의 교독문은 강렬하고 마음을 아프게 한다. 읽은 소감을 나누고 싶은 사람도 있을 것이다. 교독문을 읽은 후 나눔의 시간을 갖기를 권한다.

본서 6장과 함께 읽는 예배 교독문

콰이어 1: 우리는 악령에 사로잡혔습니다.

우리가 모두 그렇습니다.

아무리 기도해도, 완전히 떠나가질 않습니다.

감정, 습관, 사악한 욕망이 우리의 잠재의식 속에 살다가, 부지불식 간에 갑자기 터져 나와 우리를 사로잡고 우리가 원하지 않는 사람으로 만듭니다. 진정한 우리가 아닌 모습으로 만듭니다.

콰이어 2: 우리는 악령에 사로잡혔습니다. 우리는 매일 술, 마약, 간음, 돈, 권력, 탐욕 같은 악한 세력에 에워싸여 있습니다. 그들은 우리 이웃을 지배하고, 우리 집 문을 부수려 하고, 우리 마음을 자주 무너뜨립니다.

콰이어 1: 하나님은 악령을 쫓으실 수 있습니다.

견고한 믿음과 기도의 힘과 끊임없는 훈련을 통해, 하나님은 악령을 패배시킵니다.

콰이어 2: 우리 속과 주변에 간사하게 숨어있는 악령을 내쫓아라.

콰이어 1: 우리 생명을 위협하는 악한 근성을 물리쳐라.

목소리: 마약은 악령이다.

다함께: 마약의 악령을 내쫓아라. 우리를 제압하지 못하게 해라.

목소리: 술은 악령이다.

다함께: 술의 악령을 물리쳐라. 우리 생명을 지배하지 못하게 하라.

목소리: 강간과 근친상간은 악령이다.

다함께: 강간과 근친상간의 악령을 내쫓아라. 우리를 제압하지 못하게 하라.

목소리: 폭력과 학대는 악령이다.

다함께: 폭력과 학대의 악령을 내쫓아라. 우리의 생명을 지배하지 못하게 하라.

목소리: 욕심과 탐욕은 악령이다.

다함께: 욕심과 탐욕의 악령을 내쫓아라. 우리의 생명을 지배하지 못하게 하라.

목소리: 억제할 수 없는 분노는 악령이다.

다함께: 억제할 수 없는 분노를 내쫓아라. 우리의 생명을 지배하지 못하게 하라.

목소리: 질투는 악령이다.

다함께: 질투의 악령을 내쫓아라. 우리의 생명을 지배하지 못하게 하라.

목소리: 불의는 악령이다.

다함께: 불의의 악령을 내쫓아라. 우리의 생명을 지배하지 못하게 하라.

목소리: 억압은 악령이다.

다함께: 억압의 악령을 내쫓아라. 우리의 생명을 지배하지 못하게 하라.

목소리: 전쟁은 악령이다.

다함께: 전쟁의 악령을 내쫓아라. 우리의 생명을 지배하지 못하게 하라.

콰이어 1: 악령을 이기시는 하나님의 손에 우리 자신을 내려놓읍시다.

콰이어 2: 하나님, 악한 세력을 부수시는 하나님, 우리의 결단을 굳세게 하시고 우리의 기도를 들어주소서.

다함께: 우리는 악령에 굴복하지 않을 것입니다. 악령은 우리를 사로잡지 못합니다. 우리의 생명을 지배하지 못합니다.

—미리암 테레즈 윈터(Miriam therese Winter)

『여성의 지혜: 페미니스트 성구집과 시편 *Woman Wisdom: A feminist Lectionary and Psalter*』

본서 7장과 함께 읽는 교독문

부유한 여자, 가난한 여자 – 두 사람을 위한 각본

1. 나는 여자입니다.
    1. 나는 여자입니다.

2. 나는 인간으로 태어난 여자입니다. 남편은 공장주입니다.
    2. 나는 인간으로 태어난 여자입니다. 남편은 노동자입니다.

3. 나는 실크 양복을 입고 늘 체중 조절을 하는 남편이 있는 여자입니다.
    3. 나는 헌옷을 입고, 매일 끼니를 걱정하는 남편이 있는 여자입니다.

4. 나는 두 아기가 아름다운 어린이로 자라는 것을 지켜본 여자입니다.
    4. 나는 두 아기가 영양실조 상태로 자라는 것을 지켜본 여자입니다.

5. 나는 쌍둥이가 해외로 여름 캠프를 가는 인기 많은 학생으로 성장하는 것을 지켜본 여자입니다.
    5. 나는 세 아이를 키웠지만, 학원도 수학여행도 한 번 제대로 보낸 적이 없는 여자입니다.

6. 그런데 한 남자가 있었습니다.
    6. 그런데 한 남자가 있었습니다.

7. 그는 우리 가족이 가난해지면 소작농이 부유해진다고 말했습니다.
　　7. 그는 앞으로 더 나아질 거라고 말했고, 더 좋게 만들었습니다.

8. 우리가 쌀을 먹어야 했어요!
　　8. 우리가 쌀을 먹었어요!

9. 우리가 콩을 먹어야 했어요!
　　9. 우리가 콩을 먹었어요!

10. 우리 아이들이 여름에 유럽으로 갈 수 있는 비자를 더는 받을 수가 없었
　습니다.
　　10. 우리 아이들이 더는 울다 잠이 들지 않았습니다.

11. 나는 소작농이 된 기분이었어요.
　　11. 난 여자가 된 기분이었어요.

12. 따분하고, 힘들고, 재미없는 삶을 사는 소작농.
　　12. 가끔 노래를 흥얼거릴 수 있는 삶을 사는 여자.

13. 그리고 한 남자를 보았습니다.
　　13. 그리고 한 남자를 보았습니다.

14. 우리는 자유를 되찾자는 희망을 품고 음모를 꾸몄습니다.
　　14. 나는 자유를 향한 희망으로 가슴이 뛰고 있는 그를 보았습니다.

15. 언젠가 되찾을 자유.
　　15. 언젠가 찾아올 자유.

16. 그런 뒤,
    16. 그런 뒤,

17. 어느 날,
    17. 어느 날,

18. 전투기가 날아다녔고, 가까이에서 총성이 울렸습니다.
    18. 전투기가 날아다녔고, 멀리서 총성이 울렸습니다.

19. 나는 아이들을 데리고 집에 갔습니다.
    19. 나는 아이들을 데리고 도망갔습니다.

20. 총소리는 점점 멀어졌습니다.
    20. 총소리는 점점 다가왔습니다.

21. 얼마 뒤, 그들은 자유를 되찾았다고 발표했습니다!
    21. 얼마 뒤, 그들이 왔습니다. 청년들이 정말로……

22. 그들이 남편과 함께 집에 왔습니다.
    22. 그들이 와서는 남편을 찾아냈습니다.

23. 거의 재산을 다 잃을 뻔 했던 남자들입니다.
    23. 거의 자유의 삶을 되찾았던 모든 남자를 찾아냈습니다.

24. 우리는 축배를 들었습니다.
    24. 그들은 모두에게 총을 쏘았습니다.

25. 이 샴페인은 정말 최상품이었어요.
   25. 남편에게 총을 쏘았습니다.

26. 그리고 그들은 우리에게 함께 춤을 추자고 했습니다.
   26. 그리고 그들은 우리에게 다가왔습니다.

27. 나에게.
   27. 나에게.

28. 나의 자매들에게.
   28. 나의 자매들에게.

29. 그리고 우리를 데려갔습니다.
   29. 그리고 우리를 데려갔습니다.

30. 그들은 우리를 작은 개인 클럽에 저녁 식사를 하러 데려갔습니다.
   30. 그들은 우리를 한쪽 방으로 데리고 갔습니다.

31. 그리고 소고기를 대접해 주었습니다.
   31. 그리고 우리를 강간했습니다.

32. 한 음식 뒤 다른 음식이 나오는 코스 요리였습니다.
   32. 그들은 한 사람씩 우리를 강간했습니다.

본서 13장과 함께 읽는 교독문

시편 22편 각색

남녀가 함께 있는 모임에서 읽는다면 남성과 여성의 목소리가 각각 양쪽에 있어야 한다.

다함께: 나의 하나님, 나의 하나님, 어찌하여 나를 버리십니까?

어찌하여 나를 돕지 아니하십니까?

나의 하나님, 온종일 불러도 대답하지 않으십니다.

밤새도록 부르짖어도 쉼을 얻지 못합니다.

왼쪽: 나는 비방거리와 모욕거리일 뿐입니다.

나를 보는 사람은 누구나 나를 빗대어서 조롱하며 말하길,

"그녀가 주님께 그토록 의지하였다면, 주님이 그녀를 구해 주시겠

지. 그녀가 주님을 믿는다니, 주님이 그녀를 건져 주시겠지" 합니다.

오른쪽: 사소한 일로 취급했고, 나는 배신당했습니다.

내 가족, 친구, 목사는

"네가 받은 학대를 너무 과장하는 것 같네. 그렇게 심하지는 않았을

거야. 아주 오래전에 일어난 일이야. 그냥 잊어버리고 이겨내."라고

말합니다.

왼쪽: 황소 떼가 나를 둘러쌌습니다.

굶주린 사자처럼 입을 벌립니다.

오른쪽: 법률 제도, 사회, 교회가 나의 이야기를 믿지 않습니다.

그들은 내가 제정신이 아니라고, 내가 학대를 상상했다고 말합니다.

왼쪽: 나는 쏟아진 물처럼 기운이 빠져 버렸고

뼈마디가 모두 어그러졌습니다.

나의 마음이 촛농처럼 녹아내려, 절망에 빠졌습니다.

나의 입은 말라 버렸고, 나의 혀는 입천장에 붙었습니다.

나는 죽고 싶습니다.

오른쪽: 나는 절박합니다.

그때의 기억과 장면이 나를 사로잡습니다.

나의 고통과 나의 슬픔이 나의 마음을 찢어지게 합니다.

나는 죽고 싶습니다.

왼쪽: 개들이 나를 둘러싸고, 악한 일을 저지르는 무리가 나를 에워싸고

내 손과 발을 묶었습니다.

뼈마디 하나하나가 다 셀 수 있을 만큼 앙상하게 드러났습니다.

오른쪽: 나는 잔인한 제도에 사로잡혀 있습니다.

아무도 내 목소리를 듣지 않습니다.

내가 받은 학대는 나의 존재의 본질을 산산이 부수었습니다.

왼쪽: 원수들도 나를 보고 즐거워합니다.

나의 옷을 원수들이 나누어 가지고,

나의 옷을 제비를 뽑아서 나누어 가집니다.

오른쪽: 가해자는 나의 영혼을 죽였으나, 나의 교회는 그를 보호하고 그를
덮어줍니다.
진실보다 침묵을, 정의보다는 좋은 이미지를 중요하게 생각하는
교회 때문에 나는 다시 희생당합니다.

다함께: 나의 하나님, 나를 버리지 말아 주십시오.
나를 도와주시고 구해 주십시오.

왼쪽: 나의 영혼을 죽음에서 건져 주시고, 나의 목숨을 개의 입에서 빼내어
주십시오.
사자의 입에서 나를 구하여 주십시오.
자칼에게서 나를 보호하여 주십시오.
나의 영혼을 지옥에서 구하여 주십시오!

오른쪽: 나의 하나님, 제도의 수호자에게서 나를 건져내 주십시오.
내가 거짓말한다고 말하는 사람들에게서 나를 구하여 주십시오.
내가 받은 학대가 내 책임이라고 말하는 사람들에게서
나를 보호하여 주십시오.
내가 조용히 떠나가고 고발하지 않기를 바라면서 정의를 가로막는
사람들에게서 나를 구하여 주십시오.

다함께: 나의 하나님, 나의 목소리를 들으시고 나를 외면하지 마십시오!
나의 간구를 들어 주십시오!
나는 여전히 주님의 정의와 진실과,

모든 억눌린 사람들을 향한 구원을 믿기 때문입니다.

시편 22편을 각색한 이 교독문은 1991년 뉴잉글랜드 지역 연합감리교회 목회자 집회 때 수잔 자렉 기든Susan F. Jarek-Gidden이 작성한 예배 순서의 일부다. 당시 집회의 주요 주제는 목회자에 의한 성폭력이었다. 침묵의 장벽을 깰 수 있도록 도와주고, 학대의 생존자들이 자신의 목소리를 찾도록 도와주고자 쓰였다. 다른 학대를 포함해서 더 광범위하게 다룰 수도 있을 것이다.

참고문헌

Bailie, Gil. *Violence Unveiled*. New York: Crossroad, 1995,

Beck, Robert. *Nonviolent Story: Narrative Conflict Resolution in the Gospel of Mark*. Maryknoll, NY: Orbis Books, 1996

Birch, Bruce. *Let Justice Roll Down:The Old Testament, Ethics, and Christian Life*. Louisville: Westminster/John Knox, 1991

Borg, Marcus. *Meeting Jesus Again for the First Time*. San Francisco: Harper & Row, 1993.『미팅 지저스』홍성사 역간, 1995.

Brock, Rita Nakashima. *Journeys By Heart*. New York: Crossroad Publishing Co., 1992.

Ellul, Jacques.『무정부주의와 기독교』이창헌 옮김. 대장간 역간 2011.

Equity Trust Inc, *Information for Prospective Participants* (539 Beach Pond Road, Voluntown, CT 06384), February 1994.

Fortune, Marie M. *Violence in the Family*. Ohio: Pilgrim, 1991

Funk, Robert. *The Poetics of Biblical Narrative*. Sonoma: Poleridge Press, 1988.

Gottwald, Norman. *The Hebrew Bible: A Socio-Literary Introduction*. Philadelphia: Fortress Press, 1985

Gutiérrez, Gustavo. *Las Casas: In Search of the Poor Jesus Christ*. Mary-knoll, NY: Orbis Books, 1993.

Holland, Joe, and Peter Henriot, S.J. *Social Analysis: Linking Faith and Justice* (revised ed.). Maryknoll: Orbis Books, Dove Communications, and The Center of Concern, 1984

Hope, Anne, and Sally Timmel. *Training for Transformation*. Zimbabwe: Mambo Press, 1984. (Available from The Center of Concern, 3700 13th St. NE, Washington, DC 20017.)

Horsley, Richard. Bandits, *Prophets&Messiahs: Popular Movements at the Time of Jesus*. San Francisco: Harper & Row, 1988

Kairos USA. *On the Way: From Kairos to Jubilee*. (Kairos USA, 5757 Sheridan Road, #16A, Chicago, IL 60660)

Lerner, Michael. *Jewish Renewal*. San Fransco:Harper Perennial, 1994.

Malina, Bruce, and Richard Rohrbaugh. *Social-Science Commentary on the*

Synoptic Gospels. Philadelphia: Fortress Press, 1992.

May, Gerald. *Addiction and Grace*. San Francisco: Harper & Row, 1988.

McIntosh, Peggy. "White Privilege: Unpacking the Invisible Knapsack," *Race, Class and Gender*. London: Wadsworth, 1993.

Mead, Loren. *The Once and Future Church*. Washington, D.C.: Alban Institute.

Neusner, Jacob. *A Short History of Judaism: Three Meals, Three Epochs*. Minneapolis: Fortress Press, 1992

"Reaganomics and Women: Structural Adjustment U.S. Style," Alternative-Women in Development, c/o Center of Concern, 3700 13th St. NE, Washington, DC 20017.

Reems, Renita. *Just a Sister Away*. San Diego: Lura Media, 1988.

Ringe, Sharon H. *Jesus, Liberation, and the Biblical Jubilee*. Philadelphia: Fortress Press, 1985.

Segundo, Juan Luis. "Capitalism versus Socialism: *Crux Theologica.*" In R. *Gibellini*, ed., Frontiers of Theology in Latin America. Mary knoll, NY: Orbis Books, 1979

Sobrino, S.J., Jon. *Christology at the Crossroads*. Maryknoll, NY: Orbis Books, 1978

Sugirtharajah, R.S, ed. *Voices From the Margin: Interpreting the Bible in The Third World*. Maryknoll, NY: Orbis Books, 1991.

United Nations Development Program. *Human Development Report 1996*. New York: Oxford University Press, 1996.

West, Cornel. *Race Matters*. New York: Vintage Books, 1993.

Wink, Walter. *Engaging the Powers*. Augsburg Fortress, 1992. 『사탄의 체제와 예수의 비폭력』 한성수 옮김. 한국기독교연구소 역간 2009.

Winter, Miriam Therese. *Woman Wisdom: A Feminist Lectionary and Psalter*. New York: Crossroad Publishing Co., 1993.